崇贤书院 编著

轻经典

庄子
200句

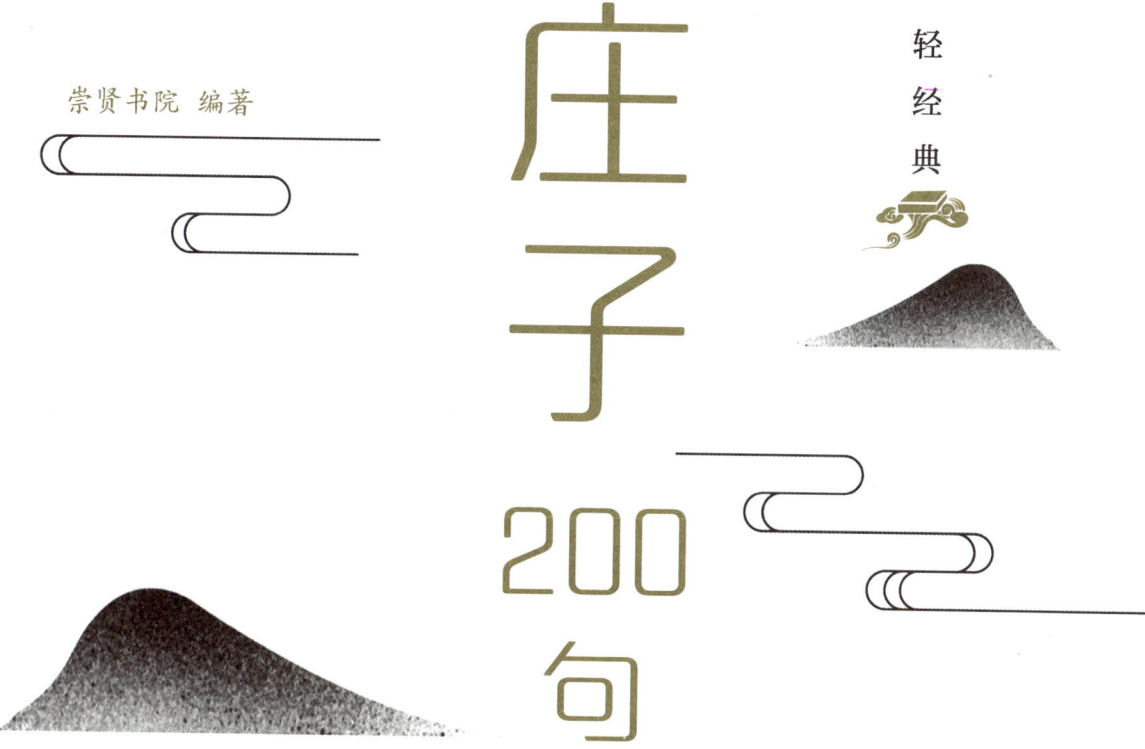

文化藝術出版社
Culture and Art Publishing House

图书在版编目（CIP）数据

《庄子》200句 / 崇贤书院编著. —北京：文化艺术出版社，2018.12

ISBN 978-7-5039-6598-2

Ⅰ.①庄… Ⅱ.①崇… Ⅲ.①道家②《庄子》—注释③《庄子》—译文 Ⅳ.①B223.5

中国版本图书馆CIP数据核字（2018）第265654号

《庄子》200句

编　　著	崇贤书院
责任编辑	董良敏　朱百钢
书籍设计	朗月行　顾紫
出版发行	文化藝術出版社
地　　址	北京市东城区东四八条52号　（100700）
网　　址	www.caaph.com
电子邮箱	s@caaph.com
电　　话	（010）84057666（总编室）　84057667（办公室）
	（010）84057696　84057699（发行部）
传　　真	（010）84057660（总编室）　84057670（办公室）
	（010）84057690（发行部）
经　　销	新华书店
印　　刷	国英印务有限公司
版　　次	2019年7月第1版
印　　次	2019年7月第1次印刷
印　　张	20.5
字　　数	300千字
开　　本	710毫米×1000毫米　1/16
书　　号	ISBN 978-7-5039-6598-2
定　　价	39.80元

版权所有，侵权必究。如有印装错误，随时调换。

感受先哲

文 / 阿忆

中华文明是一条承载着三千多年智慧的浩瀚长河，自五四运动上溯，经清明元宋，过唐隋，跨南北朝和晋魏，越两汉与先秦，直至周商，你会感受到深深的震撼。这不是一条自窄渐宽的自然河流，这是一种从始至终都波澜壮阔的传承。周朝封建背景下的"百家争鸣"不让于五四运动前后的西式民主，魏晋动荡岁月的歌赋不逊于明朝乱世中的诗词，唐宋帝制年代的哲思水准不一定低于清末激扬的启蒙。这是一条终始宽广的大河，只要用心浸进去，一定会感受到无力饱览的沮丧。

"感受"这个词太重要了，当你不能把一条巨大的河流全部放在心上时，感受它是唯一的办法。你会触及一系列概念，喜欢上十多个人物，把握七八个片段，玩味四五个细节，常常出没于某一个朝代，牢记两三条道理。通过走马观花和蜻蜓点水，你会感受它的全部，然后选出一座山门，走进你期待的世界。

我们一同度过的近几十年，中国人生存方式的巨变，可谓天翻地覆。我们先是沉浸于电视广播，对庞杂资讯不加取舍，进行"泛阅读"，而后被电子网络俘获，深陷其中，更加肆无忌惮地进行"浅阅读"，疯狂挤占掉阅读纸质传媒的时间。似乎，传统意义上的阅读，变得越来越不时尚，原本就不被大众真正熟悉的文化经典更被视为"古董"，彻底变成极少数学者的书斋收藏。好在数年前，中央电视台《百家讲坛》栏目热播，无意间引发"国学热"，经由刘心武、孔庆东、阎崇年、纪连海、易中天、于丹别开生面的解读，当代大众始知国学是如此有趣，甚至有点用场。但让人始料不及的是，此零星几位学者，竟被绝大多数学者骂得狗血喷头，称其讲述方式不对。那么，应该怎样为大众解析古代文化？像对待自己的研究生一样对待大众，抑或像出现在荧屏上的那几位学者一样深入浅出？这是一个严峻的问题。

遥想古代先哲，老聃、孔丘、孟轲、庄周、荀况、韩非，哪一个是以艰深烦琐的方式表达思想？他们的学说朴素而至深，表述上相当简单，却引人入胜，发人深省，因此深深影响着当时的中国社会。随着岁月流逝，在当时背景下通俗易懂的智慧，渐渐成为少数人的学问，带上一层层神圣光环。

今天，面对汗牛充栋、卷帙浩繁的文化典籍，应该如何消费和占有？是穷极百家之学，精研所有典籍，还是发现兴趣所在，满足自己的乐趣？究竟有没有一种可能，在尚未通读全部典籍的情况下，感受这些典籍的意味，认知那个时代的文化氛围，亲近遥远的名家，捕捉他们的灵光哲思？这当然是一种可能！只要有专家愿意出来，做化繁为简的工作，就完全可以打通文化典籍"深思考"与现代社会"浅阅读"的屏障。比如，把名家具有代表意义的名句精选出来，进行深入浅出的解析，为大众剥离纷杂的信息，跳过后人为设定的所有陷阱，识别人为开通的歧途，再把古文译成白话文，如此，所有古代典籍都将向大众打开一扇门。有感于此，本书策划者从先秦百家入手，遴选各类精华人物的名句，层层剥析，让大众读者窥一斑而知全貌，含英咀华，一点点体味中华文明的魅力，碰撞圣哲思想的火花。

在这种思路指引下，策划者组织中国人民大学、北京师范大学、首都师范大学、辽宁大学十多位中青年教师，历时一年，完成了这套丛书。丛书分别从儒家、道家、法家、兵家等经典著作里提炼精粹，做层层梳理，各选其中最经典的200句名言，围绕这些名言，设置对读者最为实用的5个栏目："注释""译文""经典解析""故事链接""古为今用"。其中，"注释"和"译文"旨在对名句本身进行解析和翻译，让读者知悉其字面上的意思；"经典解析"能让读者更全面更深刻地理解名句的深层内涵；"故事链接"择选有趣的历史小故事，以举例方式，对名句加以印证；"古为今用"通过今人视角和眼光，对名句加以分析评论，指出其至今犹存的重要价值。这5个栏目，侧重点不同，各有各的用意，但互为掎角，相辅相成，缺一不可，唯有把它们合为一体，才能对名句做出最好的诠释。总之，对这些经典名句的理解，既要从横断面上拓展视野，了解时代背景和社会风貌，又要在纵深方向上开掘，了解其对于时代发展的重要意义。

这些精选名句在数量上是既定的，但借由这种方式，可以触摸经典，把古代深邃的思想和智慧变成我们血液的一部分，用浅显方式获得深度阅读的快乐。不仅如此，丛书策划者还精心选出精美的古版画，穿插其间，错落有致，有效缓解纸质阅读带来的视觉疲劳。其中版画图解经典，生动有趣，图文相得益彰，读者可以在体会古人深沉哲思的同时，发出会心的微笑。

在忙碌的现代社会，这是学习的一种方式，它是感受，不是通读和研究。读者倘能择取些许余暇，端坐于窗明几净的雅室，随手翻阅此书，或许真能思接千载，神游万仞，穿越千年时空，与古人展开心灵沟通，领悟其哲思妙理，完成陶冶性灵的目的，这算是出版者不遗余力推出这部丛书的终极目的吧。

先哲虽逝，智慧却该永传，他们留下的大量典籍，弥足珍贵，读之，可想见其人，如闻其声，时而感受他们的愤怒，时而感受他们的欢乐。他们的许多思想和语言，仍在告诫后人，不鉴往事，无以知来者。

前　言

郭沫若曾高度赞扬庄子说："秦汉以来的一部中国文学史，差不多大半是在他的影响下发展的。"闻一多也曾说："中国人的文化上永远留着庄子的烙印。"庄子的智慧，值得我们细细体会。但是庄子的时代毕竟与今日相隔太远，许多文章不能为世人读懂。我们特别编写了这本《〈庄子〉200句》，希望能帮助读者领悟庄子思想的真谛。

我们的生活中充满了条条框框，但我们习以为常，并没人觉出它们是条条框框。庄子则能让我们跳出自己狭窄的视野，放开胸怀，站在更高的境界来看待我们自己的人生。现实生活中，也很少有人能看清自己，因为要看清自己就要看清生命的本质。庄子对空间广度的把握、对时间长度的理解、对利与义的藐视、对生与死的彻悟，使他真正地看透了生命的本质。人生的不同阶段有不同的疑惑，庄子对生命的感悟也有不同的层次，所以我们把生命的不同阶段与庄子生命感悟的不同层次相对应，这样更容易让读者理解疑惑产生的原因及解惑的方法。

由此，我们把生命划分为四个阶段：第一个是生命的赤子阶段，这个阶段关注的是本性，只有看清了本性，才能把握人生的大方向；第二个是生命的成长阶段，这个阶段最容易迷失自己，所以这个阶段我们需要一个"心斋"，来剥开生命中的各种迷雾；第三个是生命的成熟和繁荣期，在这个阶段我们要学会在纷繁的人世中如何自处；第四个是生命的凋零期，在这个阶段，我们将思考以怎样一种豁达的心境来面对生死。我们在解读庄子思想时也相应地分为四个部分：性情篇，感悟生命的本性，把握人生的方向；问心篇，看穿生命的本体，追寻心灵的自由；处世篇，以无为化有为，以无用化有用；死生篇，超越生死，谈笑人生。

本书概括起来，有以下几个特点：

一、本书对经典语句的解读力求深入浅出。庄子的经典语句层出不穷，比如"望洋兴叹""相濡以沫""庖丁解牛""东施效颦""井底之蛙"等，都是我们耳熟能详的成语。为了让经典语句更加通俗易懂，我们给出了经典语句的原文及其译文。译文字斟句酌，力求准确无误。我们还给文中的生僻字词注了音，给一些难懂词语加了注释。在疏通原文的基础上，我们还用浅易的语言对经典语句进行了解读，指出了经典语句的主旨和内涵，供读者参考。

二、本书给经典语句配有大量的精美插图和故事链接。我们在中国古代版画中精心挑选了大量的图片，我们在选图时坚持宁缺毋滥的原则，每一幅图片都保证清晰，每一幅图片都与正文对应。本书的图说也是字斟句酌，是我们在翻阅了大量资料、参考各方面观点之后对庄子哲理和思想的一种全新解读。我们还筛选了许多古今中外的故事。读者在阅读这些故事的过程中，不仅丰富了自己的历史文化知识，还能从这些故事中得到启发，快速领会庄子思想的深邃内涵。

三、本书还把经典语句所蕴含的思想内容同现实生活紧密联系起来，力图做到古为今用。我们在学习经典语句领会其思想内涵之后，还要从中走出来，把经典中的知识应用到广阔的社会生活中去，做到活学活用。为此，我们从读者的实际出发，联系当下的现实生活对经典语句进行了新的解读，指出了这些经典语句所具有的现实意义，可谓别开生面。这不仅能给读者全新的阅读体验，还能让读者从中受到启发。

阅读本书，能给予我们一种支撑、一种温暖、一片宁静；能让我们超越名利，领悟盈虚，亲近自然，关注内心，逍遥游于人世间。

第一章 · 性情篇

【〇〇一】~【〇四二】

- 肌肤若冰雪，绰约若处子。| 3
- 故金石有声，不考不鸣。| 4
- 黑白之朴，不足以为辩；名誉之观，不足以为广。| 6
- 泽雉十步一啄，百步一饮，不蕲畜乎樊中。| 8
- 是故凫胫虽短，续之则忧；鹤胫虽长，断之则悲。| 9
- 为人使易以伪，为天使难以伪。| 10
- 冥冥之中，独见晓焉。| 12
- 美成在久，恶成不及改。| 14
- 吾所谓无情者，言人之不以好恶内伤其身，常因自然而不益生也。| 15
- 鱼相忘乎江湖，人相忘乎道术。| 16
- 明王之治，功盖天下而似不自己，化贷万物而民弗恃。| 18
- 天之小人，人之君子；人之君子，天之小人也。| 20
- 夫小惑易方，大惑易性。| 21
- 天地有大美而不言。| 22
- 以俗观之，贵贱不在己。| 24
- 小人则以身殉利，士则以身殉名，大夫则以身殉家，圣人则以身殉天下。| 26
- 毁道德以为仁义，圣人之过也。| 27
- 无名故无为，无为而无不为。| 28
- 虎之与人异类而媚养己者，顺也。| 30
- 故马之知而态至盗者，伯乐之罪也。| 32
- 为之仁义以矫之，则并与仁义而窃之。| 33
- 得至美而游乎至乐，谓之至人。| 34
- 与人和者，谓之人乐；与天和者，谓之天乐。| 36
- 毁绝钩绳，而弃规矩，攦工倕之指，而天下始人有其巧矣。| 38
- 天有六极五常，帝王顺之则治，逆之则凶。| 39
- 德无不容，仁也；道无不理，义也。| 40
- 凡人心险于山川，难于知天。| 42
- 褚小者不可以怀大，绠短者不可以汲深。| 44
- 鱼处水而生，人处水而死。| 45
- 怒其臂以当车辙，不知其不胜任也，是其才之美者也。| 46
- 朴素而天下莫能与之争美。| 48
- 名止于实，义设于适。| 50
- 至礼有不人，至义不物，至知不谋，至仁无亲，至信辟金。| 51
- 反己而不穷，循古而不摩，大人之诚。| 52
- 荣辱立，然后睹所病；货财聚，然后睹所

- 争。| 54
- 生而美者，人与之鉴，不告则不知其美于人也。| 56
- 贵贱之分，在行之恶美。| 57
- 乐全之谓得志。| 58
- 丧己于物，失性于俗者，谓之倒置之民。| 60
- 无转而行，无成而义，将失而所为；无赴而富，无殉而成，将弃而天。| 62
- 大辩不言，大仁不仁。| 63
- 夫全其形生之人，藏其身也，不厌深眇而已矣。| 64

第二章·问心篇
【〇四三】~【〇九二】

- 且夫水之积也不厚，则其负大舟也无力。| 69
- 听止于耳，心止于符。| 70
- 至人之用心若镜，不将不迎，应而不藏，故能胜物而不伤。| 72
- 非彼无我，非我无所取。| 74
- 礼者，世俗之所为也；真者，所以受于天也，自然不可易也。| 75
- 同乃虚，虚乃大。| 76
- 物而不物，故能物物。| 78
- 名也者，相轧也；知也者，争之器也。| 80
- 且举世而誉之而不加劝，举世而非之而不加沮。| 81
- 无所于逆，粹之至也。| 82
- 彼正而蒙己德，德则不冒，冒则物必失其性也。| 84
- 天下莫大于秋豪之末，而大山为小。| 86
- 则知有所困，神有所不及也。| 87
- 彻志之勃，解心之谬，去德之累，达道之塞。| 88
- 登高不可以为长，居下不可以为短。| 90
- 无门无毒，一宅而寓于不得已，则几矣。| 92
- 剔核大至，则必有不肖之心应之，而不知其然也。| 93
- 无人之情，故是非不得于身。| 94
- 终其天年而不中道夭者：是知之盛也。| 96
- 过而弗悔，当而不自得也。| 98
- 其者欲深者，其天机浅。| 99
- 天地有官，阴阳有藏；慎守女身，物将自壮。| 100
- 吾所谓臧者，非所谓仁义之谓也，任其性

- 命之情而已矣。| 102
- 无为名尸，无为谋府；无为事任，无为知主。| 104
- 不自得而得彼者，是得人之得而不自得其得者也，适人之适而不自适其适者也。| 105
- 若其残生损性，则盗跖亦伯夷已。| 106
- 无为也而后安其性命之情。| 108
- 故天下皆知求其所不知，而莫知求其所已知者。| 110
- 目无所见，耳无所闻，心无所知，女神将守形，形乃长生。| 111
- 以不平平，其平也不平；以不征征，其征也不征。| 112
- 解心释神，莫然无魂。| 114
- 多知为败。| 116
- 夫以出乎众为心者，曷常出乎众哉！| 117
- 忘乎物，忘乎天，其名为忘己。| 118
- 通乎道，合乎德，退仁义，宾礼乐，至人之心有所定矣。| 120
- 德人者，居无思，行无虑，不藏是非美恶。| 122
- 至贵，国爵并焉；至富，国财并焉；至愿，名誉并焉。| 123
- 澹然无极，而众美从之。| 124
- 至乐无乐，至誉无誉。| 126
- 知穷之有命，知通之有时，临大难而不惧者，圣人之勇也。| 128
- 凡外重者内拙。| 129
- 始乎适而未尝不适者，忘适之适也。| 130
- 弃隶者若弃泥涂，知身贵于隶也，贵在于我而不失于变。| 132
- 吾终身与汝交一臂而失之，可不哀与！| 134
- 狗不以善吠为良，人不以善言为贤。| 135
- 除日无岁，无内无外。| 136
- 忘其肝胆，遗其耳目。| 138
- 士有道德不能行，惫也。| 140
- 井蛙不可以语于海者，拘于虚也。| 141
- 故卤莽其性者，欲恶之孽，为性萑苇；兼葭始萌，以扶吾形，寻擢吾性；并溃漏发，不择所出，漂疽疥痈，内热溲膏是也。| 142

第三章·处世篇

【〇九三】～【一六〇】

- 方存乎见少，又奚以自多！| 147
- 圣人藏于天，故莫之能伤也。| 148

- 天地一指也，万物一马也。| 150
- 尸祝不越樽俎而代之矣。| 152
- 彼窃钩者诛，窃国者为诸侯。| 153
- 且有大觉而后知此其大梦也。| 154
- 今吾朝受命而夕饮冰。| 156
- 知止乎其所不能知，至矣。| 158
- 知命不能规乎其前，丘以是日徂。| 159
- 鉴明则尘垢不止，止则不明也。| 160
- 能不龟手一也，或以封，或不免于洴澼絖，则所用之异也。| 162
- 天不产而万物化，地不长而万物育。| 164
- 唯止能止众止。| 165
- 是以人恶有其美也，命之曰菑人。| 166
- 绝迹易，无行地难。| 168
- 千世之后，其必有人与人相食者也！| 170
- 大惑者，终身不解；大愚者，终身不灵。| 171
- 无所可用，故能若是之寿。| 172
- 人皆知有用之用，而莫知无用之用也。| 174
- 虚静恬淡寂漠无为者，天地之平而道德之至。| 176
- 天下有道，则与物皆昌；天下无道，则修德就闲。| 177
- 以无厚入有间，恢恢乎其于游刃必有余地矣。| 178
- 闻以有翼飞者矣，未闻以无翼飞者也。| 180
- 人含其德，则天下不僻矣。| 182
- 素朴而民性得矣。| 183
- 物者，莫足为也，而不可不为。| 184
- 循于道之谓备，不以物挫志之谓完。| 186
- 九征至，不肖人得矣。| 188
- 相濡以沫，不如相忘于江湖。| 189
- 至言不出，俗言胜也。| 190
- 静则无为，无为也则任事者责矣。| 192
- 吾始乎故，长乎性，成乎命。| 194
- 以众小不胜为大胜。| 195
- 倒道而言，迕道而说者，人之所治也，安能治人！| 196
- 夫形色名声果不足以得彼之情，则知者不言，言者不知，而世岂识之哉？| 198
- 人之所美也，鱼见之深入，鸟见之高飞。| 200
- 礼义法度者，应时而变者也。| 201
- 以舟之可行于水也，而求推之于陆，则没世不行寻常。| 202
- 彼知矉美，而不知矉之所以美。| 204
- 物固相累，二类相召也。| 206
- 人不忘其所忘而忘其所不忘，此谓诚忘。| 207
- 吾长见笑于大方之家。| 208
- 盖师是而无非，师治而无乱乎？| 210
- 梁丽可以冲城，而不可以窒穴。| 212
- 周将处乎材与不材之间。| 213
- 人能虚己以游世，其孰能害之！| 214
- 行贤而去自贤之行，安往而不爱哉！| 216
- 且君子之交淡若水，小人之交甘若醴。| 218
- 为其服者，未必知其道也。| 219

- 知天地之为稊米也，知豪末之为丘山也。| 220
- 爱利出乎仁义，捐仁义者寡，利仁义者众。| 222
- 日出而作，日入而息。| 224
- 安危相易，祸福相生。| 225
- 穷则反，终则始。| 226
- 寓言十九，重言十七，卮言日出，和以天倪。| 228
- 荃者所以在鱼，得鱼而忘荃。| 230
- 不知处阴以休影，处静以息迹，愚亦甚矣！| 231
- 逍遥，无为也；苟简，易养也；不贷，无出也。| 232
- 苟得于道，无自而不可；失焉者，无自而可。| 234
- 朱泙漫学屠龙于支离益，单千金之家，三年技成而无所用其巧。| 236
- 一尺之棰，日取其半，万世不竭。| 237
- 古之至人，先存诸己而后存诸人。| 238
- 其作始也简，其将毕也必巨。| 240
- 以瓦注者巧，以钩注者惮，以黄金注者殙。| 242
- 天下有道，圣人成焉；天下无道，圣人生焉。| 243
- 物之生也，若骤若驰，无动而不变，无时而不移。| 244
- 本乎天，位乎得。| 246
- 泛若不系之舟，虚而敖游者也。| 248

第四章 · 死生篇

【一六一】~【二〇〇】

- 死生如昼夜。| 251
- 善养生者，若牧羊然。| 252
- 直木先伐，甘井先竭。| 254
- 安时而处顺，哀乐不能入也。| 256
- 吾生也有涯，而知也无涯。以有涯随无涯，殆已！| 257
- 失道而后德，失德而后仁，失仁而后义，失义而后礼。| 258
- 见得而忘其形；见利而忘其真。| 260
- 指穷于为薪，火传也，不知其尽也。| 262
- 所爱其母者，非爱其形也，爱使其形者也。| 263
- 夫子步亦步，夫子趋亦趋，夫子驰亦驰；夫子奔逸绝尘，而回瞠若乎后矣！| 264
- 夫大块载我以形，劳我以生，佚我以老，息我以死。| 266

- 独有之人，是谓至贵。| 268
- 视丧其足犹遗土也。| 269
- 臭腐复化为神奇，神奇复化为臭腐。| 270
- 睹有者，昔之君子；睹无者，天地之友。| 272
- 吾与日月参光，吾与天地为常。| 274
- 其动、止也，其死、生也，其废、起也，此又非其所以也。| 275
- 纯粹而不杂，静一而不变，惔而无为，动而以天行，此养神之道也。| 276
- 万物皆出于机，皆入于机。| 278
- 知道者必达于理，达于理者必明于权，明于权者不以物害己。| 280
- 达生之情者，不务生之所无以为。| 281
- 世之人以为养形足以存生；而养形果不足以存生，则世奚足为哉！| 282
- 无受天损易，无受人益难。| 284
- 古之得道者，穷亦乐，通亦乐。| 286
- 偃鼠饮河，不过满腹。| 287

- 养志者忘形，养形者忘利。| 288
- 下之质执饱而止，是狸德也；中之质若视日，上之质若亡其一。| 290
- 夫哀莫大于心死，而人死亦次之。| 292
- 人生天地之间，若白驹之过郤。| 293
- 祸福淳淳，至有所拂者而有所宜。| 294
- 道之真以治身，其绪余以为国家，其土苴以治天下。| 296
- 夫天下至重也，而不以害其生，又况他物乎！| 298
- 以随侯之珠弹千仞之雀，世必笑之。| 299
- 去小知而大知明，去善而自善矣。| 300
- 蘧伯玉行年六十而六十化。| 302
- 知足者不以利自累也。| 304
- 不能自胜而强不从者，此之谓重伤。| 305
- 万物一府，死生同状。| 306
- 正获之问于监市履狶也，每下愈况。| 308
- 达生之情者傀，达于知者肖；达大命者随，达小命者遭。| 310

| 综述 | 第一章·性情篇 |

庄子的人性主张是天人合一与心灵自由，主张外化内不化。"人性"和"物性"都来源于"道"，所以我们要从"道"的角度来理解"性"。"道"无所不在，顺势而行，所以面对"人性"就应该顺其自然，面对"物性"就应该有"齐物之通"。在《天地》篇中，庄子给了"性"这样的定义："泰初有无，无有无名。一之所起，有一而未形。物得以生，谓之德；未形者有分，且然无间，谓之命；留动而生物，物成生理，谓之形；形体保神，各有仪则，谓之性。""性"是经由"一"，即"道"而产生的。保持人性的天然性，"人"与"道"之间就没有了距离，心灵就可以自由翱翔。这种天然性如果被改造或破坏，那么就会使"人"与"道"之间产生鸿沟。人性受到世俗的批判和名分逻辑的约束，形成"伪性"，这就是"失性"，进而"失道"。所以一切的文明活动都应该以保全自己的"性"为前提。

本篇展现鸿蒙之初那种天人合一的人性自然之美，揭示"人性"在人为之后的危害。要保持真我本性就要看清自己的本心，并选择正确的方向，从而做到外化内不化。

【〇〇一】 肌肤若冰雪，绰约若处子。

藐姑射①之山有神人居焉。肌肤若冰雪，绰约②若处子③；不食五谷，吸风饮露；乘云气，御飞龙，而游乎四海之外；其神凝④，使物不疵疠而年谷熟。

——《逍遥游》

注释 ①藐（miǎo）姑射（yè）：传说中的神山名。②绰约：姿态柔美。③处子：处女。④凝：指神情专一。

译文 在藐姑射山上，居住着一位神人。他的皮肤像冰雪一样洁白，体态像处女一样柔美，不吃五谷杂粮，吸清风饮甘露，乘云气驾飞龙，遨游在四海之外。他气定神凝，使得世间万物都不会遭受灾害，谷物也年年丰熟。

经典解析

这是庄子在《逍遥游》中刻画的一位神人的形象。这位神人的肌肤像冰雪一样洁白，且体态柔美，动如拂柳，静若处子，好一幅逍遥的景象，任自己自由的心灵，翱翔于浩瀚的宇宙。庄子穷其一生都在追求神人、真人、至人的大境界。他认为，只有拥有一颗不断追求心中梦想的心，这样的人才算得上是完整的。

故事链接

美国童话剧《绿野仙踪》中塑造了三个形象：没有脑子的稻草人、没有心的铁皮人、没有勇气的狮子，它们为了帮助主人公回到家园，与女巫展开了激烈的战斗，在战斗的过程中，稻草人显示了它的智慧，铁皮人懂得了真心，狮子克服了胆怯。它们的梦想最后都实现了，而且终于成为一个完整的个体。它们在《绿野仙踪》中战斗的过程就是追寻心目中藐姑射山神人的过程。

古为今用

其实，我们大多数人都像最初的稻草人、铁皮人和狮子一样，虽然我们的个体是完整的，但似乎又都缺少什么，可能我们无法感知自己最缺乏的到底是什么，或许是想拥有健康的身体、美丽的容颜，还有财富、荣誉、地位，等等。但无论是什么，我们都渴望像藐姑射山上的那位神人那样拥有自由的心灵。

故金石有声，不考不鸣。

金石①不得无以鸣。故金石有声，不考②不鸣。

——《天地》

注释 | ①金石：指能发出声音的金、石制品。②考：叩击。

译文 | 金石如果得不到外力就无法鸣响。所以钟磬等器物即使可以发出鸣响，却也是不叩击就不会响。

经典解析

庄子认为：道是空灵的，看起来是空的，事实上它是在灵动。因为"空"，所以"无"，而一切"有"都来源于"无"。万物都有其自己的本能感应，但是在没有外力的情况下，这种本能反应是不能被人感受到的。金石在没有获得外力的情况下，是没有办法鸣响的。没有灵动，就不能通过对比显示"空"，没有"空"也就不能看到"有"。所以要感受到灵动，就应该使自己处于"空"的状态，持守真情，修炼德行，这样一来，当外力来临的时候，你就会做出本能的反应。那么这个外力是什么呢？庄子认为这个外力就是"道"，"道"是引发本能反应所必须具备的，由此可以推出：形体只能凭借道才能产生，生命产生了，只有顺德才会明达。所以建树盛德、彰明大道，就能达到空灵，使金石之鸣成为天籁之音。虽然声音各不一样，但它们都是天籁，这就达到了万物齐一、从无到有的境界。

古为今用

金石具有发声的本能，但只有在"道"的外力下它才能够鸣响。每个人都能发出自己的人籁，而且发出的声音就是我们个人生命的乐章。一样的乐器，相同的乐谱，但每个人奏出来的感觉却都不一样，其格调也不一样，这是因为每个人的风格都不一样，因为不同的人对生命的感悟是不一样的，所以这个声音只有你才能发出来，这个声音就是你的人籁。之所以被称为"籁"，是因为"真"——忠实于自己的性情。

延展阅读

特磬

特磬是中国古代的一种乐器,多用于祭祀天地、祖先的场合。特磬是由石头制成的,而且它发音清越,因此受到了古代贵族的喜爱。

内外兼修

拥有良好的言行,却没有高尚的思想,那么就会被人讥为"伪君子";拥有高尚的思想,却不注重用外在的言行将其表露出来,则是过于迂腐、滞涩的表现。只有内外兼修,使自己外在的言行和内心的思想达到统一,才能使自己处于一种宁静、祥和的状态,进而顺其自然地安排自己的生活,不会因得到而喜悦,也不会因失去而痛苦。

【〇〇三】 黑白之朴，不足以为辩；名誉之观，不足以为广。

夫鹄①不日浴而白，乌不日黔②而黑。黑白之朴，不足以为辩；名誉之观，不足以为广。

——《天运》

注释 ①鹄（hú）：天鹅。②黔（qián）：黑色，在这里指染黑。

译文 天鹅没有必要天天洗浴而其羽毛却会自然洁白，乌鸦没有必要天天渍染而其羽毛却会自然乌黑。乌鸦的黑和天鹅的白都是事物的本性，不足以成为优劣的根据；而名声和荣誉都是外表的东西，更不足以大肆宣扬。

经典解析

这句话产生于孔子和老子讨论仁义的过程中。蚊蝇叮人，伤害虽然不大，但往往会使人彻夜不安。所谓的仁义虽貌似真理，但实际上却是谬论的伪饰，它不仅使真理不能传播，而且还使所有人都失去了淳朴和自然，当谬论被说成是真理的时候，就不得不公然说谎。所以宣扬表面的名声和荣誉是好心办坏事，这会比蓄意办坏事的后果更严重。就像好心地把天鹅说成黑的，大家就认为天鹅真的是黑的了。乱，莫不过是用虚假的真理去蛊惑世人，这样不仅不能摆脱虚假，反而更加难以发现真理。自然的黑白就是真理，是亿万年能量博弈后的能量最省状态。世俗的、外表的东西只是从人性原本中剥离的表面部分，不足以大肆宣扬。真正的仁义道德是一种人的本性的自然流露，就像黑是黑，白是白一样，不是通过说教或混淆就能够改变的。白天鹅不用天天洗澡，就是白的，黑乌鸦就算天天清理羽毛，也永远是黑的，因为这是自然的存在。黑白之朴，是不需要争辩的。通过表面的名声和荣誉来宣扬道德，是南辕北辙的，这样的道德如果推广下来就会产生严重的后果。所以，道德沦丧的根本原因在于人类对自然的不尊重和不敬畏，在于对虚伪的、表面的东西的推广。

古为今用

很多人都在"黑"与"白"之间辩论着，而且还非要辩一个是非黑白出来。但是很多事情并不是只有黑白之分的，除了黑白之外，还有灰色。很多事情也并不是"不对"就是

"错",对与错之间本就没有绝对的标准。当你心中执着于两个极端的时候,就会选择一个,而放弃另一个,选完之后你又会发现自己的心其实并不是这样想的,这样一来,你就会后悔,就会痛苦。曾经有一份美好的选择摆在我的面前,我没有珍惜,直到我失去了一切,才后悔莫及。如果上天再给我一次机会,我会选择相忘于江湖,而不是在心中执着于两个极端。

延展阅读

韩康卖药

东汉的韩康字伯休,因怕出名选择了以卖药为生。他常年在山中采药,然后再拿到集市上去出售,由于他卖药从来不肯让价,结果连妇女都知道了他的名声,于是韩康只好躲到深山之中隐居起来。

用淡定的态度面对荣辱

人生百年,功名富贵不过是过眼云烟,生不带来,死不带去。有的人希望自己能够名垂青史,于是终日奔波劳碌,但是人死之后谁又能感受到那些荣誉呢?荣誉也好,耻辱也罢,当它们降临的时候,最好的对策就是以淡然的态度去面对。

泽雉十步一啄，百步一饮，不蕲畜乎樊中。

泽雉①十步一啄，百步一饮，不蕲②畜③乎樊④中。神虽王⑤，不善也。

——《养生主》

注释 ①雉：雉鸟，即野鸡。②蕲（qí）：祈求，希望。③畜：养。④樊：鸟笼。
⑤王（wàng）：通"旺"，旺盛。

译文 沼泽边的野鸡走十步才会啄到一次食，走百步才会喝到一口水，但它们不会祈求被畜养于笼中。虽然野鸡被畜养在笼子里精力会十分旺盛，但并不自由。

经典解析

野鸡来自自然，它们所适应的是自然的生活，或许它们在自然界只能求得温饱，或许会成为别人的猎物，但这正是它们原本的生活，是它们的快乐所在。把它们关在笼子里，它们就失去了自由。失去了自由，也就失去了本性，失去了快乐。要想拥有快乐就要顺应本性，如果一个人虽然衣食无忧，然而心却被禁锢了，那又还有什么快乐可言？所以要追求幸福就要自由自在，顺应本性。

故事链接

一只麻雀从树上掉了下来，被关在笼子里救治。在这期间，一只大麻雀频频地出现在它的周围，几天后就飞走了。救治麻雀的人很高兴，因为再也没有听到小麻雀伤心的叫声了，他认为，小麻雀会慢慢忘记麻雀妈妈，并很快地适应目前舒适的生活。没想到几天之后，小麻雀却死掉了。自然赋予的乐趣被剥夺之后，也就没有了生存的乐趣，死亡也许就会很快来临。

古为今用

现在很多人都迷惑于什么是快乐，因为我们往往都是在追求物质，而很少反观我们自身。在物欲横流的今天，我们迷失了自己的本性，而生活在别人的眼中，于是我们对于自己本身也成了陌生人。正如当你在看风景的时候，别人也在看你这道风景。总之，要体会快乐，就要把自己的真性情融入风景，使每个人都成为风景。所以快乐就在于追寻本性，顺应天性，这将会成为无比自然和谐的幸福风景。

[〇〇五] 是故凫胫虽短，续之则忧；鹤胫虽长，断之则悲。

彼正正①者，不失其性命之情②。故合者不为骈，而枝者不为跂③；长者不为有余，短者不为不足。是故凫胫④虽短，续之则忧；鹤胫虽长，断之则悲。故性长非所断，性短非所续，无所去⑤忧也。

——《骈拇》

注释 | ①正正：可能是"至正"之误，是"至理正道"的意思。②性命之情：顺其自然的真情。③跂：可能是"歧"之误。④凫（fú）：野鸭。胫（jìng）：小腿。⑤去：摒弃。

译文 | 那些合乎正道的，不会失去其自然的本性。因此合在一起的不算是并生，而枝生出来的也并非多余，长的不属有余，短的不属不足。所以野鸭的腿虽短，但如果续上一段就会有忧患；鹤的腿虽长，但如果截去一段就会很可悲了。故而本性长的不可以截短，本性短的也不可以续长，这样顺其自然也就没有忧患要排除了。

经典解析

大自然所造之物，都有其独特的禀性，这个禀性能为它的存在发挥更好的作用。如果人为地更改这种禀性，不仅会弄巧成拙，甚至可能会危害到它的生存。

故事链接

一户人家养了一只狗和一只猫。狗的职责是晚上看家护院，所以在白天的时候它总是在睡觉。主人看到后认为狗非常懒惰，极不称职。而猫却像警察一样恪尽职守。于是他便让猫担任了护院的责任，并开始训练狗捉耗子。有一天，耗子将主人家唯一值钱的家当给咬坏了，主人认为是狗懒惰的原因，就将狗赶出了家门。而这户人家在狗离开的当晚就被洗劫一空了。

古为今用

强制改变事物的自然禀性，就如同在健全的形体上加上了骈拇的累赘。这些累赘不但不会起到任何作用，反而会成为伤害自身的罪魁祸首。

【〇〇六】

为人使易以伪，为天使难以伪。

为人使①易以伪，为天使难以伪。闻以有翼飞者矣，未闻以无翼飞者也；闻以有知知②者矣，未闻以无知知者也。

——《人间世》

注释 | ①使：驱使。②知知（zhì zhī）：通过智慧来明了事物。前一个"知"通"智"。

译文 | 在世人的驱使下易于伪装，在自然的驱使下却很难伪装了。我听说过有了翅膀才可以飞翔，但从未听说过没有翅膀也可以飞翔的；听说过掌握知识才能了解事物，却从未听说过不掌握知识也能够了解事物。

经典解析

要想明白为什么为人使易以伪，为天使难以伪，首先就要明白何谓"人使"，何谓"天使"。庄子说："牛马四足，是谓天；落马首，穿牛鼻，是谓人。""天使"是源于自然，是天生的；而"人使"则是在自然的基础上加上人为的因素。庄子还说："性不可易，命不可变。"天生的是不可以改变的，所以说，为天使难以伪。人是自然的产物，但它同时也是社会的产物，人不可能抛弃其社会属性，而人的社会属性就是一个人为的过程烙印在自然属性之上，这个人为的过程并没有遵循人的自然禀性，而是存在着很多变数，所以人为的情况是很容易改变的，这就是为人使易以伪的原因。正因为人性是这样的"易以伪"，所以只有遵循自然的本真才能永恒地存在。要遵循自然的本真就应该抛弃仁义礼教的束缚，让名与实、义与适相符合，这样人性就不会有任何的束缚了。要做到名与实相符合，就要淡泊名利，不受外在利益的诱惑，从而做到名副其实；要做到义与适相符合，就不要有任何的虚荣之心，顺应自然的本性去对待外在的事物。

古为今用

庄子追求天人合一，是因为在进化的过程中"天"与"人"已经不同了，"天"仍然代表着自然的法则，而人性却在物欲之下被扭曲了，这是不符合自然法则的。虽然"为人使易以伪"，但是我们还是要尽量避免这些让人性扭曲的东西。天人合一的道路是异常艰难与曲折的，我们要懂得迂回前进，懂得克制和变通，这就是外化。虽然要外化，但还是要追求天人合一，所以在世俗面前，要做到内不化，要相信自己，并坚持下来。

延展阅读

伏羲

伏羲是中国古代典籍所记载的最早的王，相传他根据天地万物的变化，创造出了八卦，并教会了人们如何渔猎。在神话传说中，他与女娲都是人类的始祖。

用自然的眼光看待万物

在喧嚣的世界中，人们很难保持纯洁、质朴的天性，因为来自生活、工作的压力往往会使人变得矫饰、虚伪，因此也会让人觉得人生太苦太累。如果人们能够放下心中的那些负累，用自然纯净的眼光来看待万物，那么他就会觉得人生其实还有很多乐趣，生活也会变得越来越悠闲、自在。

【〇〇七】冥冥之中，独见晓焉。

视乎冥冥①，听乎无声。冥冥之中，独见晓②焉；无声之中，独闻和③焉。

——《天地》

注释 | ①冥冥：昏暗、幽深的样子。②晓：光亮、明的意思。③和（hè）：应和。

译文 | 道看起来幽暗深渺，听起来并无声响。然而它却能在幽暗深渺之中显示光明，又能在寂声中听到万籁唱和的共鸣。

经典解析

"冥冥之中，独见晓焉"是一种大音希声、无中见有的境界。在这样的境界中才能更加清楚和深刻地体会到"道"的存在。对"道"的体会就像是在欣赏一首无声的天籁之音，仿佛无时无刻不在变化，又仿佛无时无刻都是静止的，因为"道"是"止之于有穷，流之于无止"的。"道"存在于任何事物之中，是无所不在的，而不是无所不是的，"道"没有具体的形象。任何事物都像是"道"却又不能完全代表"道"，所以尽管在冥冥之中什么都看不到，但不能否定"道"的真实存在。只有心灵趋于空虚，才能感受到"道"的存在，"体道"其实就是在追求大音希声、无中见有的境界，在冥冥之中真实地感受到光明的存在。所以在生活之中我们应该经常保持在一种"无"的状态中，这样的生活才会更加地充实和真切。过多的欲望会使我们心中的"无"越来越少，本性的东西也会越来越少，我们也会变得越来越贪婪与疲惫，使我们的生活变得空虚和不真切。因此，我们不能让过多的欲望占据我们的心灵，而应该让心趋于平淡，让无声的境界战胜有声的境界。

古为今用

生活应该像一杯茶，散发着一缕清香，像庄子"体道"一样"冥冥之中，独见晓焉"。虽然虚无，但在这虚无之中有自己真正想要的东西，因为它是一种无声的语言，一种无须声张的力量。人活着最重要的就是要找到代表自己生命的绿色，但这片绿色却藏身于五颜六色的丛林之中，所以我们要找出这片绿色，就要抛开所有的杂色，并将所有的杂色都视为"无",从而体会"无中见有"的生活哲学。

延展阅读

石上藤萝月

杜甫《秋兴八首·其二》云:"请看石上藤萝月,已映洲前芦荻花。"诗情与画意的交融,使人产生一种静谧、空灵的感觉,体会到人生的真谛。

大象无形,大音希声

"道"作为一个哲学概念具有很强的抽象性,但是却有无数人孜孜不倦地去追求它。那是因为,"道"虽无形,但却能让人有所感悟,以平和、宁静的心态去面对生活,就像生活于喧嚣中的人们希望自己能够在一个幽静的环境中享受一下短暂的孤寂一样。因为只有那样,才能让人对生活产生更深刻的认识和领悟,从而提高自己的人生境界。

〇〇八

美成在久，恶成不及改。

迁令劝成殆①事，美成②在久，恶成不及改，可不慎与！且夫乘物③以游心，托不得已以养中④，至矣。

——《人间世》

注释 ｜ ①殆（dài）：危险。②美成：把美好的事情做成功。③乘物：符合客观规律。④中：中气，指心智清晰。

译文 ｜ 改变成命与强人所难都是坏事，做成一桩好事需要很长的时间，而一旦做了坏事却是来不及悔改的。行为处世难道不该慎重吗！至于顺应自然自在地遨游，在迫不得已的时候还能够养蓄神智，这就已经是做到极致了。

经典解析

不要随意改变已经下达的命令，因为人们在适应一个命令之后，要突然改变是很难接受的。不要强人所难，因为这样不仅会让人心生怨恨，而且还会迫使人做出阳奉阴违的事情来。所以做人和做事都要顺其自然，因势利导，而不要改变事物原本的发展方向。

故事链接

因为人们不遵守自然规律，长期对自然恣意破坏，从而导致了自然生态的严重不平衡，各种珍奇的物种正在消失。生物多样性被破坏之后，人类的生存也将越来越严峻，所以人们必须研究如何恢复这些被破坏的生态环境，所以人们现在在生态环境保护方面付出了很多努力。

古为今用

做任何事情都要遵守事物的本质规律，但要做到这一点并非易事。我们不仅需要有睿智的头脑，而且还需要有一颗没有羁绊的心。我们要做到不因个人喜好而改变对事物的看法，也不因一时的兴趣而改变以前的决定，而是让一切顺应自然的发展，那么在这顺应自然的过程中，我们就会慢慢地发现事物的本质规律。

[〇〇九] 吾所谓无情者，言人之不以好恶内伤其身，常因自然而不益生也。

吾所谓无情者，言人之不以好恶内伤其身，常因①自然而不益②生也。

——《德充符》

注释 ①因：顺应。②益：增添。

译文 我所说的无情，是说人不以好恶而使自身的本性受到伤害，要经常顺应自然而不补充什么。

经典解析

这句话中的"情"不是我们平常所说的七情六欲，而是顺应自然的真性情。自然赋予了我们容貌和形体，也赋予了我们真性情。性不可变，情不可移，性和情都不是人为的，是不可以改变的，所以"无情"就是不要因为人为的喜怒哀乐而伤害自己的本性，而所谓的七情六欲只是外在的情绪对天性的羁绊。

故事链接

惠子和庄子一起讨论人原本是否有情的问题。庄子认为，不增不减顺其自然地活下去，可以长寿，可以常在，身体同生命的本身是一样的。而惠子认为身体是要补充的。庄子说后天的意识上的人情世故会使身体内部受到伤害，而这样就会有病，活不长久。庄子骂惠子：你把自己的神用在身体外面去了，没有内养其神，精神一天忙到晚，这是在伤害自己。你想辩论"坚石非坚""白马非马"等，就辩到死为止吧！

古为今用

"东边日出西边雨，道是无晴却有晴"，生活中的有情和无情，因为有太多的人为因素，所以被混淆了。因为情感意识都是后天形成的，所以很多人为的情感污染了我们的真性情。七情六欲越强烈，我们生命的本性就越少，所以我们应该减少束缚，逐渐恢复自己的本性，并逐渐达到"无情"的境界。那么要怎样才能做到"无情"呢？那就是不要在乎外在的环境，做到情到天然，心境平和。

[010] 鱼相忘乎江湖，人相忘乎道术。

鱼相造①乎水，人相造乎道。相造乎水者，穿池而养给②；相造乎道者，无事而生③定。故曰，鱼相忘乎江湖，人相忘乎道术。

——《大宗师》

注释 ｜ ①造：通往。②给：给养充足。③生（xìng）：通作"性"，"生定"即性情安适。

译文 ｜ 鱼争相入水，人积极向道。争相入水的鱼，挖个池子便能给养充裕；积极向道的人，漠然无所作为而能性情安定。因此可以这样说，鱼相忘于江湖中，人相忘在道术里。

经典解析

这段话告诉我们要如何化解对生死和仁义的执着，那就是"相忘"。庄子说："泉水干涸了，几条鱼被困在了陆地上，通过互相吐沫、润湿对方的方法来拯救对方，这又怎么能达到目的呢？远不如在江湖里相互忘记对方。""相濡以沫，不如相忘于江湖。"每个人都有执着的地方，因为执着，生活才会显得沉重，那还不如把一切执着都忘掉。鱼在水中自由自在，人在道中潇洒自如、相安无事。"与其誉尧而非桀也，不如两忘而化其道。"庄子说。在恭维尧舜的时候，没有必要把桀纣看得那么坏，把所有的事情都分得一清二楚，明明白白并不是一件非常好的事情。因为功过是非越清楚，执着的东西越多，烦恼的东西也就越多了，所以"不如两忘而化其道"。是非善恶本就没有一个绝对的标准，不如都化掉，那就可以"相忘于江湖"了。人所执着的东西未必都是正确的，但是仍然执着了下去，不能相忘于江湖，这就是人们痛苦的原因了。不相忘于江湖就是把别人的烦恼当作自己的烦恼，因为自己未曾放下过执着。要相忘于江湖，就要懂得放下自己，放下一切。

古为今用

有人的地方就有江湖，那在江湖里要怎么"相忘"呢？要想相忘，首先就要忘掉自己的执着，因为今日的执着，会造成明日的烦恼。你可以去追求爱、享受爱，但不能执着于爱，因为过于执着就会失去。不要把生命浪费在自己所不需要的地方，要懂得放下也是一种得到。忘记自己、放下自己不是放弃自己，而是认识自己。

延展阅读

观鱼图

观看水中的鱼儿是一种享受，也是一种境界。鱼与水不能分开，鱼儿只有在水中才能自由自在地游玩，而浑然忘记了自己身在水中。

进入忘我的境界

忘我是一种态度，对生活、学习和工作都应该用这样一种态度来面对。它能够使人超然于物外。执着于物质利益的得失未尝不是积极进取的一种表现，但是它也很容易使人感到疲倦和懈怠；执着于精神上的追求也未尝不是修身养性的一种境界，但它也容易使人陷于偏执，失去内心的平衡。唯有忘我的境界，才能够使人在面对一切世间纷扰的时候不为其所动，心中也才不会产生波澜，从而使自己的人生更为洒脱和旷达。

[011] 明王之治，功盖天下而似不自己，化贷万物而民弗恃。

明王之治，功盖天下而似不自己①，化贷②万物而民弗恃；有莫举③名，使物自喜；立乎不测，而游于无有者也。

——《应帝王》

注释 | ①自己：出自自己。②贷：施及。③举：显。

译文 | 圣哲之王治理天下，其功绩覆盖天下但又好像不归功于自己，教化施及万物但百姓并不对他有所依赖；功德无量却不赞美表白，使万事万物各得其所；他自己立足在高深莫测的地方，却生活在虚静的境界中。

经典解析

很多统治者都想发挥自己所有的才智，使自己的统治井井有条，难道这就是明王之治了吗？真正的明王之治，应该是"游于无者"，即无为之治。无为是道家的最高作为，因为无为之中有大为。老子曾经说过："故贵以身为天下者，可以寄天下；爱以身为天下者，可以托天下。"和这句话所讲述的道理是一样的。明王的仁慈为人们所感激，但他不因此而骄傲，从而让人们觉得明王的仁慈是出于自然的。"有莫举名，使物自喜"，明王从不标榜自己的功德与声望，然而他们的功德和声望却能够深入人心。所以明王统治的最高境界就是让人感觉不到被统治。老子把君王的统治划分为四个层次："太上，不知有之。其次，亲而誉之。其次，畏之。其次，侮之。信不足焉，有不信焉。悠兮其贵言，功成事遂，百姓皆谓：'我自然。'"百姓在无为的统治中各得其所，各知其乐，这就是统治的最高境界，也是无为之中的大为。

古为今用

在企业管理中，最高的管理境界也是无为而治，是将管理上升到艺术的境界。如果企业的员工不认识这个企业的最高领导者，这不但不是对企业的不敬重，而且还代表着这个企业的管理已经达到了一定的境界。因为员工是来工作，来实现他的价值的，而不是来认识领导的。一个领导不仅要实现企业的利润最大化，而且要使每个员工在自己的工作岗位上都实现自己的最大价值。

延展阅读

文 王

周文王以宽和的手段治理天下，没有烦琐的政令，也没有严苛的法律，一切都顺从百姓自己的意愿，使他们能够自得其乐，因此天下的百姓才会乐于投奔西周。

对生活不要过于执着

顺其自然是一种很高的境界，它要求人们能够顺从本性的要求，按照其客观的规律来发展，而不应该过于执着于非分的想法，对正常的生活加以干涉，这也是"道"的要求，因为在道家看来，任何人为的干预和执着的追求，都会损害人们正常的生活，使人难以达到返璞归真的理想。治理国家也应如此，只有采取无为而治的治国之道，才能使国家安定，百姓安居乐业。

【〇二二】

> 天之小人，人之君子；
> 人之君子，天之小人也。

畸人①者，畸于人而侔②于天，故曰，天之小人，人之君子；人之君子，天之小人也。

——《大宗师》

注释 ①畸人：畸形的人。②侔（móu）：合。

译文 "畸人"就是与世俗有异而顺应自然的人。所以说，在自然中看来是小人的，在人世间却是君子；在人世间看来是君子的，在自然中却是小人。

经典解析

为什么被世俗所认为的"畸人""小人"在自然中看来是君子，而在世俗中所认为的君子却是自然中的小人？因为"为人使易以伪，为天使难以伪"，顺应自然的人没有伪装，看似不合于世俗，却始终保有本真，是一个真君子；而世俗的君子却是人为的，是违背了本性的，在自然面前是一个不折不扣的小人。

故事链接

有一个乞丐，有一天来到一个大户人家的门口等待施舍。这个大户人家是非常有名望和地位的，他们认为有乞丐在家门口，于脸面无光，所以这户人家的老爷就扔给这个乞丐几个铜板，叫他马上离开，以后再也不许出现。第二天，这个老爷又看到了这个乞丐，他非常生气，打算叫来家丁把乞丐轰走，但是这次乞丐只是来把一块价值连城的玉佩还给他。这个老爷瞪大了眼睛，他不敢相信，这个一文不名的乞丐竟是个君子。

古为今用

随波逐流的生活，使他们自己都快认不清自己了。在这样的生活中，他们自己成了一个偷心的贼，偷走了自己原本自由的心，没有了心，又怎能体验生活的美呢？所以，千万不要陷入世俗加在我们身上的束缚，与其做一个世俗的君子，还不如做一个自然的小人。

夫小惑易方,大惑易性。

夫小惑易①方,大惑易性。何以知其然邪?自有虞氏招②仁义以挠③天下也,天下莫不奔命于仁义,是非以仁义易其性与④?

——《骈拇》

注释 | ①易:改变。②招:以……为号召。③挠:扰乱。④与(yú):通"欤",表示反问。

译文 | 小的迷惑能够让人弄错方向,大的迷惑能够让人改变本性。如何知道是这样的呢?自从虞舜打着仁义的旗号搅乱了天下后,天下的人无不为仁义而奔走效命,这不就是用仁义改变了人的本性吗?

经典解析
庄子一向崇尚自然,反对人为。小的迷惑能够使人迷失方向,但迷失方向之后还能找到正确的方向,因为"性生之质也"。但如果人为的力量能大到让人看不清自己的本性时,那么这个迷惑可就太大了。而庄子认为这种大的迷惑就是尧舜所讲的仁义,这些仁义加上了人为的烙印,错乱了天下人的本性。

故事链接
有一个人得到了一张世上独一无二的弓。这张弓是用珍贵的紫檀木制成的,此人对它爱不释手,但又觉得它不够华美,反而朴素得让人觉得它不是一张名弓。所以他请来能工巧匠在弓上雕刻了一些精致的图案,有飞奔的骏马、灿烂的太阳、清澈的河流。这时,这个人才觉得弓够完美,于是他搭弓引箭,用力一拉,"嘣"的一声弓就断了。

古为今用
在这个充满竞争的社会中,人的一生会面临着各种迷惑和挫折。战胜小的迷惑会给我们的人生增添一些难得的经验,如果能够战胜大的迷惑,那么我们的人生就会更加真实和有意义。小迷惑只是改变我们的方向,使人生的道路更加弯曲,这些弯路为我们战胜大迷惑提供了宝贵的经验。因为在走这些弯路的时候,我们能更加清楚地认识自己,看清自己真正想要的东西,这样才能在大迷惑面前不被诱惑。

【〇一四】 天地有大美而不言。

天地有大美①而不言，四时有明法②而不议，万物有成理而不说。

——《知北游》

注释 | ①大美：化育万物的美德。②明法：明确的规律。

译文 | 天地有伟大的美德却并不表述出来，四时更替具有鲜明的法则却不评议，万物的运动有现成的道理但却不解说。

经典解析

天地孕育万物，欣欣向荣，表现着无限的生机，所以天地之美是一种生命之美，是"道法自然"的美。"道"虽是万物的根源和基础，是大地和万物的母亲，但它从不以万物之主自居。"四时有明法而不议，万物有成理而不说"，有法不议，有理不说，就是说"道"从不主宰、控制和干预万物，它具有"生而不有，为而不恃，长而不宰"的美德。这种美德就是道法自然、自然无为，"无为"不是说"道"没有任何作为，而是不控制、不勉强，让其自由发展，在"无为"中实现"有为"。所以天地之美是合乎自然之道的最大的美德，最能体现自然的朴素和恬淡。一切人为的、违背自然本性的行为，都是对"天地之美"的破坏。"文采"坏五色之美，"六律"坏五声之美，"牺尊"坏淳朴之美，"珪璋"坏白玉之美。天地之美是无法言明的，人的认识也还没有达到那种程度，但如果人们要把已知的美言明的话，那么美就会失色。因为言明了就会有人人为地去破坏它的和谐的自然之美。就像一些景区一旦被人宣传之后，就会失去它原有的美一样。"人法地，地法天，天法道，道法自然"，要维持天地的美就不要有目的地去"作为"。

古为今用

在公园里，我们经常看到被修剪成各种动物形状的小灌木，美其名曰"效仿自然"，从而让人们更多地体会到自然之美。殊不知，这种刻意的修剪美则美矣，但它让人感到的更多的是人为而不是自然。现在旅游产业正迅速发展，人人都想欣赏天地之美，各大景区也都有了人为的便利条件，自然的风景也有很多加上了人工的痕迹。很多人在旅游的时候都会在风景区留下自己的身影,所以照片上看到的多是人,而不是风景。他们以为身处在天地之间就能感觉到天地之美,却不知道天地之美是不可以言明的。所以爱自然,就不要去改变它、破坏它。

延展阅读

恬静自适

山川之美在于能够以其自然之态给人带来一种恬静自适的感觉。因其没有任何人为修饰的痕迹,所以游山玩水时便能达到一种物我两忘的境界。

在喧嚣中追求内心的宁静

喧嚣的俗世生活往往会使人变得浮躁不安、急功近利,难以获得内心的宁静。这正是人们对"道"的理解过于肤浅所导致的。为了追求内心的宁静,使自己的思想感到充实,人们会选择游山玩水、深入自然。但这只能治标,而不能治本。解决的根本办法在于加强对"道"的体悟和学习,只有加深对于"道"的理解,才能真正懂得如何在喧嚣的生活中不迷失自己。

[〇一五] 以俗观之,贵贱不在己。

以道观之,物无贵贱。以物观之①,自贵②而相贱。以俗观之,贵贱不在己。

——《秋水》

注释 | ①以物观之:从物的角度看。②自贵:自我看重。

译文 | 从大道方面来看,万物没有贵贱之分。从万物自身的角度来看,它们都是以己为贵又以他为贱。以世俗的观念来看,贵贱不由事物本身决定。

经典解析

为什么"以道观之,物无贵贱"?因为从"道"的角度来看,万物都是一样的,是道的不同体现,都具备道的基本元素。庄子在《秋水》中说:"以道观之,何贵何贱,是谓反衍。"以大道的眼光来看,万物是没有贵贱之分的。所谓贵贱,是从物的角度出发,通过对比反衬出来的。既然如此,也就没有人能够对事物的贵贱有一个准确的标准。在《齐物论》中,我们可以看到,生命源于同一个起点,从而也就有了"万物齐一"的观点,既然物是齐一的,那么用来表达物的言论也应是齐一的,这就是齐物论。齐物论之后,万事万物都没有贵贱之分。但是事物都有其自身的特点,有些是对人类有用的,有些则是没用的,从物的本身来看它们有有用和无用之分,这也就有了贵贱之分。实际上,这些有用和无用只是针对特殊的环境而言,所以物的贵贱是不能通过具体的个人来决定的。也就是说贵贱不在己,在于一个约定的世俗。就好像钻石在自然界中是没有贵贱之分的,而钻石的坚硬使之成为"贵",而其价格的昂贵则是世俗形成的。

古为今用

面对贵贱之分,我们很容易就会想起大思想家孟子的话:"富贵不能淫,贫贱不能移,威武不能屈。"那么如何才能做到这一点呢?那就是要做到"齐物"和"忘我"。"齐物"就能"忘物",没有外在事物的诱惑就能够做到视富贵如土芥,又岂会因为它而改变自己呢?"忘我"就能忘掉所有的宠辱纷争,那外在的压力又怎么会使真我屈服呢?所以说只要"道"在心中,就能做到"富贵不能淫,贫贱不能移,威武不能屈"。

延展阅读

司马相如见卓王孙

汉武帝擢升司马相如为中郎将,持节前往巴蜀。卓王孙前倨后恭,大叹女儿慧眼识英雄,女婿亦是人中龙凤。人情冷暖,可见一斑。落魄时,一文不值;飞腾时,前呼后拥。

贵贱不在己

世俗的眼光就是这么功利,往往鼠目寸光。对困窘之人,嗤之以鼻,不屑一顾,待到人家时来运转,飞黄腾达的时候,把脸一抹,原先丑恶充满鄙薄的嘴脸换之以嬉笑,媚态百出。可令人发一笑。

小人则以身殉利，士则以身殉名，大夫则以身殉家，圣人则以身殉天下。

小人则以身殉①利，士则以身殉名，大夫则以身殉家②，圣人则以身殉天下。故此数子③者，事业④不同，名声异号，其于伤性以身为殉，一⑤也。

——《骈拇》

注释 ①殉：为……牺牲。②家：家族。③数子：指前面所说的四种人。④事业：从事的工作。⑤一：相同。

译文 小人为求私利而牺牲，士人为求美名而牺牲，大夫为家族的利益而牺牲，圣人则为天下人而牺牲。以上这四种人，他们的事业不同，名声也各不相同，但他们在损害自身的本性、牺牲生命这方面却是一样的。

经典解析

这句话的意思是说，普通人因为私利而不顾生命，知识分子为了名声而不顾一切，一些官员为了国家和家族的利益能够舍生成仁，而圣人为了天下的利益即使牺牲自己也在所不辞。这些牺牲的名目虽然不同，但都是因为外在的东西而伤害了生命。

故事链接

在影片《摩登时代》里，卓别林穿梭在机器中间，不停地拧螺丝，在他的眼前除了螺丝，别无他物，对当时的社会工业化大生产给予了无情的批判。著名管理学家泰罗根据人体的动作，将劳动进行了专业分工，加上机械化的流水线处理，在很大程度上提高了生产效率，也使很多人成了专业分工领域的专家，但是这种专业化和物化被资本家们无限地放大，从而导致了对人性的戕害。卓别林扮演的小人物就是其中的典型，他已经失去了人的本质，而把拧螺丝当成了一种本能。

古为今用

在物欲横流的年代，很少有人能够真正地看重自己，他们往往都是重物轻己的。人似乎忘记了自己作为动物本能的生活，或者可以说是形成了另一种"动物"本能的生活。

【〇一七】毁道德以为仁义，圣人之过也。

白玉不毁，孰为珪璋①？道德②不废，安取仁义？性情不离，安用礼乐？五色不乱，孰为文采③？五声不乱，孰应六律？夫残朴以为器，工匠之罪也；毁道德以为仁义，圣人之过也。

——《马蹄》

注释 | ①珪璋（guī zhāng）：玉制的礼器。②道德：指本性。③文采：华丽的色彩。文，花纹。采，色彩。

译文 | 白玉不被割裂，谁能用它雕刻出珪璋一类的玉器？自然本性不被废弃，怎么还用得着仁义？天性和真情不离失，又怎么还用得着礼乐？五色不相混杂，谁能够调出美丽的色彩？五声不打乱后重新搭配，谁能将其与六律应和？毁坏原木用来制作器皿，这是工匠的罪过；毁坏人的本性而推行仁义，这是圣人的罪过。

经典解析

圣人推行仁义本来是为了使人性有一个最好的道德约束，但为什么这个仁义又毁了道德呢？因为起初的"仁"的确是出于人性的本真，但它却逐渐被人们误解。仁义被一些无耻之徒所利用，成为社会动荡不安的原因，所以说被利用的仁义毁坏了真正的道德。

故事链接

臧和谷一起出去放羊，而且都把羊放丢了。回到主人家，主人问他们丢羊的原因，臧的原因是他去看书了；谷的原因是他去赌博了。然后庄子说：两人虽然原因不同，但结果是一样的。我们在这里可以把羊比喻为道德，而读书则可以比喻为推行仁义，也就是说推行仁义和赌博一样都丢失道德。所以说无论是推行仁义还是追求财货，其结果都会扭曲本性。

古为今用

在教育理念中，素质教育远比应试教育要更富有成效，但很多孩子都忙着学习各种艺术课程，美其名曰培养艺术情操，但是不能排除个别家长对于虚荣的追求。

[〇一八] 无名故无为，无为而无不为。

万物殊理，道①不私②，故无名。无名故无为，无为而无不为。

——《则阳》

注释 ①道：大道，天道。②私：偏爱。

译文 万物都具有其个别的规律，大道对它们也都没有偏爱，因此也不会去授予它们名称以示区别。没有称谓因而也就没有作为，没有作为因而也就无所不为。

经典解析

从"道"的角度来说，万事万物是不应该有名称的，这是由"道"的大公无私所决定的。但万事万物都有了一个名称，这是为什么呢？因为人世间存在着"世俗之名"。世俗之名，就是在群众中集合而形成的风俗。刚开始人们的言论是不同的，后来逐渐被同化为一种，再后来相同的东西又散开去变为不同的了。所以现在的名就像是马的各个部分，但已经不能称其为马了，只有人人都看到的马的各个部分组成的马体才可以被称为马。所以，有"名"了就会给人以错误的判断。那么，在错误的"名"的面前又应该如何自处呢？丘山是由很多低卑的小山积累到这么高的，江河是汇合许多支流而成为大川的，得道的人要合并众人之见才可以成为公认。所以，听到"名"以后，要有主见但又不能固执己见；自己的道理虽正确但也不要拒绝别人的意见。这就需要不偏失。四时有其不同的气候，天不偏私，所以四季得以形成；五官有其不同的职责，君主不偏私，所以天下得治。不偏失就是无所作为，无所作为使事物各因其理地得到了最好的发展，这就是无所不为，即"天地无心而化育，帝王无为而平成"。

古为今用

有名有实，是一个事物区别于另一个事物的根本之所在。无名无实，会让人感觉到事物的不存在性。"有名"，目的就会明确，但这样就容易执着；"无名"，则会使人缺乏真实感，容易"莫为"，这不是世俗中的我们能够看透的。这样看来，世间的事总要有一个区别，这样就可以进行言谈和测度。或许言谈会使事物的表象距离事物的真情越来越远。但是，这也给了我们分辨的机会。所以对于"名"我们既不能执着，也不能忽视它的存在，这样才能更加准确地命"名"。

延展阅读

举贤荐能

周武王很注重选贤任能，他认为只要有了贤人的辅佐，自己就能在政治上没有什么缺失，即使垂拱而治，也能使天下百姓获得安定的生活。

"无为而治"并非"不作为"

"无为而治"要求统治者以尽量少的政令和法律来约束百姓，百姓没有了干扰才能集中精力进行生产和生活。"不作为"则指的是没有尽到自己的责任和义务，从而使本不应该发生的危害发生了。二者最明显的区别就是领导者能否从人民的利益出发来履行自己的职责。"无为而治"是一种简约而有效的统治手段，"不作为"则是尸位素餐，在其位而不谋其政。

[〇一九] 虎之与人异类而媚养己者，顺也。

时其饥饱，达①其怒心。虎之与人异类②而媚③养己者，顺也；故其杀者，逆也。

——《人间世》

注释 ｜ ①达：了解，得知。②异类：不同类。③媚：喜爱。

译文 ｜ 知道它何时饿何时饱，知道它在何种情况下会生气。老虎虽然与人不同类，但它对饲养自己的人很亲近，这是因为养虎人能顺应老虎的天性，而那些被它吃掉的人，则是因为违逆了它的性情。

经典解析

庄子在这里讲了一些关于养虎的学问。"汝不知夫养虎者乎？不敢以生物与之，为其杀之之怒也；不敢以全物与之，为其决之之怒也。时其饥饱，达其怒心。虎之与人异类，而媚养己者，顺也；故其杀者，逆也。"养虎经验丰富的人，在喂老虎吃肉的时候，总是把肉煮熟了，而从不直接喂生肉，更不敢直接喂活物。因为老虎一旦重新体会了杀生就会恢复它猎杀的本性。老虎不像人一样懂得控制脾气，但对养它的人很顺从，这是为什么？因为养虎人已经清楚虎的习惯，知道它什么时候饿了，什么时候不饿，顺着它的性情来养，并慢慢地改变着它的性情。当老虎发脾气的时候，其真性情就爆发了，之所以会把养它的人吃了，那是因为养虎人触犯了虎的性情。所以老虎的真性情并不是人能真正掌控的。虎和人不同类，并不是说人比老虎好。而是因为人会思考，而老虎却不会，人的性情比老虎的性情更加难以掌控。伴君如伴虎，但有人在"伴虎"的时候却伴得有滋有味，如宋朝的秦桧、明朝的严嵩、清朝的和珅。因为他们谁都懂得"意有所至而爱有所亡"。让老虎明白自己的"意有所至"，而它自己又能掌控自如，能够做到"爱无所亡"。所以要把事情办好就要懂得投其所好，而且还不能让对方知道。

古为今用

做事情要懂得投其所好，但不能偷鸡不成反蚀一把米。有个人很爱马，把马照顾得无微不至。结果有个蚊虻来喝马的血,他就"啪"的一下,打到了马身上去。本来他是想投马所好的,结果不仅"蚀了米",而且还挨了踢。要投其所好,就要了解那个人独特的爱好,如果不了解这一点,就会是"意有所至而爱有所亡"。为了做到"意有所至爱无所亡",我们也应该学习一下"揣摩上意"。

延展阅读

卞庄子刺虎

卞庄子是春秋时期鲁国的大夫,以勇武闻名于世。有一次他看到两只老虎正在夺一头牛,老虎一死一伤,卞庄子见状便上前杀死了受伤的老虎。卞庄子也由此得到了"一举而杀两虎"的美名。

先了解,后交往

在人际交往中,要想成功地与他人进行交往,就必须先了解这个人,包括他的家庭背景、社会关系、脾气秉性,等等。只有做好了充分的准备工作,在与其交往的过程中,才能使自己获得对方的好感,办起事情来也才能游刃有余,从而达到自己的目的,否则就会招致对方的反感而使自己的愿望落空。

[010] 故马之知而态至盗者，伯乐之罪也。

加之以衡扼①，齐之以月题②，而马知介倪③、闉④扼、鸷⑤曼、诡衔⑥、窃辔⑦。故马之知而态⑧至盗⑨者，伯乐之罪也。

——《马蹄》

注释 ①衡：车辕前的横木。扼：通"轭"，搁在中马颈上的条木。②月题：月牙形的佩饰。③倪：通"睨"，怒目而视。④闉（yīn）：扭曲。⑤鸷（zhì）：凶猛。⑥诡衔：用诡计吐出口中的橛衔。⑦窃辔：偷偷摆脱马络头。⑧态：可能是"能"的字误。⑨盗：相对抗。

译文 给马加上车衡和颈轭，再在它的头上配上月牙形的佩饰，如此一来就会使马侧目怒视，屈着脖子抵抗轭木，狂突而不驯，或狡猾地将嘴里的勒口吐掉，或偷偷将头上的马络头脱掉。所以说，马的智巧竟能与人对抗，这是伯乐的罪过啊。

经典解析

众人都说"世有伯乐，然后有千里马"。这句话实在是本末倒置。伯乐相马，是对马天性的摧残。不堪忍受的马死了，剩下的则都是"聪明"的马，它们学会了"介倪、闉扼、鸷曼、诡衔、窃辔"的狡诈伎俩。所以说伯乐是治马的罪人。

故事链接

布鲁诺信奉哥白尼的日心说，于是他"背叛"了宗教，并不遗余力地进行宣传，最终被烧死在罗马广场。临刑前，布鲁诺的学生对他的遭遇感到悲哀，说："一个没有英雄的国家，是可悲的！"布鲁诺却坚定地回答："不是这样的，一个需要英雄的国家，才是可悲的！"

古为今用

马克思曾经说过："宗教里的苦难既是现实苦难的表现，又是对这种现实苦难的抗议，宗教是被压迫生灵的叹息，是无情世界的感情，正像它是没有精神的制度的精神一样，宗教是人民的鸦片。"精神上的伤害远比肉体上的伤害要来得厉害，并且它还是永久的，所以说在自由的精神之上人为地强加一个标准，不是在帮人，而是在害人。

【〇二三】为之仁义以矫之，则并与仁义而窃之。

为之斗斛①以量之，则并与斗斛而窃之；为之权衡②以称之，则并与权衡而窃之；为之符玺③以信之，则并与符玺而窃之；为之仁义以矫④之，则并与仁义而窃之。

——《胠箧》

注释 | ①斗斛（hú）：古代的两种量器，十斗为一斛。②权：秤锤。衡：秤杆。③符玺（xǐ）：古代两种作为凭证的信物。④矫：纠正。

译文 | 天下人制定出斗、斛来计量物品的数量，那么斗、斛就会被一同盗窃走；天下人制定出秤锤、秤杆来计量物品的重量，那么秤锤、秤杆就会被一同盗窃走；天下人制定了符、玺用来取得别人的信任，那么符、玺就会被一同盗窃走；天下人制定了仁义使人们的道德和行为变得有秩序，那么仁义就会被一同盗窃走。

经典解析

上有君子利用仁义争名，下有小人利用仁义争利，每个人都在利用仁义，所以给人性设立仁义，其人性也就丢失了。

故事链接

有一天，一个小孩从山间捡回一个老鹰蛋，回家后将其放到鸡窝里。蛋被母鸡孵化出来了一只小鹰，小鹰从小跟着鸡群一起长大，无论它怎么飞都只有咫尺高度，所以它便认定自己也是一只普通的鸡。主人对此很失望，他认为自己白养了一只鹰，于是决定把它扔了。主人把它带到悬崖边，像扔小鸡一样将它扔了下去，小鹰在急速降落的过程中，其天性突然被激活了，竟然"扑棱扑棱"地飞了起来，而且越飞越高。

古为今用

给人性设立仁义，人性就会连同仁义一起丢失；把老鹰当作鸡来饲养，老鹰就会觉得自己是一只小鸡。所以，既然是老鹰，那就不要生活在鸡的枷锁下，只有丢弃枷锁，冲向悬崖，才能凌空展翅。

得至美而游乎至乐，谓之至人。

夫得是，至美至乐①也。得至美而游乎至乐，谓之至人。

——《田子方》

注释 | ①至美至乐：最美好最快乐、顺应大道的境界。

译文 | 达到这样的境界，就是"至美""至乐"了，体察到"至美"也就是遨游"至乐"，这就叫作"至人"。

经典解析

什么样的境界才是"至美"和"至乐"呢？庄子说："淡然无极而众美从之。""朴素而天下莫能与之争美。"所以说"美"是淡然无极的朴素，是最真实自然的"无为"。人们所追求的"真""善""美"在"无为"中得到了统一，这种统一之后的境界就达到了"至美"的境界。因为求"真"就是"顺性命之情"。"求真"就是为了求性情之"美"，而无"真"也就无所谓"美"了，"真"才是精神自由之美。人格自由的实现不仅是"大美"，而且是"大德"和"大善"，这就是"至"的含义。所以"无为"的"真"与"善"统一在"至美"中，"至美"是一种"无为"的"无美"。所谓"至乐"，也就是真正的快乐，这种快乐源于对"至美"的欣赏。"同乎无欲，是谓朴素"，"至美"的朴素的特征是无声无形之乐，也就是"至乐"。而欣赏"至美"，享受"至乐"的途径，就是"无为"。做到无为就需要做到"心斋"和"坐忘"，达到"忘物"和"忘我"的境界。忘却自身的得失祸福，忘却世俗的仁义礼乐，与道合而为一，这就是"至乐无乐"。"至乐"是用"游"来享受的，游得无拘无束、无羁无绊，就达到了"至人"的境界。

古为今用

爱美和享乐都是人类的天性，只有真正懂得"至美"的人才会懂得什么是真正的快乐。真正的美不是人工所能雕饰的。"美"如清凉之月，如山泉之水，能安抚、融化狂躁的心。只有这样，人才能有足够大的心胸去享受快乐。如果心中世俗的"美"太多，那么快乐就没有容身之地了。"美"是个性，而快乐是共性，享乐就是要把快乐推广，以一种无为的超然获取世间的同乐,然后在对"乐"的觉悟中,再感受至人的境界。

延展阅读

幽居

幽居是因为自己的愿望和理想难以实现而归隐于山林的行为,这是古代士人一种消极而无奈的选择。

欧阳修

欧阳修是北宋著名的政治家、文学家,他一生仕途坎坷,却也因此而成就了其文名。

用放达的态度面对挫折

人生难免会遭遇挫折和不幸,如果因此而怨天尤人甚至自暴自弃的话,那就太不应该了。一个有理想、有抱负的人,即使自己的理想和抱负不能实现,也应该用放达的心胸来面对自己的遭遇,只有这样才有机会东山再起。

与人和者，谓之人乐；
与天和者，谓之天乐。

夫明白于天地之德①者，此之谓大本大宗②，与天和者也；所以均调天下，与人和者也。与人和者，谓之人乐；与天和者，谓之天乐。

——《天道》

注释 | ①德：指自然的变化规律。②宗：宗旨。

译文 | 明白无为是天地之本的规律，就是掌握了万物的本源，而成为与天道相和的人；用此就可以均平万物、顺应民情，就是与人们和谐的人。与人们和谐的，叫作人乐；而与自然和谐的，就叫作天乐。

经典解析

要想明白为什么与人和谐是人乐，与天和谐是天乐，在认识上首先就要有一个整体的眼光。庄子说："人与天，一也。"这种统一并非是臆断的、没有根据的，而是由天地间的必然规律所形成的。气化论是道家的宇宙观，道家认为气是宇宙万物的基本元素，而道德的判断和情感的意识对气没有任何影响，所以任何价值标准的判断都是没有意义的。没有意义并不意味着没有价值的无可奈何与消极，而是一种自由的无为，这才符合天地间的必然规律。这样才不会丧失自己的本性，而是将心灵寄托在无所不在的"大道"中，不被任何没有意义的价值标准所束缚，这就是人和。在纷繁的世间体验人和，这样就能拉近人与人之间的距离，这就是人乐。当体会到人乐之后，就会进一步地体会到"天地与我并生"的快乐。人，直接回归到了大自然，不再受任何规则的束缚，顺应着天性的发展，拉近了人与宇宙之间的距离，这就是与天的和谐，也称之为"天乐"。

古为今用

在纷乱的凡世中，一个人是否能听到自己的脚步声呢？在匆忙的旅程中，是否能驻足倾听大自然的声音呢？我们每个人其实都应该给自己留一个任心灵自由翱翔的空间，去追求那种天人合一的感觉。这样你会觉得肩上的重担突然消失，身心遁入空灵。所以在日常的生活中，我们应该学习像一株植物那样，不受旁人意志的影响，有的只是和大自然一起，随遇而安。不用考虑明天会怎么样，无论是刮风还是下雨，你仍然是一株植物，所以也就没有任何患得患失的烦恼。不用勉强自己，也不去苛求别人，所以在人群中，你既感觉不到自己，也不怕被别人感觉到。呼吸着自由的空气，不去感叹上天的安排，我心由我不由天，这样的轻松，就是与天作乐。让我们在纷纷扰扰的人世间，享受着做一株植物的乐趣吧！

延展阅读

闲牧牛马图

牛马虽受制于人，但是当它们在田野中悠然地吃草时，也会感到一种惬意。人不也是如此吗？当人们在田野中劳作时，虽然他们的身体感到劳累，但心中是平静而愉悦的。

与大自然和谐共处

大自然不仅在物质上为人类提供了所需要的一切，而且还能使人在心灵上享受愉悦和闲适，当人们身处大自然中呼吸着清新的空气，观赏着青山绿水的时候，他们的整个身心也会自然而然地得到放松。

> 毁绝钩绳，而弃规矩，
> 攦工倕之指，而天下始人有其巧矣。

毁绝钩绳，而弃规矩，攦①工倕②之指，而天下始人有其巧矣。故曰："大巧若拙。"

——《胠箧》

注释 | ①攦（lì）：折断。②工倕（chuí）：古时巧匠。
译文 | 将钩弧与绳墨线毁掉，将圆规和角尺抛掉，将工倕的手指弄断，这样天下人才能够保持他们原有的智巧。所以说："最大的巧恰好与笨拙一样。"

经典解析

这句话最初是出于老子的"大直若屈，大巧若拙，大辩若讷"，意思是：表面上委曲随和而内心正直的人才是最正直的人；表面上笨拙而内心清明的人才是最聪明的人；真正有口才的人不在于巧言令色而在于发言持重、锋芒不露。庄子则对其有了更进一步的认识：世俗的聪明只是对扭曲的天性的适应，真正的聪明应该是天然去雕饰的。

故事链接

宋朝的时候，有一次画院招考画师，考试的题目是"踏花归去马蹄香"。有的人画了一些花瓣，让一青年骑着马在花瓣上行走；有的人画了一匹骏马，一青年骑在马上从花丛中疾驰，非常有气势；有的人在马蹄旁画着纷飞的花瓣；只有一位根本没画花瓣，而画的是一些蝴蝶在马蹄的周围飞舞。这张画被评为最佳。

古为今用

要学会在雾里看花，抛开眼前令人迷惑的利益，避免犯下耍小聪明的错误。我们不能以成败论英雄，不能过于计较得与失，而应该以大忍之心善待天下众生，这才是真正的大智慧，是大智若愚、大巧若拙的真实体现。

【〇二五】天有六极五常，帝王顺之则治，逆之则凶。

天有六极五常①，帝王顺之则治，逆之则凶。九洛②之事，治成德备，监照下土，天下戴③之，此谓上皇。

——《天运》

注释 ｜ ①六极五常：六气与五行。②九洛：泛指天下。③戴：拥护。

译文 ｜ 大自然本身具有六气与五行，帝王顺应它则国家就能得到治理，违背它则会有灾祸发生。遵循九州聚居之人的各种方法，天下就会得到治理并且其道德也会完备，帝王功德的光辉照临人间，万民就会拥戴他，这就被称为"上皇"。

经典解析

六极就是六合，指上、下、东、西、南、北。五常就是五行，指金、木、水、火、土，这是对世界本源的思考，是一种朴素的唯物主义观点。大自然的发展有其客观的发展规律，顺应自然规律的发展就能生存，反之则会灭亡。地上的君王也要顺应天意行事，只是这个天意不是孔孟所认为的仁德，而是清静无为。

故事链接

《其其格的故事》中描述的草原的美景已经消失了。草原被大片开垦成农田，剩下的草原则变成了沙漠，人们不得不背井离乡。水是草原荣枯的关键。有的地方，草原上建起了工厂，工厂排出的废水首先被植物吸收，或者是渗透到湿地的腐殖土中，接着再进入食草动物的身体，最终这些毒害物质通过食物进入人类的身体，给人类带来疾病。

古为今用

在生态环境十分恶劣的草原地区，游牧是保护生态环境最佳的生产方式，农业则是破坏草地最迅速的生产方式。所以无论是对自然界还是对人类社会的管理都要遵守客观规律。而这个客观规律促成了"道"，在"道"的面前要无所为，因为自然的东西是完美和严谨的，我们所要做的就是用自己的智慧来认识这种完美和严谨。

[〇二八] 德无不容,仁也;道无不理,义也。

夫德①,和也;道,理也。德无不容,仁也;道无不理,义也。义明而物亲,忠也;中纯实而反乎情,乐也;信行容体而顺乎文,礼也。礼乐徧②行,则天下乱矣。

——《缮性》

注释 | ①德:德行。②徧(biàn):通"遍",普遍。

译文 | 所谓德,是指和谐;所谓道,就是自然的道理。德包容广大,就是仁;道没有不合理之处,就是义。义理彰明且与物相亲,就是忠;心中有仁义且回归本真,就是乐;诚信彰显而表现于容仪得体并符合礼仪,就是礼。礼乐普遍推行而不循正道,则天下就要大乱了。

经典解析

庄子一直都在强调当世的仁义礼智是被利用了的,是虚伪的人性表达,用它来修身养性反而会适得其反。要修身养性首先要明白什么才是真性情的仁义礼智。在庄子眼中,"仁"是"道"的衍生物,是与"道"和谐相处的,所以要体现"道"的标准,而不是其他人为的标准;"义"就是"体道"的自由,而不是那些满足人为的"仁"的条条框框。所以"仁"是"道"在心里的自由,要体现"道"的精髓;"义"是"道"在行为上的自由。仁义做好了,那么其他仁义的衍生物也就不在话下了。所以真正的修养之术就是要去掉那些假仁假义的束缚,做到心态和行为的绝对自由,这用庄子的话来说就是"心如死灰"。要做到"心如死灰",就要用恬静来调养心智,而不是世俗的礼乐,这样心智就是智慧而不是智巧。如果用世俗的礼乐来调养心智,则势必会造成人性的扭曲,这样心智就会用来钩心斗角,那么天下定然会大乱。

古为今用

生活在现代化社会中的我们,每个人心中都有一套仁义道德的标准,我们不能把自己的标准强加在别人的身上。就好像庄子虽然不认同当时的社会意识形态,但他没有把自己的意志强加在别人的身上一样,他只是用自己的大智慧在各种洪流之中逍遥而游。所以我们要以一种海纳百川的胸襟来包容这个社会，并坚守自己心中真正的认知，这就是外化而内不化，是大德仁、大道义的精髓所在。

延展阅读

耍猴

耍猴艺人用手中的鞭子和糖果对猴子进行训练，无非是为了挣钱养家，而猴子并不知道自己做了什么，只是被利用而已。

子路问津

孔子率弟子返回鲁国，经过楚国一个县城时却迷了路，农夫长沮对前来问路的子路嘲笑孔子不合于当世，还不如回家种地。

不要受到外物的干扰

人生活在社会中，很容易因受到外界的言论、行为及社会风气的影响而变得迷失了自我的本性，从而选择随波逐流。作为一个明智的人，应该保持心中那种淡泊宁静的态度，以自己的睿智来排除外界对自己的干扰。

[〇二七] 凡人心险于山川，难于知天。

凡人心险于山川，难于知天；天犹有春秋冬夏旦暮之期，人者厚貌①深情②。

——《列御寇》

注释 | ①厚貌：表情复杂多变。②深情：感情深藏不露。
译文 | 人心的险恶甚于山川，了解起来的难度要超过预测天象；自然尚有四季和早晚的变化周期，可是人却有着复杂的表情和深藏的情感。

经典解析

人心隔肚皮，说话做事的时候真伪难辨，就算是精密测谎仪和科学的逻辑分析也不能完全把握被测者的真实意图。所以自古以来对于人心的真伪都有这样的感慨："画虎画皮难画骨，知人知面不知心。"大奸若忠，大盗若圣，任何人都可以用一个假面具把自己伪装得很好。庄子虽然认为人心是难以测量的，但他还是有方法来判断"不肖人"的。知人者如何察人？《列御寇》篇中，庄子借孔子之口说："故君子远使之而观其忠，近使之而观其敬，烦使之而观其能，卒然问焉而观其知，急与之期而观其信，委之以财而观其仁，告之以危而观其节，醉之以酒而观其侧，杂之以处而观其色。九征至，不肖人得矣。"意思是说：派遣他到远方任职，观察他是否忠诚；把他放在身边办事，观察他是否恭敬；让他处理纷乱事务，观察他是否有能力；对他突击考察，观察他是否有心智；交给他期限紧迫的任务，观察他是否守信用；把财物托付给他，观察他是否清廉；把危难告诉给他，观察他是否持守节操；用醉酒的方式来观察他的仪态；用男女杂处的办法来观察他对待女色的态度。这涉及生活中的每个细节，只要认真对待每一个细节，就能分辨出真小人。

古为今用

庄子的"九征"之法只是识人的一些手段和工具，并没有告诉我们如何管理这些人。现代管理倡导法治大于人治，以制度求生存及发展。庄子的"九征"之法就是一个合理的管理制度,但有了制度并不算是完美,还要有一个驾驭制度的"道",也就是说这个管理制度要有灵魂。这个"道"就是管理的人文精神,用这个"道"来驾驭管理制度的"术",以道驭术,以术佐道,才是成功的管理。

延展阅读

船火儿大闹浔阳江

《水浒传》中,"船火儿"张横不认识宋江,对宋江和两名公差要行杀人越货之举,幸亏"混江龙"李俊及时赶到,才使宋江等人免遭大难。

交友要谨慎

交友不慎造成的后果就是被所谓的"朋友"出卖,有的甚至会落井下石,使自己悔之晚矣。俗话说:"画虎画皮难画骨,知人知面不知心。"如果对他人的品行不了解就轻信对方并与之称兄道弟,那么就很可能会出现交友不慎的情况。

【〇二八】褚小者不可以怀大，绠短者不可以汲深。

褚①小者不可以怀大，绠②短者不可以汲深。夫若是者，以为命有所成而形有所适也，夫不可损益。

——《至乐》

注释 | ①褚（zhǔ）：布袋。②绠（gěng）：汲水用的绳索。

译文 | 小的布袋不能包容大的东西，短的绳索不能汲出深井的水。之所以如此，那是因为生命各有它们的形体，也各有它们所适应的地方，这是不能改变的。

经典解析

这句话是孔子劝阻颜回出使齐国时说的。孔子认为燧人、神农、黄帝、尧、舜都是远古的楷模，而齐侯不过是一个诸侯国的君主，对他谈黄帝尧舜之道无异于鸡同鸭讲、对牛弹琴。鸡和鸭语言不通，对牛弹琴更是违背自然，不顺牛性，不但徒劳无功，而且还有可能会被牛踢倒。孔子担心的正是颜回有可能被齐侯杀死。

故事链接

一只狐狸偶然得知了如何为王，并且它成功了。但狐狸不知满足，还想要娶公主，并向国王下了战书。国王非常胆小，但他的相国却能沉着应战，这位相国还要求狐狸派狮子队打头阵。双方开战的日子到了，相国率领的军队都用棉絮塞上耳朵，点上火把。狐狸骑在一头大象上，让狮子去冲锋陷阵。狮子们见了火把，一齐仰天狂吼，所有的动物都吓得纷纷狂奔。那只狐狸也吓破了胆，从逃跑的大象身上掉下来摔死了。动物们不战而溃，人类大获全胜。那只不能量力而行的狐狸是多么可悲啊！

古为今用

人贵有自知之明，要做符合自己能力的事。万物生来都有自己的天赋，所以千万不要改变天性，不要揠苗助长。在教育孩子或使用人才时也一定要顺其自然，发挥出他们的天赋，而不要提出超越其能力的要求。

[〇二九] 鱼处水而生，人处水而死。

鱼处水而生，人处水而死，彼①必相与异，其好恶故异也。

——《至乐》

注释 ①彼：指鱼和人。

译文 鱼在水里才能生存，人在水中则会死，人和鱼必定是禀性互异的，所以他们的好恶也不同。

经典解析

大家都知道鱼离开了水就不能生存，因为"性，生之质也"，性情是生命的本质，所以"性，不可易；命不可变"。宇宙中的任何事物都具有独立而不可替代的价值，所以我们不能改变它们的禀性和存在方式。万物都要按照道的法则和自身性质去实现自己的价值，禀性一旦改变则失去了其存在的价值，并会影响到其整体价值的实现。

故事链接

从前，一只海鸟飞到鲁国都城郊外停息下来，鲁国国君让人把海鸟接到太庙来供养，奏"九韶"之乐来使它高兴，用"太牢"来喂养它。海鸟竟不肯吃一块肉，饮一杯酒，三天后就死了。"此以己养养鸟也，非以鸟养养鸟也。"不按鸟儿的天性来饲养鸟儿，只会使鸟儿死亡。不同的生命有着不同的禀性，所以尊重生命就要尊重它们的本性。

古为今用

在培养孩子的时候，应该从孩子的天性出发，多听听他们的心声，这样才能了解孩子的真实想法，才能有的放矢。在教育孩子的时候，不能按自己喜欢的方式，不把自己的意志强加给孩子，让孩子做他喜欢做的事，这样他才会有一个快乐的、丰富多彩的童年。多一点倾听，就会多一点理解；少一点干预，就会少一点误解。

怒其臂以当车辙，不知其不胜任也，是其才之美者也。

汝不知夫螳螂乎？怒①其臂以当车辙，不知其不胜任也，是其才之美②者也。戒之，慎之！积伐而美者以犯之，几③矣！

——《人间世》

注释 | ①怒：奋起。②是其才之美："以其才之美为是"，即自恃才能太高。③几：危险。

译文 | 你不知道那螳螂吗？奋力抬起它的臂膀去阻挡前行的车轮，不明白自己的力量是不能够成功的，这是它自以为才能很高的结果。警惕呀，慎重呀！经常夸耀自己的才智而触犯了它，那是很危险的！

经典解析

"螳臂当车"经常被用来形容做事情不懂得量力而行，从而给自己带来毁灭性的打击。"怒其臂以当车辙"，从这里我们可以看到螳螂之所以要以臂当车，是因为一个"怒"字，在大车面前它失去了理性的思考，做出了不自量力的事。在大怒之下就会忘记估计自己的实力。虽然如此自不量力，不爱惜自己，但是它的勇气还是值得表扬的，只是用错了方法而已。蘧伯玉用这个故事告诉颜阖如何来做卫国太子的师傅。卫国太子的德行很差，与他在一起如果不符合法度与规范，就是危害自己的国家；如果合乎法度和规范，就会给自己带来危险。他只能够了解别人的过失，却不了解别人犯错的原因。在这种情形面前，颜阖要怎么办呢？蘧伯玉说，首先要从态度上端正自己，不能愤怒。表面上要顺从他，实际上是要顺其秉性暗暗疏导他，并且不能被他发现。过于顺从，不会有明显的效果。做得太过露骨，就会被人认为是为了名声，这样做也会招致祸害。他如果像个天真的孩子一样，那你就像他一样天真；他如果同你不分界限，那你也不必跟他分界限；他如果跟你无拘无束，那你也要无拘无束，这样慢慢地将他的思想引入正轨。如果颜阖直接向卫国太子面呈其错误就会像螳臂当车一样。

古为今用

面对困难要有解决困难的勇气,但是不能有螳臂当车的鲁莽,除非你有大力水手那样巨大无比的力量,但事实上每个人都不可能是大力水手,所以也不能因此而愤怒。虽然我们不是大力水手,但是我们应该有大力水手般的从容。在困难面前不能硬碰硬,而要懂得以柔克刚,在潜移默化之间把困难解决掉。特别是在对领导进行劝谏的时候,更应该掌握好这个火候,要让他觉得,你不是在劝谏,而是在谈心,在谈话中引导他自己解决问题,虽然这个问题是你想到的解决方法,但是要从他的嘴里说出来。这样,问题在不知不觉中就解决了,而且这样做还会是一劳永逸的。

延展阅读

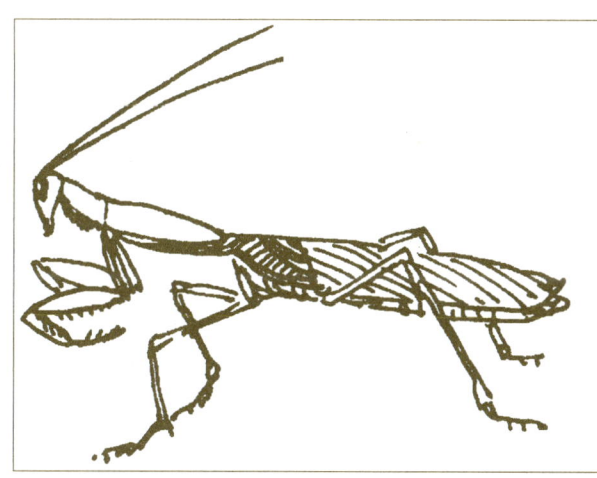

螳螂

螳螂是一种对人类有益的昆虫,但它生性残暴好斗,这一点在"螳臂当车"这个故事中表现得很明显。

识时务者为俊杰

面对复杂的时势,唯有认清当前形势,懂得进退之道的人才能算得上俊杰之士。有的人错误地估计了形势,或者自不量力地想凭借着一个人的力量来改变整个世界,逆潮流而动,那么他就会遭遇事业的失败,严重的时候甚至会连自己的性命都不能保全。所谓时势,就是社会的发展潮流和人心的向背,如果能认清这一点,那么就能使自己免遭祸患,进而取得成功。

【〇三二】

朴素而天下莫能与之争美。

静而圣①，动而王②，无为也而尊，朴素而天下莫能与之争美。

——《天道》

注释 ｜①静而圣：保持自身虚静无为则为圣人。②王（wàng）：称王。

译文 ｜清静而能够成为圣人，行动而能够成为帝王，无为而受尊崇，淳厚素朴的美是天下任何东西都不能够与之相争的。

经典解析

为什么"朴素而天下莫能与之争美"，因为"淡然无极而众美从之"（《刻意》）。庄子所欣赏的美是自然朴素之美，而不是人为的、刻意雕琢的美，因为这种美是虚伪的。未经雕饰的原木是朴，没有染色的白帛为素，只有没有经过装饰的东西，才是最真实的，这样才能使人产生美感。天鹅自然洁白，不是每天洗澡洗出来的，乌鸦天生即黑，也不是天天日晒的结果。因此庄子反对"饰羽而画"（《列御寇》），在天然的羽毛上再涂以华彩，只是狗尾续貂，会破坏朴素的美。那怎样才是"朴素"的呢？"素也者，谓其无所与杂也"（《刻意》），素是不受外界熏陶濡染，所以不填充任何的杂质，不添加任何修饰，就能达到"朴素"，"朴素"是一种自由自在的"无为"。"无为"也就是"不争"，"不争"就达到了"争"的最高境界，朴素之美不需要争就能显示出最美。"无为也而尊"，只有处于"无为"的境界才不会为任何外在的形式所左右，才会以最美的形态存在。庄子认为"道隐于小成，言隐于荣华"（《齐物论》）。语言的华丽只会遮蔽言说的真面目，而不能让人信服。"有为"为人性设立负担，而不能使其更好地发挥本能，如果能以朴素立身处世，则无往不胜，怡然自得。

古为今用

人生有一种极乐，叫失而复得，失而复得之后要以朴素沉淀下来，因为浮华的东西总是会消失的。朴素是心灵深处的结晶，浓妆艳抹在它的面前必然是黯然失色的。但是在物质利益的驱动下，朴素的晶体已经被染上了其他色彩。放肆的开发、刻意的雕琢，破坏了地球上原生态的山、水、花、木。虚化、奢化、伪化已经使欲望无法节制，人性中的朴素品质正在慢慢地消失。但是朴素作为生命的动力，却是永远无法消亡的。所以我们要坚持把失去的东西找回来，这样才能体会到人世间的极乐。

延展阅读

不用利口

文帝一日游上林苑，有个管虎圈的啬夫回答甚是详尽。文帝说："这啬夫有才能，可让他做上林苑令。"侍臣张释之说："今若因啬夫口辩，就超迁他，恐天下闻此风声而靡然仿效，都只学舌辩能言，不务诚实，则风俗薄而人心离矣。"文帝遂止。

保持质朴自然的心性

道家追求自然，自然对人的要求就是要保持人最质朴的本性。质朴的人如璞玉浑金，虽然没有那种经过精雕细刻打磨而成的美玉光彩，也没有经过熔炼以后的真金那样夺目，却有着一种别样的魅力。心性朴质的人能使与之接近的人感到庄严肃穆且平易近人，因为他们是最真实、最自然的，与这样的人交往，不会感到压力，也无须防范，还能使自身受其影响而变得恬静愉悦。

[○三二] 名止于实,义设于适。

先圣不一①其能,不同其事。名止于实②,义设于适③,是之谓条达而福持④。

——《至乐》

注释 | ①一:相统一。②实:实际的情况。③适:符合自然规律。④持:持久。

译文 | 前代的圣王不强求去统一他们的能力,也不强求做等同的事情。名义只要求符合实际,合宜的措施要顺乎自然,即此为条理通达而保持福德。

经典解析

这是关于名和实的辩证关系。"名止于实"是说,实是名的基础,有了实才能有名,没有实的名就是空中楼阁。所以庄子不主张追求虚名,这种态度可以避免很多烦恼。"义设于适"是说,行为规范的设定要建立在当时的实际情况的基础之上,这样的"义"才有了基础,才能永久地保存下来。所以"名止于实,义设于适"是保持德行的前提条件。

故事链接

"齐宣王使人吹竽,必三百人。南郭处士请为王吹竽,宣王说之,廪食以数百人。宣王死。湣王立,好一一听之,处士逃。"(《韩非子·内储说上》)这就是滥竽充数的典故。不会吹竽的南郭先生在大合奏中能够装模作样,还可以得到赏赐,然而一旦要表现自己的真本领时,他却只得逃之夭夭了。所以说,做任何事都要有真本领,真金不怕火炼。

古为今用

南郭处士之所以能够骗过齐宣王,是因为齐宣王所设立的"义"不符合实际情况,因为他自身就名不副实,附庸风雅,才能使小人有机可乘。可见,在设立规矩前一定要以"实"为前提,这样才能符合实际。在很多情况下,我们都不能清楚地分清虚实,因为有太多的虚名在迷惑着我们,所以我们一定要保持内心的纯净,不断地充实自己,不要被虚名所迷惑。

至礼有不人，至义不物，至知不谋，至仁无亲，至信辟金。

故曰，至礼有不人，至义不物，至知①不谋，至仁无亲，至信辟②金。

——《庚桑楚》

注释 ①知（zhì）：通"智"，智慧。②辟：摒弃。

译文 所以说，最好的礼仪就是视人如己，不多区分，最好的义就是不区分物之多寡，最高的智慧就是不用谋虑，最大的仁爱就是对人没有亲疏，最大的诚信就是摒弃用贵重之物充当凭证。

经典解析

这句话道明了真正的礼仪的形成过程。踩到了陌生人的脚，心中会觉得过意不去，然后马上就会有所表示了，而踩到了亲人的脚，就会觉得无所谓。一个刚认识一天的朋友给自己倒一杯咖啡，会马上说一声谢谢，如果这杯咖啡是一个亲密的朋友倒的，就觉得理所当然。礼仪、仁爱的形成是从知到无知，从有到无，最后达到最高境界的，有一种润物细无声的感觉。

故事链接

唐朝有个叫缅伯高的地方官，不远千里给皇帝进贡白天鹅，结果在途中白天鹅跑了，只剩下几根羽毛。缅伯高急中生智，带着一根羽毛去了长安城。见到皇帝后，他不慌不忙地解释道："微臣进贡的本是一群白天鹅，谁知在湖中洗澡时却让它们飞跑了，只留下这根洁白的羽毛。微臣是千里送鹅毛，礼轻情义重啊！"他的这番话打动了皇帝，最后皇帝不但没有处罚他，反而奖赏了他。

古为今用

最贵重的礼物是千里送鹅毛的真诚，最高超的智慧是不需要谋略的，最博大的仁爱是众生的平等，最完美的诚信是没有任何的虚假。如果能懂得从有到无，就能够做到大道为无，从而达到生命至真、至善、至美的境界。

[〇三四] 反己而不穷，循古而不摩，大人之诚。

知大备者，无求，无失，无弃，不以物易己也。反①己而不穷，循古而不摩②，大人之诚。

——《徐无鬼》

注释：①反：通"返"，回归。②摩：通"磨"，磨灭。

译文：伟大而又完备的人，全无追求，全无丧失，全无舍弃，不会因外物而使自己有所改变。返归自己的本性就会没有穷尽，遵循亘古不变的规律就不会被磨灭，这就是伟大人物的挚诚。

经典解析

为什么伟大而又完备的人反而会无欲无求呢？在道家看来，天地是最伟大和最完备的，而天地毫无所求。所以伟大而又完备的人也毫无所求，而没有求就不会有舍，就不会在意得失，不会因为外物而改变自己的本性。这种无所求的心态正是无为而治的出发点，所以道家都强调"返"或"损"，"返"就是要战胜自己达到无欲无求的境界。老子说："知人者智，自知者明。胜人者有力，自胜者强。"要想成为真正的智者，必须返求于道：只有战胜自我，返璞归真，才能与天地同在。

庄子的"返"需要逐层的否定，摆脱枷锁的束缚之后，才能达到认识的极点，才能返璞归真，恢复"人性"。只有保持了纯真的"人性"，社会的规则才不会被矫饰，才永远不会被磨灭。为了不被磨灭就要与"道"日损，以求达到返璞归真的境界。所以要"以反求约"，只有简约才最能体现返璞归真，并最终达到"无求，无失，无弃"的境界，以永恒的形式存在。

古为今用

很多人都忙忙碌碌地在求知的道路上快速前进着，然而真正明白自己缺少的是什么、得到的又是什么的人却很少，他们不知道在前进的时候，也应该回过头来看看自己所走的路。只知道往前看，而不知道往后看，这样会很容易迷失方向。"天地有大美而不言"，很多事物的美好，只有在回过头来的时候才能领略得到。而这一回头就需要放弃很多累赘的东西，因为"不争而善胜"。所以做任何事都不要急于求成，而要善于回头，也许回头会发现更多、更美丽的风景。

延展阅读

许由

尧想把自己的帝位让给许由，然而许由认为这是尧对自己的侮辱，不但拒绝了尧的请求，而且还连夜逃进箕山，隐居不出。后来，尧再派人去请许由，许由则跑到山下的颍水边去掬水洗耳，以示抗议。

走自己脚下的路

条条大路通罗马，但并不是所有的路都适合自己。所以我们一定要选好自己走的路，坚定意志，然后一如既往地走下去。确定自己所走的路很关键，因为只有正确的路、适合自己的路才能带领我们到达胜利的彼岸。

> 【〇三五】
> 荣辱立,然后睹所病;
> 货财聚,然后睹所争。

荣辱立,然后睹所病①;货财聚,然后睹所争。今立人之所病,聚人之所争,穷困人之身使无休时,欲无至此,得乎?

——《则阳》

注释 ①病:弊端。

译文 世间的荣辱一旦确立,然后就可以看到各种弊端;财货聚积,然后就可以看到各种争斗。如今确立人们的弊端,聚积人们的争斗,使人贫穷困厄没有休止之时,想要不遭受这样的境遇,有可能吗?

经典解析

要理解这句话首先就要了解这句话产生的背景。柏矩在老聃的门下学习,有一天他对老聃说:"我想出去游历。"老聃说:"算了,天下哪里都是一样的。"柏矩再次请求,老聃说:"你要从哪里开始?"柏矩说:"从齐国开始。"柏矩到了齐国,就看到一个被处以死刑并抛尸示众的人,他把那人的尸体摆正,再解下朝服盖在尸体上大哭起来:"你呀,你呀!天下出现如此大的灾祸,偏偏让你先碰上了。人们常说不要做强盗,不要杀人!你为什么偏偏要如此呢?"很多事情虽禁止让人做,但仍然会有人去做。仁义的设立若不符合人的本性,它的弊端就会被人利用。起初,孔子的仁义是非常真诚的。但是庄子认为孔子的智慧不足以用仁义来纠正乱世,反而被利用了,所以仁义才变得虚假了。"隐匿事物的真情却责备人们不能了解,扩大办事的困难却归罪于不敢克服困难,加重承受的负担却处罚别人不能胜任,把路途安排得十分遥远却谴责人们不能到达。"所以在不了解真实情况,没有足够的能力把事情办好的时候,还是无为的好。

古为今用

不同价值观的人对同一件事会有不同的看法,如果没有足够的智慧分别好坏,就不要轻易在心里设立好坏的标准,因为这个标准一旦设立就会影响到价值观的形成,而价值观形成之后就很难改变了。有很多人都有先入为主的毛病,因为我们在不经意间被别人影响了看法,并不是我们的心智不够坚定,而是因为我们没有足够的智慧来判断,即使有足够的智慧,我们的思维也存在一定的惰性,来不及判断。所以,不要对自己轻言好坏,也不要轻言别人的好坏,因为最终受影响的都会是我们自己。

延展阅读

泰山问政

孔子路过泰山的时候,遇见一位妇人。当得知这位妇人宁愿冒着被老虎吃掉的危险也不回有暴政的国家的时候,他感慨道:"苛政猛于虎也。"

不对别人妄加评判

圣人在下一个结论之前,往往要经过仔细的调查研究,或者有很多的事实根据。常人如果要做出一个判断,也需要漫长的观察与考验才可以。随便下结论,对别人妄加评判是愚蠢的表现。

[〇三六] 生而美者，人与之鉴，不告则不知其美于人也。

生而美者，人与之鉴^①，不告则不知其美于人也。若知之，若不知之，若闻之，若不闻之，其可喜也终无已，人之好之亦无已，性也。

——《则阳》

注释 | ①鉴：镜子。

译文 | 天生就美丽的人，是别人给他当了一面镜子，如果没有比较他就不会知道自己的美丽。既像是知道，又像是不知道，既像听见了，又像并未听见，他内心的喜悦就没有终止之时，人们对他的喜爱也没有终止之时，这是自然的本性。

经典解析

只有与相对或相同的事物比较才会有好坏优劣之分。一个人美不美在于审美标准的设定：审美的人通过比较之后，得出一个美的标准，符合这个标准的就是美的，否则就是不美的。所以对世俗标准的判断不能过于执着，要"若知之，若不知之"，而不要因为别人的好恶而影响到自己。

故事链接

安徒生塑造了一个爱美的皇帝，这个皇帝每天都要换一套新衣服，很多人都在恭维他的美。后来来了两个骗子，骗皇帝穿上了一件什么都没有的"新衣"，但是很多人面对裸体的皇帝还是说出了很美的话，而只有一个孩子说出了真相。很多人都因为皇帝的权威而违背了自己的本心，而那个孩子的心没有受到污染，所以才说出了真心话。

古为今用

经过时间沉淀的东西不只是真、善、美，还有假、恶、丑，那么区分真假、善恶、美丑的标准又是什么呢？辩证主义思想告诉我们，没有绝对的真理，也没有绝对的谬误。所以庄子告诉我们，一切都要随"性"，要尊重天性，遵守本性，一切安于自然。

贵贱之分,在行之恶美。

[〇三七]

故势为天子①,未必贵也;穷为匹夫,未必贱也;贵贱之分,在行之恶美。

——《盗跖》

注释 ①势为天子:权势大如天子的人。

译文 权势像天子一样大,不一定就尊贵;穷困得像普通百姓一样,不一定就卑贱;贵贱之间的区别在于其行为的优劣。

经典解析

什么才是真正的贵贱呢?子张说,桀与纣虽然富有天下,看起来很高贵,但如果对地位卑贱的奴仆说,他的品行如同桀、纣,那么他肯定会惭愧不已,这是因为桀、纣的所作所为连地位卑贱的人也瞧不起。仲尼和墨翟虽然穷困得跟普通百姓一样,但是如果对官居宰相地位的人说,你的品行如同仲尼和墨翟,那么他就会觉得自己很高贵。所以只有德行的美丑才能区别真正的高贵与低贱。

故事链接

人民诗人艾青在监狱里写出了名诗《大堰河——我的保姆》。大堰河的身份是低微的,然而在艾青的眼中,她却高贵得像白雪一样,因为她的德行是高贵的:"在她流尽了她的乳液之后,她就开始用抱过我的两臂劳动了;她含着笑,洗着我们的衣服,她含着笑,提着菜篮到村边的结冰的池塘去,她含着笑,切着冰屑悉索的萝卜,她含着笑,用手掏着猪吃的麦糟……"她用笑容化解生命的苦难,还有什么比这更可贵的呢?

古为今用

在道家的思想里,万物都是平等的。"天地不仁,以万物为刍狗。"世间万物都是由气而生,气聚而生,气散而亡。所有的生命都有其自己存在的价值,这就是生态伦理学中的平等观念。卑微的野草也值得我们尊重,它恪守着野草的本分,这种德行与参天的巨树是一样的。所以存在即为真理,恪守本分就不需要计较贵贱。

[〇三八] 乐全之谓得志。

小识伤德，小行伤道。故曰：正己^①而已矣。乐全^②之谓得志。

——《缮性》

注释 | ①正己：端正自己。②乐全：以保全自然本性为快乐。

译文 | 所知较少便会伤德，所成较小便会伤道。所以说，端正自己就差不多了。快乐地持守本性就叫作得志。

经典解析

何谓得志呢？庄子说："古之所谓得志者，非轩冕之谓也，谓其无以益其乐而已矣。今之所谓得志者，轩冕之谓也。轩冕在身，非性命也，物之傥来，寄者也。寄之，其来不可圉，其去不可止。故不为轩冕肆志，不为穷约趋俗，其乐彼与此同，故无忧而已矣。"在庄子看来，得志就是达到目标后身心的舒适。他认为最初得志的人，不是那些地位尊显的人，而是那些不通过外物就能获得自身快乐的人。而现在人们所认为的得志，就是指显赫的地位及其带来的高官厚禄。这当然是不正确的。真正的得志是出于内心的本然，而不在于外在的事物，因为外在的事物是偶然到来的，是临时寄托的东西，并不能长久地存在。所以面对外来的事物，不要阻挡它们到来，也不要劝止它们离去。如果不这样，就会适得其反，甚至还会损害自身。因为这种顺应外物，是一种存身之道。庄子说："古之行身者，不以辩饰知，不以知穷天下，不以知穷德，危然处其所而反其性已，又何为哉！道固不小行，德固不小识。小识伤德，小行伤道。故曰：正己而已矣。乐全之谓得志。"只有顺应才能够存身，所以智慧不是用来装饰的，智巧也不是用来使天下人困窘的，这样心智德行就不会受到困扰，也不需要强加任何别的东西，这样才是怡然自得。顺应自然，就应该放弃"耆（嗜）欲"，"耆（嗜）欲深者天机浅"，这样就会伤害大道。想要不伤害大道就要无欲，这样才能保持与外物的和谐，才能"得志"。

古为今用

我们在生活中常常表现出了一种傲慢的态度，"靠自己，信自己"，给自己立下雄心大志，以为靠自己的能力获得别人都想获得的东西，这就是得志。但当我们在实现了第一个愿望之后，却发现自己并没有得志，因为自己并不满足于一个愿望的实现，因此志向也立得越来越多。只有在受挫的时候，心才会逐渐平静和谦虚起来，这需要生命的顿悟，认清自己能力的有限和渺小，意识到适应本性，才是最大的满足，不符合本性的追求都是虚空。虚空，就是不再留恋世俗的功名利禄，虚空就是怡然自得。

延展阅读

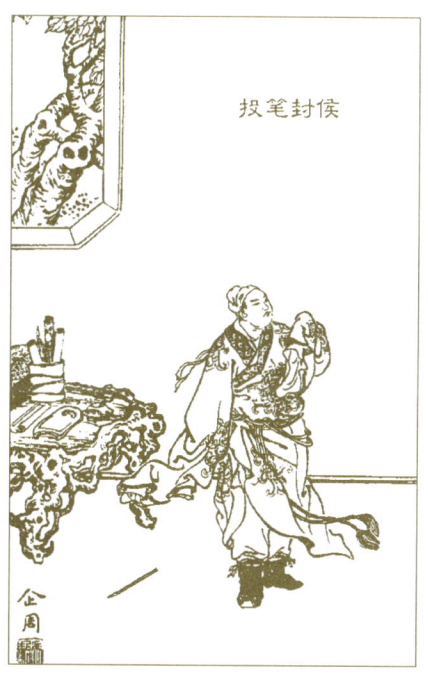

苏秦衣锦还乡

苏秦因得不到秦王的认可而回家，但没有得到家人的同情。后来他再接再厉，终得成功。

投笔封侯

班超，东汉名将。他投笔从戎的勇气与气概令后人钦佩。

了解自己才会成功

许多往哲先贤正是因为对自己有清楚的认识，才会取得巨大的成就。盲目地追求并不能真正给自己带来什么，只有厘清思路，确定自己想要的是什么，才能确定好自己的方向，并为之努力，从而获取顺从心意的成功。

[〇三九] 丧己于物，失性于俗者，谓之倒置之民。

今寄去则不乐，由之观之，虽乐，未尝不荒①也。故曰，丧己于物②，失性于俗③者，谓之倒置④之民。

——《缮性》

注释 | ①荒：空虚。②丧己于物：因外物而丧失本性。③失性于俗：因流俗而失去本性。④倒置：本末倒置。

译文 | 如今寄托之物被取走便觉得不快乐，从中可以看出，虽然真正快乐过但也未尝不曾空虚。所以说，为追求外物而迷失自己，因受到流俗的影响而失却本性，就是所谓的本末倒置之人。

经典解析

这句话让人想到了曹雪芹对贾迎春的判词："子系中山狼，得志便猖狂；金闺花柳质，一载赴黄粱。"说的就是对中山狼这种倒置之民的讽刺。这种人就是庄子在《缮性》中所说的"轩冕肆志""丧己于物"的人。这些人都看重荣华富贵这些身外之物，而且还有着永远占有的欲望，因此他们才会变得更加贪得无厌，导致其最终结果都是被杀。荣华富贵这些身外之物都是生不带来、死不带去的东西，所以没有必要为这些东西而伤害宝贵的生命。"丧己于物"的人如何能保住性命？"轩冕肆志"如何能"知足常乐"？"失性于俗"的人就是"穷约趋俗"的人。"穷约趋俗"是指那些受不了穷困贫乏而趋附流俗的人。"得志"的人毕竟是少数，"不得志"的人才是大多数。因为穷困贫乏就趋炎附势，或者卖身为奴，或者落草为寇，甚至投敌叛国。这样的人也不会有好结果。无论是"丧己于物"的人，还是"失性于俗"的人，都是因为"志"而丧失了自己的人，都是"倒置之民"。所以我们既不能"丧己于物"，成为"轩冕肆志"的伪君子，也不能"失性于俗"，做"穷约趋俗"的真小人。

古为今用

要想不做倒置之民，就要有正确的志向。志向是什么？庄子的答案是快乐。所以志向不是高官厚禄，也不是荣誉和名声，如果以这些为志向就会丧己于物，失性于俗。要想获得快乐，就要有正确的志向，就要维持自己的真性情，保持和外物的和谐，做一个堂堂正正的人。

延展阅读

吕岩

吕岩，字洞宾，五代宋初的著名道士，世传"八仙"之一。相传他曾做黄粱一梦，醒来后才知贵不足喜，贱不足忧，人世间不过是一场大梦。于是他离开家拜钟离权为师，入终南山修道。

有志者得快乐

有句话叫作"有志者，事竟成"，事情做成之后，就会获得快乐。人世间的诱惑太多，如果不能坚定自己的意志，那么就会被外物所动摇。志向不坚定的人，不容易成功，更不容易获得快乐，因为他们不知道什么才是自己最想要的。

[080]

> 无转而行，无成而义，将失而所为；
> 无赴而富，无殉而成，将弃而天。

若是若非，执而圆机①；独成而意，与道徘徊。无②转而行，无成而义，将失而所为③；无赴而富，无殉而成，将弃而天。

——《盗跖》

注释 ｜ ①圆机：变化的枢纽。②无（wù）：通"毋"，不要。③所为：这里指真性情。

译文 ｜ 或是或非，保持住循环变化的枢机；独自实现你的心意，与大道一同进退。不要固执于你的德行，不要成就于你所讲的仁义，那将会失去你的本性；不要追求富有，不要以献身而追求你的成功，这将会舍弃你的真性情。

经典解析

这段话的意思是说要以淡泊的心态超越名利的束缚。对于名利要做到"无赴而富，无殉而成"。在"仁义"面前也不要丧失本性，因为"仁义"是世俗的束缚，屈从它们就会丧失本性，远离"大道"，就会被上天抛弃。

故事链接

比干被剖心，子胥被挖眼，是因为他们被世俗的"忠"蒙蔽了双眼；直躬出证父亲偷羊，尾生被水淹死，这是被所谓的诚信所毒害；鲍焦抱树而立、干枯而死，申生宁可自缢也不申辩委屈，这是廉的毒害；孔子不能为母送终，匡子发誓不见父亲，这是礼义的过失。可见摆脱不了"名利仁义"的束缚是多么可怕。

古为今用

每天我们都能看见在大街小巷里川流不息的人群，他们每个人都在为自己的生活奔波着，正如司马迁所言："天下熙熙，皆为利来；天下攘攘，皆为利往。"然而又有几个人能淡泊名利呢？很多人都在抱怨：凭什么我的房子比别人的小，凭什么我的票子比别人的少。在抱怨的时候他们就忘记了人的本性，忘记了真正的生活。所谓"眼内有事三界窄，心中无事一床宽"。只有真正放下了名利和荣辱才能真正走得轻松。

【〇四一】 大辩不言,大仁不仁。

夫大道不称①,大辩不言,大仁不仁,大廉不嗛②,大勇不忮③。道昭④而不道,言辩而不及⑤,仁常而不成,廉清而不信,勇忮而不成。

——《齐物论》

注释 | ①称:举称、宣扬。②嗛(qiān):通"谦",谦逊。③忮(zhì):伤害。④昭:彰显。⑤不及:达不到,指言语无法沟通的地方。

译文 | 真理不用称扬,最善于辩论的人是不用言说的,最具仁爱的人不用将仁爱表现出来,最廉洁的人不用将谦逊表现出来,最勇敢的人不会伤害别人。真理太过彰显就不是真理,言辩过多也总有无法表达之处,仁爱常被表现反而不是仁爱,廉洁到极为清白的程度反而显得不很真实,勇敢到伤害他人也就不是真正的勇敢。

经典解析

天地不仁,是天地的大仁之处,是一种齐物的观点,以这种观点来看就没有大小的区别,大到了极点也就趋于同一、归于大道了。所以说对万物的一视同仁,就是以齐一的眼光来对待万物,万物都齐一了,也就没有特殊的仁爱了,所以说大仁不仁。

故事链接

赵匡胤刚做皇帝时,南唐李后主派博学的徐铉出使宋朝,赵匡胤在自己的卫队中,选了一个相貌堂堂的卫士,让他穿上外交礼服,去对付徐铉。徐铉到了宋朝后,滔滔不绝地讲述着自己的学识,而这位冒充外交官的卫士,却什么都不谈。三天以后,徐铉就认为宋朝的确有人才,并且深藏不露。言论只有在沉默之中才能发挥最大的力量,这就是大辩不言的道理。

古为今用

现在流行在网络上晒东西,有的晒房子,有的晒车子,甚至有晒老公的。人们都喜欢把自己最好的东西拿出来炫耀,以显示自己更多的光芒。殊不知,炫耀也是一种危险的暴露。孔雀不就是在炫耀的时候,露出了自己的屁股吗?真正的能耐是不需要刻意表现的,因为一经表现就会让人觉得不真实。所以,在生活中还是要高调做事,低调做人。

[〇四二] 夫全其形生之人，藏其身也，不厌深眇而已矣。

故鸟兽不厌①高，鱼鳖不厌深。夫全其形生②之人，藏其身也，不厌深眇③而已矣。

——《庚桑楚》

注释 | ①厌：厌烦，嫌弃。②生（xìng）：通"性"。③眇（miǎo）：同"渺"，高远。

译文 | 因此鸟兽不嫌山高，鱼鳖不嫌水深。保全形体、修养本性的人，对隐藏其身形之处，也不会嫌其深远。

经典解析

庄子讲了一个庚桑楚居畏垒的寓言。庚桑楚是老聃的弟子，得到了老聃的真传，居住在北边的畏垒山，奴仆中着力炫耀才智、标榜仁义的都不能待在他身边，只有敦厚朴实、任性自得的人才能跟他在一起。三年后，畏垒山一带大丰收，人民相互传言："庚桑楚初来乍到时，我们都感到诧异。如今我们以短暂的相处来看他就觉得不足，以长久的相处来看他就觉得有余。他已经接近圣人了吧！大家何不把他当作王一样来供奉呢？"庚桑楚听说要南面为君，马上就感到不快了。弟子们都感到奇怪。庚桑楚说："春天播种，秋天收获，这是自然之道在运行。至人居于小室也能随心所欲、悠然自得。现在我被人们列为圣贤，这不是我愿意的，想起老师的教诲，我就觉得更不安了。"弟子说："大鱼无法在小水沟里生存，小泥鳅却能来去自如；大的野兽没有办法在小山丘里生活，妖狐却能够栖身。大的才能就应该用在大地方。先生你还是顺从吧。"庚桑楚说："巨兽离开山野，就会被罗网捕获；大鱼离开江河就会被蚂蚁吞食。所以鸟兽不厌山高，鱼鳖不厌水深。全形养生的人，收敛自己，也是不厌深远的。"要隐藏自己就是要"无为"，因为即使善意的"有为"也会导致无形的伤害，更何况是恶意的"有为"呢！

古为今用

练气功的人都有一个罩门，这个罩门就是他致命的弱点。在《射雕英雄传》中，弱小的郭靖就是因为刺中了铜尸的罩门才让他丧命的。我们每个人也都有一个生命的罩门，所以要精心地保护这个罩门，因为它是我们的性之所存，命之所系。为了不被他人发现自己的罩门，我们都要很好地隐藏自己。而要很好地隐藏自己，就要像庚桑楚住在畏垒山上一样，不炫耀才智，不标榜仁义，做到虚己待物。

延展阅读

鳖

鳖俗称甲鱼，是一种水陆两栖的变温动物。鳖对自己周围的环境十分敏感，只要稍有风吹草动，它便会迅速地潜入水底的淤泥之中。这一点与那些厌倦了俗世生活的隐士很相似。

平平淡淡才是真

有的人总希望自己的生活能够过得不平凡，但是当他们真正成为那些所谓的"名人"以后，就又开始期待一种平静的生活。生活本来就应该平平淡淡的，那才是生活的真味，不平凡的生活只能算一种调料，而不能成为正餐。

综述

第二章·问心篇

从上一篇可以看出人性和物性都要顺应自然，应该倡导的是人的自由、自主和超越。卢梭曾经说过："人生而自由，却无往不在枷锁中。"在各种枷锁中，很容易将心迷失掉。问心就是要认清自己，找回迷失的心。那么，如何才能认清自己呢？对此，庄子提出了"心斋"和"坐忘"。

―――――――――

"心斋""坐忘"是庄子生命本质修真过程中的两大修行指南。在各种灾难和枷锁之中，人的心智与本性背道而驰，而"心斋"和"坐忘"就是将心找回，使其返回"性"的途径，其修行的过程是由外而内层层内省的过程，主要内容是将心智洗涤至空明的境界，最终的目的是回归本心，与道合一。

―――――――――

我们必须面对"不自由"这个大问题，解决这个大问题，我们必须先解决心中所有的迷惑。所以，问心的目的就是要在无可奈何的情况下认清自己，使自己达到"无为"的境界，通过"无为"化"有为"。在解决问题的时候能达到"周将处乎材与不材之间"的境界，不因"材"而乐观，也不因"不材"而悲观，而是一种达观，这是问心之后所获得的处世哲学。

【〇四二】且夫水之积也不厚，则其负大舟也无力。

且夫水之积也不厚①，则其负大舟也无力。覆杯水于坳堂②之上，则芥③为之舟；置杯焉则胶④，水浅而舟大也。风之积也不厚，则其负大翼也无力，故九万里则风斯⑤在下矣。

——《逍遥游》

注释 ①厚：水多。②坳（ào）堂：厅堂地面的凹坑。③芥：小草。④胶：粘连。⑤斯：则。

译文 水积得不深，它就没有浮载大船的力量。将一杯水倒在厅堂的低洼之处，那么即使一根小草也可以当作船了；而搁上杯子就会粘住不动，这是水太浅而船太大的缘故。风聚积的力量不够，它就没有托负巨大翅膀的力量。所以，鹏鸟高飞九万里，狂风就在它的身下。

经典解析

这句话说明了积累点滴的重要性。"风之积也不厚，则其负大翼也无力，故九万里则风斯在下矣。"所以，只有聚积了足够大的力量的时候，鹏鸟才能够高飞九万里。

故事链接

一个叫铁眼的和尚，想募钱建一尊金佛。他碰到的第一个人是个武士，并遭到了武士的拒绝。铁眼一直跟着武士走了十多里路，武士无可奈何地扔下了一文钱。铁眼从地上捡起这一文钱，向武士行礼致谢。铁眼说："这是贫僧化缘的第一天，如果不能化到这一文钱，或许贫僧的心志就会产生动摇。如今承蒙您的施舍，贫僧对成就这个宏愿已经确信无疑了。"几年过后，铁眼终于凑足资金，完成了愿望。

古为今用

美国总统富兰克林曾说过："空口袋难以自立。"只有充实了，才能够立起来。所以在年轻的时候，要懂得一点一滴地积累，为自己打下一个坚实的基础，这样才有能力厚积薄发，为将来的成功做好铺垫。

[〇四四] 听止于耳,心止于符。

仲尼曰:"若一志①,无听之以耳而听之以心,无②听之以心而听之以气!听止于耳,心止于符③。"

——《人间世》

注释 | ①一志:专心致志,摒除杂念。②无:通"毋"。③符:符合。

译文 | 孔子说:"你必须将自己的心思集中起来,不要用耳去听而是用心去体会,不只用心去体会还要用气去感应!耳朵的功能只是聆听,而心的功能仅仅是同外界相交合。"

经典解析

这句话是庄子以孔子的名义说的,是孔子在他的学生颜回将要去讽谏卫君时说的。有一次,颜回突然对孔子说,他想到卫国去,因为当时的卫君昏庸无道,在他的统治下老百姓民不聊生,大臣多死于无辜,因此他打算去劝谏卫君。孔子听说后马上制止了他。孔子说:"如果你直谏,卫君会马上把你杀掉;如果你一切顺着他的意旨办事,那么你就违背了自己的初衷,反而是助纣为虐;如果你外表上假装谦恭,实际上你是慢慢引他步入正途,可是他却会把这当成你真的赞成他的做法。"总之无论你怎么做都不可能成功。颜回便请教孔子该怎么办。孔子说,"斋戒"。颜回说他家里很穷,基本上已经是在斋戒了。孔子说,那只是祭祀中的斋戒,我所讲的是"心斋"。颜回又问什么叫"心斋"。这就回到了上面这句话的主旨:什么是"心斋"。"心斋"就是让内心进入空明的状态,再用气来感受外物。"气"的特点是"虚",虚能产生空,以虚空待物待己,就会使心达到空明之境,这就是"心斋"。那么在现代繁忙的生活中要如何做到"心斋"呢?只有真正放下世俗观念,抛下外物的束缚,才能达到心境空明而又充实的状态。

古为今用

现代人目前生活的两个基本状态是繁忙与无聊。的确有一部分人是真的很忙,而另一些人却是强迫自己处于忙的状态,他们认为忙就有价值,就能活得有意义。与繁忙相对应的则是无聊，没事可干。如果说繁忙是一种对外物的孜孜以求，那么无聊就是一种心无所属，感到生活缺乏意义。正因为如此，庄子才提出要人们进行自身的修养，通过"心斋"来消除这种繁忙与无聊。其实我们每一个人的眼睛都有向外和向内观看的两种能力，通过"心斋"可以看清自己心中到底有什么愿望。

---延展阅读---

竹坞听琴

悠扬的琴声能使听者在精神上获得一种宁静的感觉，从而提高自己的个人修养。

孔子学琴

孔子曾向师襄子学习《文王操》，他孜孜不倦的好学精神受到师襄子的赞叹。

学会用心聆听外界的声音

心情烦乱的时候，无论听到什么声响，都会觉得那是噪声；心绪平静的时候，则能够用心体会那美妙的声音，并且从中体会出很多意象。其实世间万物都有其存在的理由，只要我们用心聆听，就一定能够获得更多的感悟。

[〇四五] 至人之用心若镜，不将不迎，应而不藏，故能胜物而不伤。

至人之用心若镜，不将不迎①，应而不藏，故能胜物②而不伤。

——《应帝王》

注释 ｜ ①将：送。②胜物：指足以反映事物。

译文 ｜ 修养高尚的人其用心就如镜子一样，对去者不送，来者也不迎，对现在做的事情从未有所隐藏，所以能够成功且不受损。

经典解析

"身是菩提树，心如明镜台，时时勤拂拭，勿使惹尘埃。"这就是"至人之用心若镜"的感觉。用心若镜，世间万物的真相就会都如实地反映在镜子里面，并且"物来则应，过去不留"，一点都不会影响到心里面的感觉，这也就是"心如明镜台"的道理。镜子中的景象是既来之，则安之，时也，命也，运也，既不执着于到来，也不执着于消失，因为道家都是以整体的眼光来看待万物的。今天的不顺只是对今天而言，在整体看来，不顺也只是顺应自然的一种，所以不能因为今天的不顺而影响了整体的顺应。所以不拒绝坏的，也不要欢迎好的，好与坏只是整体过程中的调节。面对好与坏的态度是"不将不逆"，不欢迎也不拒绝，即听其自然，这就是"应而不藏"的道理。"物来而应，过去不留"，让事物的消失不带走一片云彩。心中不藏，面对一切恩怨是非，要做到去而不留，要保持心境的平和，这样才能"胜物而不伤"。

古为今用

很多时候我们对用过的东西都有一种舍不得的心理，即使这件东西没有用了，也都会将其留下来。久而久之，废物就越来越多，剩余的空间也就越来越少了。生活中的很多事情也是这样的，放不下的东西越来越多，心灵的空间也就越来越小了。这个时候我们应该学会"用心若镜"，这样心灵才会逐渐地宽裕与自由。这样才能真正认清自己、尊重自己，才能"胜物而不伤"，从而做到我还是我。

延展阅读

观菩提树

释迦牟尼在菩提树下静坐七天七夜,终于大彻大悟,修成佛陀。

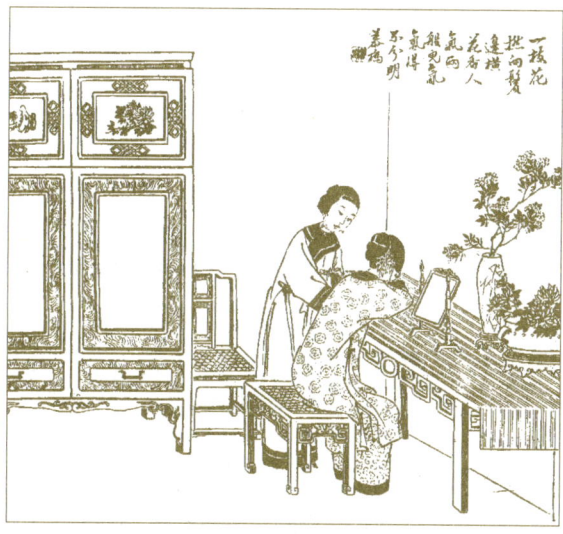

清代仕女

镜子在人们的生活中发挥着重要的作用,尤其受到广大妇女的喜爱。

客观真诚地对待他人

一个人要想做到坦率、真诚是很难的,面对别人的优点,或许可以发自内心地去赞美,但是面对别人的缺点,就会因为害怕伤害二者之间的感情而难以启齿。要想能够客观真诚地对待他人,自己就需要胸怀坦荡、无欲无求。

[〇四六] 非彼无我，非我无所取。

非彼无我，非我无所取①。是亦近矣②，而不知其所为使③。

——《齐物论》

注释 | ①取：呈现。②近：相互接近。③所为使：为……所驱使。

译文 | 没有与我相对应者就没有我，没有我就没有与我相对应者。这样我与我的对应者也就接近于统一了，然而不知道这都是受什么所驱使的。

经典解析

这句话的意思是说，世间万物没有完全独立的物体存在，它们相互之间都有着千丝万缕的联系，所以也就没有绝对的正确与错误。对事物的认识都是凭借一个参照体，在与参照体的比较中才有了是非、大小等对立观念，所以这些对立观念只有依附于参照体才能存在。参照体变了，对立的观点也就变了，所以我们不能以绝对的眼光来看待世间万物。

故事链接

有一个三九天，天上下起了大雪。有一个县官、一个财主和一个秀才在财主家的楼上围炉饮酒，而在楼下则有一个乞丐，又冷又饿。秀才先吟了一句："大雪纷纷落地。"吃皇粮的县官接着道："全是皇家瑞气。"不愁吃喝的大财主说："下他三日何妨。"楼下要饭的乞丐听后气得骂道："不管我的死活。"天下大雪，不同处境的人就会有不同的是非判断，就会有不同的喜爱憎恶。

古为今用

万事万物都没有一个绝对的判断标准，所以面对是非，唯有"难得糊涂"。特别是在人际关系纷繁复杂的当今社会，"难得糊涂"早已经成为人际交往的处世哲学。那么如何才能真正做到"难得糊涂"呢？做到这点不是故弄玄虚，也不是装疯卖傻，而是要做到无此无彼，无是无非，趋于大同。既然无法真正厘清是非，那么就不妨用自己的真性情去面对，这就是真正的"难得糊涂"啊！

礼者，世俗之所为也；真者，所以受于天也，自然不可易也。

礼者，世俗之所为也；真者，所以受于天也，自然不可易①也。故圣人法②天贵真，不拘于俗。愚者反此。

——《渔父》

注释 ①易：改变。②法：效法。

译文 礼仪，是世俗人行事的方法；纯真，却是自然的禀赋，自然是不可以更改的。所以圣哲的人总是效法天道，注重真性，使自己不受世俗的约束。愚昧之人则与此相反。

经典解析

出于内心真实的感情才是真正的礼仪，仪式化的东西总是有一些虚假。勉强啼哭并不能代表哀伤，勉强发怒并不代表威严，勉强亲热并不代表和善。真实的感情不需要仪式来表达。自然的真性存在于内心，外在的神情则只是形式而已，内在的真情比外在的形式更加重要。真情的付出只是要通过一个合适的媒介，礼仪的行为，只是传递真情的媒介，而不能被认为是真性情，真性情发于自然，是不可改变的。

故事链接

东晋时期，太尉郗鉴要嫁女儿，他命管家去丞相王导家看看。管家回来说："王府的年轻公子二十余人，听说郗府觅婿，都争先恐后，唯有东床上有位公子，袒腹躺着若无其事。"这位东床公子就是"东床快婿"王羲之。王羲之在择婿中率性而行，一点也不矫饰，正是这种真性情的流露而使他被郗鉴看中。

古为今用

所谓"精诚所至，金石为开"，率性而为、真情流露不仅可以使自己摆脱很多世俗的烦恼，而且可以结交很多真性情的朋友。而庸俗的人，被礼仪的表面形式所束缚，没有发现真情本性的美好所在，庸庸碌碌地在流俗中承受着变化，计算着得与失。所以，生命之贵，贵于真诚，做个真实、自然的自己，才可以简单，可以幸福，可以永恒。

【〇四八】同乃虚，虚乃大。

性修①反德，德至同于初。同乃虚，虚乃大。合喙②鸣；喙鸣合，与天地为合。

——《天地》

注释 ①修：修养。②喙（huì）：鸟嘴。

译文 本性经修养后就会返归于德，自得的境界与太初之时相同。与太初相同心胸就显得虚豁，心胸显得虚豁就会无比广大。鸟类的众口相合而鸣，这种无心之鸣，是与天地相统一的。

经典解析

这里的"同"是指修身养性之后要与大道相同。"泰初有无"，宇宙最开始时是什么都没有的，它以一种混沌之态存在着，道家称之为"一"。"一"是万物生成的基本元素，万物中的基本元素被道家称为"德"。万物之所以有区别，是因为万物的形成皆有"命"，这是由自然的趋势所决定的。基本元素在不停地运动，在运动之中便产生了物；每一个物都有其特殊的纹理，这个纹理可称为"形"。不同的物体有不同的形态，这些不同的形态是它们的真性情，所以物体的"形"又被称为"性"。既然"性"有不同，那么作为人就必须进行精神修养，让自己的精神恢复到基本因素的档次，就是"德"的档次，也就是"反德"，所以"性修反德"就是回归大道；精神修炼达到"德"的档次，就是与宇宙的基本元素同一了，也就是与宇宙的最初状态融为一体了，所以说"德至同于初"。与宇宙原初的状态融为了一体，就意味着宇宙又成了以"一"的状态存在的"无"，也就是进入了一切虚空的状态，所以说"同乃虚"。既然已经虚空，事物之间也就不存在差别了，虚空无物、无分无别的境界能容纳一切，所以称其为"大"。所以当精神的修炼达到"大道"的时候就能包容万物了。

古为今用

"大"是一种境界，只有在大境界中，人才能看清自己，才能胸怀博大。"大"能与天地等齐，把万物合一。人心博大，就能无所不包、无所不容，就能道法无边。只有具备大境界的人，才是具有真正的人格、达于至尊的人。处于小境界是不能理解大境界的。所以大境界至关重要，而要达到这种大境界就要"性修反德"。

延展阅读

相和而鸣

鸟儿在树上相和而鸣，体现了一种和谐的自然状态，那是因为鸟儿的内心没有其他的想法，它们无心的鸣叫，与天地间的"道"是统一的。

使人生返璞归真

人只有在历尽沧桑后才能顿悟生活的真谛，从而达到返璞归真的状态。返璞归真不是要让自己的生活回到原始社会的状态，而是使自己的德行在经过培养和修炼之后，从那种刻意为之的状态达到自然为之的状态，即通过长时间坚持自己的美德，使其成为身体的一部分，使自身所有活动都成为自然而然的结果。

[〇四九]

物而不物，故能物物。

有大物者，不可以物①；物而不物，故能物物②。

——《在宥》

注释 ①物：为物所用。②物物：支配万物。

译文 拥有大量物品的人，不要因受到外物的影响而有骄矜之情，支配外物而不被外物所支配，然后才能够支配万物。

经典解析

这句话告诉我们要如何面对物欲。在物欲面前一定要以自己最真诚的想法和目的为出发点，不仅要反对将人等同于物，更要反对"丧己于物"——"丧己于物，失性于俗者，谓之倒置之民"（《庄子·缮性》）。在物的面前丧失了自己，丧失了性情，那就不能称之为真实的人了。因为"性"作为人的内在规定，如果在物欲中迷失了的话，人就会成为行尸走肉，成为物的奴隶。在物的面前一定要显示出人的高姿态，表现出对物的主导性。"物物而不物于物"，就决定了人对物的支配权。但是在文明的进程中，人慢慢地等同于物了或者是被物化了，因为外在的束缚使人们把追逐物欲当作一种成功。人的真性情和存在的价值完全被漠视了。要改变这种情形一定先要找回对物的主导权，这就需要忘我、忘物，这样人就不会成为得到物的工具，也才能做到"物而不物"，并能够"胜物而不伤物"。因此面对物欲一定要做到"不以物害己""不以物易己"，从而真正地把握主动权。

古为今用

现代社会是一个物质生产极其丰富的社会，商家们都在绞尽脑汁地开发新产品，追求产品的差异化，从而吸引更多的眼球，这实际上是无限扩大了人们的物欲。没有止境的物欲不仅会使自己永远无法满足，疲惫地追逐着名利，而且对大自然也是一种沉痛的剥夺和伤害。所以对物欲的追求是一种双重伤害，是对人性和大自然的双重伤害。如果这种伤害一直持续下去，人将会堕落为物的奴隶。大自然在无法承受人类过多的物欲时候，也会向人类展开严酷的报复，人类最终将自食恶果。所以为了避免这种后果，人类应该从物欲的绞刑架上解脱出来，过一种清心寡欲、亲近自然的生活。

延展阅读

剪彩为花

隋炀帝是一位骄奢淫逸的暴君。后宫妃子为了争宠吃醋，讨得炀帝的欢心，将上好的彩绸剪成花草树木的形状来装扮宫殿，炀帝对此大加赞赏。

不要被外物所驱使

人是有理性的动物，但是当人们面对外物——诸如金钱、权力、美色、美食的吸引时，往往会失去自己的理智，而变得贪婪无度，并深陷其中，成为金钱和权力的奴隶、美色和美食的俘虏。真正有思想、有意志的人，应该坚守自己的品德，主宰自己的命运，绝不能被外物所役使。

[050] 名也者，相轧也；知也者，争之器也。

德荡①乎名，知出乎争。名也者，相轧②也；知也者，争之器也。二者凶器，非所以尽行也。

——《人间世》

注释 ①荡：败坏。②轧：倾轧。

译文 道德的败坏是由于追求名声，智慧的表露是由于争辩。名声是倾轧别人的原因，智慧是与人相争的工具。二者都是凶器，不可以广泛推行。

经典解析

庄子认为追名逐利是道德败坏的始作俑者，如果心中只有名利，那么所有的动机都会偏离原有的轨道。人们会为了名声而互相诽谤，巧智成了追名逐利的工具。所以造成学习只为了榜上有名，而不是为了真知灼见。知识的获得，是为了更好地求取名和利，所以名和知都是杀生的武器。

故事链接

范进中举的故事是说科举制度对知识分子的伤害，然而知识分子的争名才是第一凶手。科举制度从唐朝一直到清朝，一般来说，读书人是两耳不闻天下事，一心只读圣贤书。而这圣贤书就是八股文章。有个举人，有一天问他的朋友："子贡是哪一科举人？"由此可见，名利对知识分子的荼毒是多么严重。

古为今用

庄子说："一以己为马，一以己为牛。"无论是叫牛还是叫马，只要把虚荣心去掉了，称呼又有什么用呢？清代刘悟元有诗云："勘破浮生一也无，单身只影走江湖。鸢飞鱼跃藏真趣，绿水青山是道图。大梦场中谁觉我，千峰顶上视迷徒。终朝睡在鸿蒙窍，一任时人牛马呼。"真正的学问是为了自己的求道，只有这样才能把名看破。

【〇五一】且举世而誉之而不加劝，举世而非之而不加沮。

且举世而誉之而不加劝①，举世而非之而不加沮②。定乎内外③之分，辨乎荣辱之境④，斯已矣。

——《逍遥游》

注释 ①加劝：加倍努力。②沮：沮丧。③内外：指自身与外物。④境：界限。

译文 当受到举世赞誉时，他不会更加努力；当受到举世非难时，他也不会更为沮丧。他清楚地看到了自身与外物的区别，分清了荣誉与耻辱的分界，也只不过是如此啊！

经典解析

大鹏打算飞到南方的大海，燕雀却讥笑它。在庄子眼里，那些自认为很有才智的人就像燕雀一样，因为自己的小，而讥笑鹏鸟的大，所以对这种讥笑不值得沮丧。真正有境界的人对于整个社会，从来不会迫不及待地去追求什么，虽然没有达到最高的境界，但是也不会因为别人的赞誉而更加努力，一切顺应本心，这样才不会被名誉所累。

故事链接

马寅初是最早意识到中国人口问题的人，并针对我国国情提出了计划生育政策，但他的政策不但没有被认同反而遭到了全国范围的围攻批判。但当人口问题越来越严重的时候，马寅初的论断终于被放在了重要的位置。人们都在佩服马教授的先见之明！在盛赞面前，他没有骄傲，而是一如既往地研究人口政策，为中国的人口问题做出了巨大的贡献。

古为今用

人生的道路从来都不是一帆风顺的，不管是顺流还是逆流，不管是赞誉还是诽谤，我们都应该坚持自己心中的真理。一个有德之人、有志之士，都有其独立完整的人格，不会受到外在因素的左右。这样才能做到"乘风破浪会有时，直挂云帆济沧海"。

[〇五二] 无所于逆,粹之至也。

故心不忧乐,德之至也;一而不变①,静之至也;无所于忤②,虚之至也;不与物交,淡之至也;无所于逆,粹之至也。

——《刻意》

注释 ①一而不变:持守专一而永不改变。一:指虚静无为之道。②忤(wǔ):不顺从。

译文 所以,内心无忧愁与欢乐,是德行的极致;持守专一而不变,是寂静的极致;与所有的外物都互不抵触,是虚豁的极致;与外物无所交往,是恬淡的极致;与所有的事物都没有违逆,是精粹的极致。

经典解析

无论是对别人还是对自己都能够做到喜怒不形于色,那么就达到了德行的最高境界,因为这样内心就不会受到任何的伤害和改变,并接近原始的状态。如果内心保持专一,那么无论外界怎么变化,都不能引起其内心的变化,这样就达到了寂静的最高境界。心中没有任何的评判标准,就不会与其他事物相抵触,这样就能达到空虚的最高境界。对外物不加任何的喜好因素,就不会引起任何的物欲,也就能达到恬淡的最高境界。当德行、专一、寂静、空虚、恬淡都达到最高境界后,精神的修炼就达到了最高境界。"心无挂碍,无挂碍故,无有恐怖,远离颠倒梦想,究竟涅槃",这是《心经》中的句子,要做到心无挂碍,就要无所于忤,无所于逆。这与专一、寂静、空虚、恬淡是同样的意思。所谓"性不可易,命不可变,时不可止,道不可壅"。对任何事物而言,存在即为理由,存在即为规律,所以不能因任何的外在因素而产生喜乐哀伤之情。因为"悲乐者,德之邪;喜怒者,道之过;好恶者,得之失",所以我们应该追求"无所于逆,粹之至也"的境界,这样才能"心不忧乐,德之至也"。

古为今用

在概率论中,小概率事件是很难发生的,一旦发生之后,就很可能会引起心中的大喜或大悲，大喜和大悲都会给生命带来损伤。但是，人生的悲欢离合并不是平均分布的，天有不测风云，人有旦夕祸福，我们不可能有效地避免各种福祸。那么，我们要如何面对各种大喜和大悲呢？庄子说，"安时而处顺，哀乐不能入也"，所以面对小概率事件，不必刻意避免，也不必刻意强求，让一切都出于平淡，让心灵跨越时间，这样才能呵护生命。

延展阅读

岳阳楼图

岳阳楼是江南三大名楼之一，北宋名臣范仲淹曾在他的名篇《岳阳楼记》中留下了"不以物喜，不以己悲"这样富有哲理性的句子。

波澜不惊、宠辱皆忘

人最难做到的，就是用平常心来面对一切突如其来的喜或忧。波澜不惊、宠辱皆忘是一种人生境界，要想达到这种境界，就必须加强对内心的掌控并慢慢使之成为一种自然的状态。

[〇五三] 彼正而蒙己德，德则不冒，冒则物必失其性也。

彼正①而蒙己德②，德则不冒③，冒则物必失其性也。

——《缮性》

注释 ①彼正：天地万物各自正其性命。②蒙己德：把自己的德行隐蔽起来，不可炫耀滥用。③冒：覆盖。

译文 人们各自端正自己并隐藏本身的德行，才不会使德行冒犯他人，如果德行对他人有所冒犯，那么万物就会失去它自己的本性。

经典解析

这句话的意思是说，人们失性的原因就在于将自己的德行强加在他人的身上。礼乐遍行天下，就是用一种模式强加在天下人的身上，而不管天下人能否接受，这样必然会造成天下大乱。因为这种强加的礼仪不能体现人们的真性情，而是变成伪的了，从而使人们"丧己于物，失性于俗"（《缮性》）。所以礼仪的本质是"夫孝悌仁义、忠信贞廉，此皆自勉以役其德者也"（《天运》）。礼是"役其德"的，使人的真性情被伪的世俗礼仪所埋没，礼仪变成了虚伪，随处可见人们之间"礼相伪"（《知北游》）的现象。如"演门有亲死者，以善毁，爵为官师，其党人毁而死者半"（《外物》）。相比"矫言伪行"的孔子，盗跖的行为要真诚得多，他认为孔子"修文武之道，掌天下之辩，以教后世，逢衣浅带，矫言伪行，以迷惑天下之主，而欲求富贵焉"（《盗跖》）。礼仪反倒成了获取官爵与求取富贵的工具。所以在别人强加的德行面前应该像水一样端正自己的德行。水，作为一种纯净物，它的沸点是固定的、唯一的，但在水中加入盐，变为混合物之后，它的沸点就不固定，也不唯一了。世间万物，从诞生开始，就以其独特的性情存在着，有其自己独立的德行，这种德行一旦被干扰，其本性就会有所改变，也就丧失了其独立存在的特质，成为其他事物的附庸。所以要尊重其他事物的本性，就要端正自己的德行，而不要轻易地去影响和改变周围的事物。

古为今用

人间百态，都有各自的轨道。人生仿佛是一列在固定的轨道上行驶的火车，窗外或许有风吹雨打，或许有如画风景，但是我们不能因此而迷惑，从而改变自己的方向。因为无论是起点还是终点，我们的人生都在这条轨道上，一旦脱轨，人生的火车就会远离起点，最终迷失终点。因此我们一定要时刻把握自己的方向，不仅如此，我们还不能改变他人的方向，因为轨道一旦交叉，就会撞车。要走自己的路，当然也没有必要去干涉别人。

延展阅读

周公

周公被儒家称为圣人，为了巩固周朝的统治秩序，他制礼作乐来教化诸侯。

孔子

孔子一生都主张恢复西周的礼乐制度，他提出了著名的"克己复礼"的主张。

己所不欲，勿施于人

每个人都有自己的性格和爱好，两个人进行交往，最忌讳的就是将自己的观点强加到对方的头上，并且用对自己的要求来要求别人，这样只会使两个人的友谊破裂。尊重对方的意见，不要把自己的意志强加于人，这才是交友之道。

[〇五四] 天下莫大于秋豪之末，而大山为小。

天下莫大于秋豪①之末，而大山②为小；莫寿于殇子③，而彭祖为夭。

——《齐物论》

注释 ①秋豪：秋天野兽的毫毛，比喻微小的事物。②大（tài）山：泰山。③殇（shāng）子：早夭的孩子。

译文 天下没有比秋天野兽的毫毛更大的东西，而泰山是最小的；世上没有比夭折的孩子更为长寿的人，而长寿的彭祖却是短命的早亡者。

经典解析

这句话蕴含了相对主义的哲学原理，任何事物的比较都是相对的，如果从宇宙的角度观察事物，那么所有的东西都是一样的。以整体的眼光来看事物，就没有是非、生死、忧乐、贵贱、智愚、贫富、大小的区别了，因为万象齐一，物我玄同。所以即使渺小如蝼蚁，也不用妄自菲薄，要相信"天生我材必有用"。

故事链接

有一只老鼠，总觉得自己非常渺小，没有一点用处。它想知道，天下到底谁最厉害，于是它去问天："你是最厉害的吗？"天回答说："我怕云。"又问云："云，你是最厉害的吗？"云回答说："我怕风。"又问风："风，你是最厉害的吗？"风回答说："我怕墙。"又问墙："墙，你是最厉害的吗？"墙回答说："我怕老鼠。"老鼠听完后，在心里算了一笔账：天怕云，云怕风，风怕墙，而墙怕我，那我岂不是最厉害的了，可我是如此的渺小啊。

古为今用

小老鼠的寓言告诉我们，任何事物都有它存在的价值，无论大小、卑贱都有它的可贵之处，因为"道"是同一的，万物齐一。地球的每一部分都是其重要的组成部分，所以地球并不是少了谁都能转动的。所以看到泰山之大，也不必羞于秋毫之小，只有看重自己的人，才会被别人看重。

【〇五五】则知有所困，神有所不及也。

神龟能见梦于元君，而不能避余且之网；知能七十二钻而无遗策，不能避刳①肠之患。如是，则知有所困，神有所不及也。虽有至知，万人谋②之。

——《外物》

注释 ①刳（kū）：挖。②谋：谋划。

译文 神龟能给宋元君托梦，却不能逃脱余且的渔网；能够占卜数十次且无不灵验，却不能避免挖肠的祸患。这么说，才智也有困窘之时，神灵也有不灵验的地方。虽然拥有最高超的智慧，但也要有万人来谋划。

经典解析

神龟能托梦给元君，却不能避开余且的渔网；它的智慧能占七十二卦而没有不灵验的，却不能避免自己的祸患。所以说智者千虑，必有一失，必定有一个危险是他没有估计到的。世界上没有十全十美的东西，任何事物都有它的极限和缺陷，因此人都要谦虚，取人之长，补己之短，要懂得克服自身的缺点。

故事链接

大家都知道邹忌讽齐王纳谏的故事。邹忌通过妻对自己的偏爱、妾对自己的畏惧和朋友对自己的有所求而违心地说他比徐公美的例子，劝齐王纳谏。齐王于是下令："文武百官和百姓，能够当面指出我的过失的受上等奖赏；能够上奏章向我进谏的，受中等奖赏；能够在街市和朝廷议论我的过失，传到我的耳中的，受下等奖赏。"不久后齐国便因此而变得更为强大。

古为今用

任何事物都有其自身的弱点，有其闪光的一面，也有其相对黯淡的一面。人们总喜欢看到自己闪光的一面，而忽略自己黯淡的一面，所以人的最大缺点就是缺乏自知之明，不能客观地审视自己，正视自己的弱点。因此我们就要像齐王那样，利用群众的力量来克服自己的弱点。

[〇五六]

彻志之勃，解心之谬，
去德之累，达道之塞。

彻志之勃①，解心之谬②，去德之累，达道之塞。

——《庚桑楚》

注释 | ①勃（bèi）：通"悖"，悖乱，违背事理。②谬（miù）：不合情理的。

译文 | 彻底废除意志的悖乱，解决心灵的荒谬，去掉道德的牵累，通畅大道的阻塞。

经典解析

"道"与宇宙泰山同在，所以自然的人性是非常纯真的，没有任何的杂质。但是人性被扭曲之后就变得非常复杂，要想回归到以往的大道上，就要摆脱这些束缚。庄子认为，世俗所规定的高贵、富有、尊显、威严、声名、利禄这六种显赫的标准是扰乱意志的根源。过分注重容貌、举止、美色、辞理、气调、情意这六种形态就会束缚心灵。憎恶、欲念、欣喜、愤怒、悲哀、欢乐这六种情绪则会影响道德价值标准的判断。离去、靠拢、贪取、施与、智虑、技能这六种手段会使人性转变为物性，从而与大道背道而驰。要做到避免这四个方面的各六种情况，其实就是要做到忘物和忘己。忘物就是不要去看重"高贵、富有、尊显、威严、声名、利禄"所带来的外在利益，因此就不会有"离去、靠拢、贪取、施与、智虑、技能"这些手段。忘己就是要忘记"容貌、举止、美色、辞理、气调、情意"这些生命的外在形式，这样就不会有"憎恶、欲念、欣喜、愤怒、悲哀、欢乐"这些外来的情绪。做到了忘物和忘己，内心就会平正，内心平正就会宁静，宁静就会明澈，明澈就会虚空，虚空就能恬适顺应无所作为而又无所不为。忘物，忘己，就是忘天，这样就能达到物我合一的境界，从而回归大道。

古为今用

人生的烦恼很大程度上都是自找的。追求财富，就会有财富的烦恼，穷人会因财富太少而苦闷，富人会因财富太多而担心。在意容貌，就会有美丑的烦恼，丑女会因为丑而羞于见人，美女则会因为美而忙于修饰。如果不能做到清心寡欲、看淡自己，烦恼就会不约而至。人生在世，无非就是要做到无忧无虑、潇洒而行。人一长大，烦恼也就跟着来了，于是很多人就开始怀念无忧无虑的童年生活。但是时间不会停留，所以要避开烦恼，就应该保持年少时的心态，因为年少时的无知正是心性的自由自在和无拘无束。

延展阅读

美人计吴宫宠西施

越王勾践为了灭吴，将美女西施送给了吴王夫差。夫差贪恋美色，在政治上变得昏庸残暴，亲小人、远贤臣，最终导致了吴国的灭亡。

摆脱内心的羁绊

人之所以会对生活感到疲惫和苦闷，是因为在他的心中对生活、对自己都有着很高的要求，这些要求使人不得不违背自己的本心，用世俗的规范来约束自己。只有摆脱了这些规范，才能使人达到自然本真，才能使人轻松地生活。

[〇五七] 登高不可以为长，居下不可以为短。

天地之养也一①，登高不可以为长②，居下不可以为短③。

——《徐无鬼》

注释 | ①一：同一，相同。②长：地位尊贵。③短：地位低下。

译文 | 天和地在养育人们时是一样的，登上高位的人不可以认为自己高人一等，身居低位的人也不可以认为自己矮人一等。

经典解析

这句话是徐无鬼在告诫魏武侯时说的。徐无鬼有一次去拜见魏武侯，武侯说："先生一直隐居山林，过着清苦朴素的生活，拒绝与我来往。如今是不是年岁大了，想通了，要来过富裕的生活了，还是要来告诉我治国的良策？"徐无鬼说："我出身贫寒，从来没有奢望过要过富裕的生活。我这次是来慰问你的。"武侯说："我又没有生病，你来慰问我什么？"徐无鬼说："我是来慰问你的精神和身体的。"武侯说："我的精神和身体都很好，你要慰问什么？"徐无鬼说："天和地对人们的养育都是一样的，众生应该是平等的。所以，登上了高位的人不应该高人一等；身份低微的人也不应该矮人三分。你作为大国的国君，用全国人民的劳累困苦来满足你眼耳口鼻的享受，这就是德行有所欠缺。圣明的人是从来都不会为自己求取分外的东西的。圣明的人顺应外物，厌恶为自己求取私利。为个人求取私利是一种严重的病态。国君你正是患有这种病症，所以我才前来慰问你。"国君和普通人就生命的本质而言，其地位是相同的，但因为外在标准的规定，使国君觉得自己高人一等。而庄子万物齐一的生命哲学观点就是众生平等。世间万物，同生于宇宙之初，有着各自的存在方式和存在价值。"天地与我并生、万物与我为一""旁日月、挟宇宙、合万物"，天地万物是一个有机的整体，所以没有高低贵贱之分。如果有了这种贵贱之分，精神就会处于一种病态。

古为今用

人只是宇宙整体中的普通一员。面对广袤的宇宙，人不应该妄自尊大，自诩为宇宙万象的主宰和中心，而应该学会尊重自然，以自然的方式来对待自然。美国著名物理学家卡普拉称赞道家为人类提供了"最深刻并且是最完善的生态智慧"。在科学技术不发达的古代，人们畏惧大自然的力量，总是在与大自然做斗争，但是到了科技高度发达的现代，这种态度应该被否定了，我们可以利用大自然，但不能破坏它，大自然是应该得到保护和欣赏的。

延展阅读

李郭同舟

李膺是位天下名士，而郭太则只是一个贫贱布衣，但两人却能知心相交，东汉的名士虽然很多，但只有李膺能与郭太共乘一舟。

不卑不亢，本色待人

和地位比自己高的人交往时，不能被对方的气势所慑，更不能谄媚事之；和地位比自己低的人交往时，不能盛气凌人，更不能仗势欺人。人与人之间的关系是平等的，在与人相处的过程中，应该用自然的态度来相处。

[〇五八] 无门无毒，一宅而寓于不得已，则几矣。

若能入游其樊①而无感其名，入②则鸣，不入则止。无门无毒③，一宅④而寓于不得已，则几⑤矣。

——《人间世》

注释 ①樊：樊笼，指名利场。②入：谏言被采纳。③毒（dǎo）：通"壔"，累积土石用作保卫门栏的土台，比喻索求门径的载体。④宅：心灵寄托的地方。⑤几：近，意思是做到了这一步就差不多符合"心斋"的要求了。

译文 如果能够进入名利的樊篱中遨游而又不为名利所动，那么卫君能接受你的观点就说，不能接受你的观点就停止。不去找寻仕途的门径就不会受害，使心思得以专一而寄托在无可奈何的境域，就会与"心斋"的要求相差无几了。

经典解析

庄子在这里阐述了达到"心斋"的要求所需要的状态，即无心而为、顺势而行，则该做的事情自然就能做好了。做任何事情都不能强迫别人，更不能强迫自己。强迫别人做他不想做的事，别人就会心生怨恨，甚至会报复自己；强迫自己做自己不喜欢做的事，事情不仅会办不好，反而会自讨苦吃。所以，任何时候都要做到"安之若命"。

故事链接

魏惠王与齐威王订立盟约，而齐威王违背了盟约。魏惠王大怒，打算派人刺杀齐威王，将军公孙衍知道后认为齐威王的做法可耻，主张带兵攻打齐国。季子知道后又认为公孙衍的做法可耻，和平带来不易，不能轻易毁去。华子知道以后认为公孙衍和季子都是在捣乱，而他来劝说两个捣乱的人也是在捣乱，正确的做法应该是求助于清虚淡漠、物我兼忘的大道。魏惠王没有修炼"心斋"，当然也不会明白其中的道理。

古为今用

在顺其自然不能解决的情况下，可以多想一想"不得已"的结果。"不得已"并不是勉强或无奈，而是一种判断是否应该有所为的大智慧。这种大智慧能使我们在危险的时候保护自己。

[〇五九] 剋核大至，则必有不肖之心应之，而不知其然也。

剋核①大至，则必有不肖②之心应之，而不知其然也。苟为不知其然也，孰知其所终！

——《人间世》

注释 ①剋：通"克"。"剋核"指过分的指责。②不肖：不善，不正。

译文 苛责如果太过分，必然会让人产生不好的想法来对付，而自己也不明白这是因为什么。如果做了些什么而自己却又不知道那是为什么，那么谁又能知道结果会是怎样的！

经典解析

我们在处理人际关系的时候，常常会提醒自己要宽容待人，严于律己。但在权力面前迷失自己之后对待别人就会过于苛责，而这个苛责的缘由可能会是子虚乌有的。这种责难是对被责难者不公平的对待，从而会产生一些不好的后果，因此当权力不对等的时候往往会走到相反的方向去。

故事链接

有一个老板认为自己公司的效益没有发挥到最大，他认为这并不是自己的过错，而是手下的经理没有认真工作，于是他便把这个经理狠狠地训了一顿。这个经理实在是冤，当这股无名火无法发泄时，他看到妻子的家务还没有做完，于是他便开始训责妻子。妻子也感到非常委屈，看到儿子的作业还没做完，就开始向儿子发火。儿子实在无法忍受，于是大骂他的小狗。小狗无法反抗主人，于是找野猫发泄，结果野猫就开始拼命地抓耗子。试问，老板的责问与耗子又有什么关系呢？

古为今用

生活中的忙乱经常会使人远离宁静的心态，这样往往会使一些轻微的风吹雨打发展成为惊涛骇浪，而风暴会以旋涡为中心并向其周围扩散。所以，上面的故事中老板的无名火直接影响到了耗子的生存问题。

[060] 无人之情，故是非不得于身。

既受食于天①，又恶用人！有人之形，无人之情。有人之形，故群于人；无人之情，故是非不得于身。眇②乎小哉，所以属于人也！謷③乎大哉，独成其天！

——《德充符》

注释 ①受食于天：禀受自然的供给。②眇（miǎo）：通"渺"，微小。③謷（áo）：高大。

译文 既然禀受自然的供给，又哪里还要用到人为呢！具备人的形体，却未必具备人内在的真情。具备人的形体，因此同人结成群体；不具备人的真情，所以是与非都不会产生在他的身上。渺小啊，是与人同类的事物！伟大啊，是与自然成为一体。

经典解析

这里的"情"是世俗之情，远离世俗之情，是非也就不会困扰自己了。对于真性情，庄子主张性情不离，然而天生的情却被世俗的情给污染了。那么什么是世俗之情呢？庄子在《庚桑楚》篇中指出：贵、富、显、严、名、利六者是用来扰乱人的意志的；容、动、色、理、气、意六者，是用来束缚人的心灵的；恶、欲、喜、怒、哀、乐六者，是用来影响人的品德的；去、就、取、与、知、能六者，是用来阻塞人的大道的。"此四六者，不荡胸中则正，正则静，静则明，明则虚，虚则无为而不为也。"如果天然的性情没有被这24项内容所污染，那么内心平正就能安静，安静就能明彻，明彻就能顺应自然，这样就能保全身心的健全。庄子在《天地》篇中还指出：五色乱目，五声乱耳，五臭熏鼻，五味浊口，取舍得失迷乱心窍。"此五者，皆生之害也。"庄子认为，只有去掉"四六"，除去"五害"，才不会被世俗之情所污染，才不会带来任何的是非。这种对是非的无情才是真正对生命的有情。所以，庄子在《天道》中强调"夫虚静恬淡寂寞无为者，万物之本也"。可见"无情"才能独成其天。

古为今用

"问世间情为何物,直教人生死相许。"很多人都看不破一个"情"字。爱情、亲情、友情……世俗给了我们太多的情感,也给了我们太多的负担。我们常常问自己"情何以堪",因为我们实在无法承受太多感情的困惑和诱惑,所以唯有看淡一切,才能感受真情。"东边日出西边雨,道是无晴却有晴。"对世俗无情的人,才是对自然有情的人,对自然有情的人才是真正的有情人。要有情就要虚静恬淡、忘我无欲,只有这样才能真正地感受到"情到深处方见浓"。

延展阅读

卖盆景

盆景本是无情之物,但是由于它受到人们的喜爱,就变成了一种商品。卖盆景的人正是利用人们趋之若鹜的心理,制成姿态各异的盆景,来获得利润。

抛却闲情,回归自然

世人大多被闲情所困,因此终生陷于种种困扰之中。道家所提倡的"无情",并非是要人们变得冷血,而是让人们抛却那些闲情,去享受那种逍遥自在、无拘无束的生活。

[０８１] 终其天年而不中道夭者：是知之盛也。

知天之所为，知人之所为者，至矣①。知天之所为者，天而生也；知人之所为者，以其知之所知以养其知之所不知，终其天年而不中道夭者：是知之盛也。虽然，有患。

——《大宗师》

注释 ①至矣：达到了极致。

译文 认识到自然的作为，也认识了人的作为，这就达到了认识的最高境界。认识到自然的作为，是产生于自然的；认识了人的作为，用他的智慧所认识到的去哺育他没有认识到的，直至其寿命自然用尽而不中途夭折，这恐怕就是最极致的认识了。即使这样，还是有一定的忧患。

经典解析

庄子在这里提出了一个假设命题，即假设了解了一切的天为和人为，即使是这样也仍然会有祸患。天之所为就是自然界的奥妙和基本规律，人之所为就是人的身体和思想的奥秘及基本规律。在道家面前，天之所为和人之所为是得到了统一的。"知天之所为者，皆自然也。则内放其身，而外冥于物。与众玄同，任之而无不至也。"道家讲的"道"是自然的代名词，天之所为和人之所为在道中得到了统一。因为"则内放其身，而外冥于物"，没有身体的观念，也就不存在身体的局限而是同外物混合为一了。虽然能够认识到这一点，但不能做到这一点，所以虽然认知可以达到顶点，但这个认知并不是绝对的，它仍然会存在隐患。

古为今用

很多时候我们都茫然于自己在做什么。我们学习也不是完全为了自己，更多的是为了一些人们共有的目的，当自己的目的和社会的目的达不到统一的时候就会产生痛苦。这个时候我们就会问，学习知识有什么用呢？这就是天之所为和人之所为不能统一的隐患。那么我们要如何避免这个隐患呢？我们应该把求来的知识，回过来了解自己生命的本来，而不是去探知不可了解的未知，这样的学习更多的就是为了自己。这样一来，目的不统一的痛苦就会减少一些。

延展阅读

彭祖高寿

彭祖是一位养生家，传说他从尧舜时代一直活到了商朝，享年800多岁。彭祖长寿的秘诀就在于保持自然的本性，而不沉溺于物质享受。

以淡泊的态度求长寿

要长寿，一是要养成良好的生活习惯；二是要处世淡然，避免因为一时之气而招致祸患。用淡泊的态度来养生，就概括了这两方面的经验。首先，长寿之人在饮食上不能贪图美味，而且还要保持适度的饥饿感，如果没有淡泊的态度，那么这是不能坚持下来的。其次，淡泊的态度能使人对世俗所追求的名利保持警惕的态度，而不会去过分追求这些身外之物。

过而弗悔，当而不自得也。

古之真人不逆①寡，不雄成②，不谟士③。若然者，过而弗悔，当④而不自得也。若然者，登高不慄⑤，入水不濡⑥，入火不热。是知之能登假⑦于道者也若此。

——《大宗师》

注释 | ①逆：针对，对付。②雄成：雄踞自己的成绩，即凭借自己取得的成绩而傲视他人、凌驾他人。③谟（mó）士：指用不正当的手段谋取士人的信赖。谟：图谋。士：通"事"。④当（dàng）：恰巧，正好。⑤慄：通"栗"。⑥濡（rú）：沾湿。⑦假（gé）：通"格"，至，达到。

译文 | 古代的"真人"，不以众欺寡，不自恃成功而轻视他人，也不图谋烦琐之事。这一类人，有过错不后悔，有功德不得意；这一类人，登高不惧，进水不湿，入火不热。这是只有智慧能通达大道境界的人才能做到的。

经典解析
这句话的意思是说"真人"能以一颗平淡的心面对世间的功过、是非、得失、机遇，等等。真人之所以能够在大自然中直来直往，没有任何阻碍，是因为真人的心是无限自由的。

故事链接
关汉卿自称"普天下郎君领袖，盖世界浪子班头"。他说："我是个蒸不烂煮不熟捶不扁炒不爆响珰珰的一粒铜豌豆……你便是落了我牙，歪了我口，瘸了我腿，折了我手，天赐与我这几般儿歹症候，尚兀自不肯休。则除是阎王亲自唤，神鬼自来勾，三魂归地府，七魄丧冥幽。天那，那其间才不向烟花路儿上走。"这个浪子又何尝不是一个赤子。

古为今用
很多人都在说，要善于把握机会。机会稍纵即逝，在错失机会之后难免会后悔不已，甚至自责。以整体的眼光来看，失去的机会，还会以另一种姿态来临，我们又何必因为一时的失意而耿耿于怀呢？

其耆欲深者，其天机浅。

[062]

真人之息以踵①，众人之息以喉。屈服者，其嗌②言若哇。其耆③欲深者，其天机④浅。

——《大宗师》

注释 ｜ ①踵：脚跟。②嗌（ài）：咽喉闭塞。③耆：嗜好，后作"嗜"。④天机：先天的禀赋。

译文 ｜ "真人"呼吸用的是脚跟，普通人呼吸用的则是喉咙。被人屈服时，咽在喉前的言语难以说出。嗜好和欲望过深的人，他们的天赋就很浅。

经典解析

庄子说，"真人"是靠接触地面上的脚跟来呼吸的，而普通人则是靠喉咙来呼吸的。因为"真人"已经与气同化了，所以只要能感受到"道"，他就能够呼吸，这是超越了自我的存在。而一般的人，远离了大"道"，只是凭着身体的本能让自己的生命得到保存。那为什么"真人"能超越自我呢？那是因为他们能将嗜好和欲望抛开，以无比的智慧展现生命，而一般人的智慧却被欲望所蒙蔽。

故事链接

大家都知道狐假虎威的故事。狡猾的狐狸凭借老虎的威风，在森林中吓唬其他动物，但是，狡诈的手法是不能使狐狸从弱势变为强势的。骗局一旦被戳穿，它就会受到群兽的围攻，甚至被老虎吃掉。我们可以从另一个角度来看这个故事：狐狸能够欺骗老虎，说明它有一定的智慧，可是它想要威风的欲望，却将它的智慧蒙蔽了，并使它的谎言暴露在所有动物面前。本来它完全可以在骗过老虎之后休养生息，以提高自己，可是因为欲望，最终使它丢了性命。

古为今用

很多人都作茧自缚，用无穷的欲望，做了一个巨大的茧，从而束缚了自己的翅膀。所以要破茧成蝶，就要从内部逐步地瓦解欲望。只要心灵没有任何束缚，智慧就将无限广博。

【〇六四】 天地有官,阴阳有藏;慎守女身,物将自壮。

天地有官,阴阳有藏①;慎守女身,物将自壮。我守其一②以处其和③,故我修身千二百岁矣,吾形未常④衰。

——《在宥》

注释 | ①藏:居所。②一:这里是"道"的意思。③和:阴、阳协调。④未常:未尝。

译文 | 天和地各处都有其所管的方面,阴和阳也有其各自的府藏,慎重地守持自己的形体,万物就会自然而茁壮地成长。我持守浑一的极致之道而又达到了阴阳相协调的境界,所以我从修身到现在虽然已有一千二百年,但我的形体尚且不曾衰老过。

经典解析

天和地、阴和阳都有其各自的主宰。在道家看来,阴和阳是事物最原始的存在,被称为"元"或"气";而天和地的基本元素就是"一",因为在混沌未开时,天和地以"一"的形式存在。老子《道德经》说"道生一,一生二,二生三,三生万物",又说"天得一以清,地得一以宁,神得一以灵,谷得一以盈,万物得一以生,侯王得一以为天下正"。所以"天地有官,阴阳有藏"可以归纳为"抱元守一"。就道家来讲,"一"是所有事物的根源,是修炼返道的必由之路。抱元守一是道家的传统修炼之法。其目的就是要融天之一气,得道法自然,神与气合,浑然归一。从"道"的角度来讲,人在最初是拥有"道"的灵气的,但是在演变之后,这先天的灵气就慢慢地被消磨干净了。要想回归原始的本真,就要具有"慎守女身""守其一以处其和"的精神修为。所以需要抱元守一的修炼,修炼之后就能凝神内敛,抗拒外界的纷扰。混浊的水只有在平静之中才会慢慢地将沙石沉淀,然后恢复其清静的本色。"慎守女身"就是要保持自己的宁静与清澈。"慎守女身",万物都不足以扰乱其心神,这样就能够清净下来,静则虚,虚则同,同则大,所以精神才能得以永存。

古为今用

虽然我们不能像修炼的道士那样对世间万象有彻底的觉悟，但是我们至少应该明白天地和自我都应该有一个"真君"主宰。天地的"真君"我们掌控不了，但对于自己的"真君"一定要有所了解。自己的"真君"其实就是主宰自己的真心，如果心被束缚，那就不能成为"君"了。庄子说"少则得，多则惑"。所以面对世间万象一定要"慎守女身"。只有守得住，才能成为"一"，成为"君"。

延展阅读

抱元守一

静然守一，专心不移。树上鹊鸟筑巢，抱卵哺雏，粪污其身，亦不嫌弃，唯一心念道。这样就能凝神内敛，抗拒外界纷扰，让自己保持宁静，达到彻悟。

静以修身

在忙碌的生活中，我们也需要有一片宁静的天空。学习、工作、生活让现在的人忙得喘不过气来，觉得身心都十分疲惫，甚至对自己的行为感到茫然。此时，他们需要一些时间安静下来，反思自身，找到自己人生价值的所在，从而活得更加快乐幸福。

[〇六五] 吾所谓臧者,非所谓仁义之谓也,任其性命之情而已矣。

吾所谓臧①者,非仁义之谓也,臧于其德而已矣;吾所谓臧者,非所谓仁义之谓也,任其性命之情而已矣。

——《骈拇》

注释 ①臧(zāng):善。

译文 我所说的完善,并不是指合乎仁义一类的东西,而是顺应各自的本性罢了;我所说的完善,并不是指所谓的仁义,而是任由天性与真情的发展罢了。

经典解析

这句话说明了什么才是真正的仁义道德,即不掺和一丝人为的印记。因为"人为"破坏了人性原本的完美。本性的仁义一旦强加上世俗的标准,那么仁义就会偏离本性,从而变得不再完美。那什么才是真正的完美和完善呢?真正的完美是人性的无拘无束,是内心世界的无比自由;而真正的完善则是人性的自由释放,自然的才是科学的。

如果问天下什么是最美的,很多人都无法给出唯一的答案,因为在人的脑海中有太多的事物和景象,从而没有办法取舍,而且任何事物都有其美中不足的地方。但是,任何人都没有办法从内心真正否认婴儿的美,因为婴儿不管从任何方面都展现了他原始的美。婴儿的脑袋大大的,看起来非常聪明的样子;婴儿的皮肤是自然的,没有任何修饰。婴儿的品行是出于天性,有着自然的睿智。婴儿的美似乎让人嫉妒了。

古为今用

人,一点一点地长大,一点一点地告别了婴儿的美,但我们不能将这份美丽忘却。这份美丽让我们在长大之后,仍然对那份真性情充满向往,也让我们的旅程不再孤寂和无聊。在我们的心中仍然保持着这份真性情。总之,美好的东西都是埋藏在心底的,而且总是在不经意的言行中展现出来,让我们的心像婴儿一样,永远年轻,永远美好。

延展阅读

泥水匠

泥水匠的工作是修建房屋,只要按照事先的规划按部就班地施工,就可以建成一幢房屋。修道之人也是如此,只要按照天性正常发展就可以了。

生活之道在于顺其自然

很多人都希望自己的生活能够过得比别人好,于是就疯狂地追逐金钱和权力,结果在追逐权力的过程中,不仅什么都没有得到,反而使自己变得疲惫不堪。其实,只要对生活抱以顺其自然的态度,安于自己的本职工作,那么工资虽然不多,但也足以养家糊口。不为生活贫穷而忧虑,也不为地位不高而烦恼,就不会有那么大的压力了。生活中的所有事情都应顺其自然,得到了不要过于欣喜,失去了也不要过于悲伤,顺其自然就能保平安。

[〇六六] 无为名尸，无为谋府；无为事任，无为知主。

无为名尸①，无为谋府②；无为事任③，无为知主。体④尽无穷，而游无朕⑤。

——《应帝王》

注释 ①名：名誉。尸：主，指寄托的地方。②谋府：出谋划策之所。③任：负担。④体：体验，指潜心求道。⑤朕（zhèn）：迹。"无朕"即不留下踪迹。

译文 不要做名声的寄托，不要做谋策的场所；不要做事情的担负者，不要做智慧的主导。对真源的体验是永无休止的，遨游四方而不留下任何迹象。

经典解析
这句话说明了一个体道的途径。庄子在《庚桑楚》中说："去就取与知能者，塞道也。"我们无法通往大道，是因为大道中有了这样一些阻塞。"去就取与知能"这六项涉及了得失利害的计较，让人觉得短短的人生中，眼前的成败就代表了一切，以至于完全忽略了万物的起源和归宿，忘记了大道的存在，所以要想体验大道的自由就要摆脱这些束缚。

故事链接
南海的帝王是儵，北海的帝王是忽，中央的大帝叫混沌。儵与忽常常相会于混沌之处，混沌款待他们十分丰盛，于是儵和忽就在一起商量要报答混沌的美意，说："人都有七窍，用来看、听、吃、呼吸，唯独混沌没有，我们试着为他凿开七窍。"于是一天开一窍，七天之后混沌就死了。与外物的沟通导致了混沌的死亡。

古为今用
原来的混沌没有七窍，也就无法与外物沟通，所以五色就不能乱其目，五声不能乱其耳，五臭不能熏其鼻，五味不能浊其口，取舍不能迷乱其心思。但是凿开了七窍之后，他就难免会受到束缚。然而人本身就有七窍，那么我们要如何避免这些束缚呢？那就是要专一、淡泊，一切都顺其自然，这样才能够体验大道。

> [〇六七] 不自得而得彼者，是得人之得而不自得其得者也，适人之适而不自适其适者也。

夫不自见而见彼，不自得而得彼者，是得人之得而不自得其得者也，适①人之适而不自适其适者也。夫适人之适而不自适其适，虽盗跖与伯夷，是同为淫僻②也。

——《骈拇》

注释 | ①适：达到。②淫僻：邪僻。

译文 | 看不清自己而只能看清别人，做不到安于自得而有求于别人的人，这就是从别人那里有所求而不能安于己所应得之人，也就是对别人所达到的有所贪图而不能安于其自身所应达到的人。从对别人所达到的有所贪图而不能安于自己所应达到的这方面来讲，无论是盗跖还是伯夷，都同样是邪僻的。

经典解析

很多人都在羡慕别人所拥有的，而不懂得珍惜自己所拥有的，要求别人的也总比要求自己的要多。在这种情况下，便滋生了一种贪婪和忌妒的心理。庄子认为这种行为与盗跖没有什么区别。

故事链接

有两条不同的鱼分别被养在两个相同的鱼缸里。红色的鱼看见对面的鱼缸里的水非常清澈，水草也非常优美，有条白色的鱼在里面欢快地游来游去。它觉得主人偏心了，对面的鱼缸明显要比自己的好，于是它每天都要练习飞跃，希望有一天自己能跳到对面的鱼缸里去。终于有一天，它奋力一跳，跳到了对面的鱼缸里，但结果它被白色的鱼给吃掉了。

古为今用

现在非常流行职业排行榜，选出几个受欢迎、有前途的职业。这虽然让很多人看清了行业前景，但也在很大程度上误导了年轻人。

[〇八八]

若其残生损性，则盗跖亦伯夷已。

天下尽殉①也：彼其所殉仁义也，则俗谓之君子；其所殉货财也，则俗谓之小人。其殉一也，则有君子焉，有小人焉；若其残生损性，则盗跖亦伯夷已，又恶②取君子小人于其间哉！

——《骈拇》

注释 | ①殉：牺牲。②恶（wū）：疑问词，哪。

译文 | 天下的人们都为自己想要的某种东西而献身：那些为仁义而献身的，世俗将他们称作君子；那些为财货而献身的，世俗将他们称作小人。他们为了某种想要的东西而献身是相同的，而有的被称为君子，有的被称为小人。如果从残害生命和损伤本性的角度来看，也可以说盗跖就是伯夷，那又要如何将他们区分为君子和小人呢！

经典解析

庄子说："自三代以下者，天下莫不以物易其性矣。小人则以身殉利，士则以身殉名，大夫则以身殉家，圣人则以身殉天下。"人类自从有了文明后，其本性就大多丧失在物性之下。小人因为利失去本性，士因为名失去本性，士大夫因为国家失去本性，圣人则因为天下而失去本性。虽然他们失去本性的原因不同，但结果都是一样的，都是扭曲本性，残害生命。庄子又说："小惑易方，大惑易性。"小惑只是物性的诱惑使人们改变了方向，而大惑则是宣扬物性所形成的社会标准和制度，这就扭曲了人们的本性。所以大惑表面上是伯夷，实际上却是偷走本性的盗跖。

就残损性而言，伯夷的伤害程度比盗跖更加严重。就拿驯马来说，马在没有遇到伯乐之前，凭着其自己的先天条件就能在自然界中快乐地生活。可是世上有了千里马的标准以后，伯乐来了，他要将马变成千里马：用烧红的铁器灼炙马毛，用剪刀修剔马鬃，凿削马蹄甲，烙制马印记，用络头和绊绳来拴连它们，用马槽和马床来编排它们。在驯马的时候，饿了不给吃，渴了不给喝，要跑得快就得忍受更多的痛苦，就得改变以往的性情。当伯乐眼中的千里马诞生的时候,自然界中的马就消失了。"千里马"这个为世人称赞的大感,使伯乐变为盗跖,使马不再称为马。

古为今用

在以经济发展为主导的社会中,人力资本占有很重要的作用,教育是以培养有用"人才"为目的的,这就是现代教育的本质。然而教育到底是在培育"人才"还是在损伤"人性"呢?孔子曰"成性存存,道义之门",成"性"比成"才"更加重要。因为没有"性"的"才"只是社会标准下的通用人才,一旦失去这个标准,人才将不再是人才,人既具"才性"又具"人性",而才性是人的可用性。所以教育的目的应该是"成性",要"因性施教",从而满足不同人才、不同人性的要求。

延展阅读

伯乐相马

伯乐是传说中著名的相马专家。他对于马的种类、生活、性格都有很明确的了解,因此他以善于发现千里马而著称。

不要伤害孩子们的天性

孩子在成长的过程中,最容易受到来自家庭和学校的影响。但是有些家长和老师往往自以为是,做出了许多伤害孩子天性的行为,这对孩子的成长十分不利。要想改变这种情况,就要了解孩子的天性,尊重他们的正当意愿。

[０六九] 无为也而后安其性命之情。

故君子不得已而临莅天下①，莫若无为。无为也而后安其性命之情。

——《在宥》

注释 | ①临莅（lì）天下：治理天下。莅：临，到。

译文 | 所以，君子在不得已的情况下去统治天下，那就不如无为而顺应自然。顺应自然才可以使天下人都保有其本性中的真情。

经典解析

这句话是庄子论及"君子不得已而临莅天下"时，对"莫若无为"的解释。儒家所说的圣人的有为实际上是"残生损性"，和盗贼的行为没有什么区别，圣人的作为甚至为盗贼的掠夺创造了基础条件。"圣人生而大盗起。掊击圣人，纵舍盗贼，而天下始治矣！夫川竭而谷虚，丘夷而渊实。圣人已死，则大盗不起，天下平而无故矣。圣人不死，大盗不止。虽重圣人而治天下，则是重利盗跖也。"(《胠箧》)没有了圣人，就能实现"无为而治"，大盗就会失去其存在的基础，人们的本性就不会被束缚，然后重新过上返璞归真的生活。有为是人们丧失本性、生活痛苦的根源。"自虞氏招仁义以挠天下也，天下莫不奔命于仁义，是非以仁义易其性与？故尝试论之，自三代以下者，天下莫不以物易其性矣。"(《骈拇》)在庄子看来，上古时代，没有圣人，没有人为，人们过着朴素的生活，整个社会处于一种和谐美好的状态。但是出现了圣人和人为之后，人们的智慧就变成了巧智，从而使自己在人为的环境中能够更好地生存，因此世道变得奸诈险恶，难以治理。庄子提出"在宥天下"，而不是"治理天下"(《在宥》)，"在宥"是顺应万物自身的发展，是"无为而治"，而这种"无为"之举正是人性在扭曲之后的回归。因为要做到"无为"首先就要做到"体无"，而"体无"就是表露自己的真性情。无论是治世还是驭物，都要"无为"，这样才能体现真性情，才能得到和谐完美的发展。

古为今用

目前，"生态平衡"这个词越来越流行，因为它是自然界对"安其性命"的真实表达。

治世应该是在"生态平衡"基础上的无为而治,顺应人民的本性即自然需要来确立施政原则,而不是别有用心地搞什么政绩工程,这就是和谐发展观。在治理水域方面也要"安其性命",用新的生态方式、新的土地系统的理念来对待我们的河流。在缺水的情况下,洪水也可以成为资源。而洪水之所以会变得如猛兽豺狼,只是因为它被人为地破坏了。防洪之道就是要建立一个滞洪的湿地系统,从区域尺度上解决水资源的蓄留。

延展阅读

南北王敬则迁與太守郡多剽掠敬则至禁杀之自此路不拾遗郡无劫盗又录得一偷召其亲属於前鞭之令偷身长箒街路人之廼令偷举旧偷自代诸偷恐为所识皆逃境内以清 集海

弭盗止讼

季康子问政于孔子,孔子告诉他盗贼横行的根源在于季康子贪得无厌,不断地榨取民脂民膏,致使百姓衣食堪忧,才做起了盗贼。以正治国是要统治者以身作则,廉洁奉公,苟上正矣,谁敢不正?

保持正直本性

人生来并不是贪得无厌的,只是受到某些不良风气的影响,或者是被生活所迫。只要保持正直的本性,就不会作奸犯科。追求生命的本真,保持善良的天性,就不会走到歪路上去。

[○七○] 故天下皆知求其所不知，而莫知求其所已知者。

故天下皆知求其所不知，而莫知求其所已知者；皆知非①其所不善，而莫知非其所已善者，是以大乱。

——《胠箧》

注释 ①非：非难，认为不好。

译文 所以天下人都只懂得探求他所不知道的，却不懂得探求他已经知道的；都知道责难他觉得不好的，却不知道责难他表示赞同的，于是天下便大乱。

经典解析

雨果有云："世界上最宽阔的是海洋，比海洋更宽阔的是天空，比天空更宽阔的是人的胸怀。"因为人是在不停地追求着，永远不会停下脚步，但是怎样追求才是有效率和有意义的呢？庄子在这里告诉我们：不要去追求我们所不知道的，而要探索已经知道的；不要去责问自以为不好的，而要去审视已经被赞同的。如果对不知道的事物妄加定义，对是非的好坏随意评判，那么世界的本质将会被遮掩。

故事链接

有一天，一个人想要往墙上挂一幅画，于是他就找来锤子和钉子，当把钉子钉进墙里后，却发现这个钉子根本挂不住画，还需要往墙里揳一个小木楔子，于是他就去找木头，找来木头后又发现太大，又去找斧子，发现斧子不好使，又去找锯子，锯子有了，锯条却是断的，又去找锯条，等他把所有的东西都凑齐了以后，却忘了自己要干什么了。

古为今用

在走路的时候，很少有人会回过头去看看自己已经走过的路，而是马不停蹄地向前奔走，因为前方的美景实在是让人羡慕。可是，当我们到达目的地的时候，却发现美景也不过如此，于是心中油然升起一股失落感。这是因为我们出发得太早，走得太久，以致忘记了我们最初的目的。所以，在走路的时候，我们要经常地回头，看看走过的风景是不是我们内心想要的，这样才能明白人生的快乐就是在走路的过程中欣赏途中的美景。

[〇七一] 目无所见,耳无所闻,心无所知,女神将守形,形乃长生。

目无所见,耳无所闻,心无所知,女①神将守形,形乃长生。

——《在宥》

注释 ①女(rǔ):通"汝",你。

译文 眼睛看不见,耳朵听不到,内心一无所知,这样你的精神定能与形体合一,形体于是就可以长生。

经典解析

这句话的意思是说在面对喜、怒、哀、乐,以及功名、利禄、死生这些世俗的欲念的时候,首先应做到心灵虚静澄明,这样才不会被这些欲念所束缚。人在"虚静"的状态下,能够达到物我相融、与道合一的境界。《庄子·大宗师》中说:"其为物,无不将也,无不迎也,无不毁也,无不成也,其名为撄宁。""撄宁"就是指心神宁静,这样才能做到"目无所见,耳无所闻,心无所知",才能够"同于大道"。

故事链接

古时候有一个国王,想考考他的大臣,他让人打造了三个一模一样的小金人让大臣分辨哪个最有价值。最后,一位老臣用一根稻草试出了三个小金人的价值。他把稻草依次插入三个小金人的耳朵,稻草从第一个小金人的另一边耳朵里出来,从第二个小金人的嘴里出来,只有第三个小金人,稻草放进它的耳朵后,什么响动也没有。于是,这个老臣便认定第三个小金人最有价值,因为只有第三个小金人是用心来感知的。

古为今用

要想无欲无求,就不要被眼睛所看到的、耳朵所听到的、心中所想的俗念所束缚。明朝的屠隆说:"人能以明霞视美色,则业障自轻;人能以流水听弦歌,则性灵何害。"我们无须达到四大皆空的境界,但需要让心灵更加空灵,这样就能够体验清风明月的美妙。以平淡的心情看待世俗,通过精神的享受来陶冶情操,这样就能在欲海中虚而远游。

> **【〇七二】**
> 以不平平，其平也不平；
> 以不征征，其征也不征。

以不平平①，其平也不平；以不征征②，其征也不征。明者唯为之使，神③者征之。夫明之不胜神也久矣。而愚者恃其所见入于人④，其功外也，不亦悲乎！

——《列御寇》

注释 ①平：公平。②征：征验，这里指可信的。③神：神人。④所见：偏见。入于人：为人事所溺。

译文 用不公平去追求公平，这样的公平其实还是不公平；用人为的感应去应验外物，这样的应验其实也不是自然的感应。觉得自己明智的人只会受到外物的驱使，神人能够自然地感应。这种觉得自己明智的人早就不及神人了。可是愚昧的人仍然靠着他的偏见而在世俗和人事中沉溺，他们的功劳仅仅是追求身外之物，这不是很可悲吗！

经典解析

庄子快要死了，他的弟子依照世俗的习惯，打算用很多的东西为他陪葬。庄子却不愿意接受，他说："天地是我的棺椁，把日月当作连璧，把星辰当作珠玑，万物都可以成为我的陪葬。这些东西不是已经很完备了吗？哪里还用得着加上这些世俗的东西？"弟子说："我们担忧先生的遗体被乌鸦和老鹰吃掉。"庄子说："弃尸在地面就会成为乌鸦和老鹰的食物，深埋在地下就会成为蚂蚁的食物，把乌鸦、老鹰的食物转交给蚂蚁，这就是偏心了！"庄子不认为大家都遵守的世俗的习惯是正确的，也不认为世俗的公平就是真的公平。人们已经习惯于把自己对外物的感应强加在外物上，以自己内心的公平为公平，这都是因为自己的心已经被世俗的习惯所左右了。而要摆脱这种不正确的公平观就要"无恃"，因为"愚者恃其所见入于人"，受到人或物的束缚就会变成愚人。要做到"无恃"就是要使精神世界绝对自由，超然物外，做到与物齐一，众生平等。达成了这样的平等"是非之心"，就能自然地感应到世间的公平与公正了。

古为今用

在这句话中,庄子没有明确地说明什么是真正的公平,只是说不要把自以为的公平当作公平。在我们的日常生活中,如果刻意地追求公平,那么真正的公平就永远不会出现在你的面前。这是一种"不执着"的心念。很多人都在说,要对自己执着,而不要轻易地改变自己,但很多时候不执着才是真正的没有改变自己。因为执着的东西往往加入了社会的判断价值。所以,"不执着"才是在心性发生变化时人类要获得幸福的一种超然心态!

延展阅读

鸢

鸢,鹰科,俗称"老鹰"。《诗经·大雅·旱麓》中有"鸢飞戾天,鱼跃于渊",常被用来比喻为功名利禄而高攀的人。鸢飞戾天者,望峰息心。

不要过于奢求

当目标已经是自己的能力所不能触及之时,可以试着放弃。不要始终企图拥有名望高权,或许那本就不属于你。若是强求得来,那么你失去的一定会比得到的更多。不要执着于高攀,人生在世,知足者常乐。

[〇七三] 解心释神，莫然无魂。

堕①尔形体，吐②尔聪明，伦③与物忘，大同乎涬溟④；解心释神，莫然⑤无魂。

——《在宥》

注释 | ①堕（huī）：通"隳"，毁弃。②吐：可能是"咄"的字误，"咄"与"黜"同，废弃的意思。③伦：伦理。④涬（xìng）溟：混茫的自然之气。⑤莫然：即漠然，像死灰一样没有感知的样子。

译文 | 毁弃你的形体，废弃你的智慧，将伦理和万物一起忘掉，与自然之气统一。解除思虑和精神的作用，像死灰一样漠然没有灵魂。

经典解析

云将向鸿蒙询问治世的良方，鸿蒙回答了这句话。为什么云将会认为统治越来越难呢？因为仁义的实施是对人性的约束，是对"性不可易"的强制改变，这是对天道的损害。被天下人称赞的尧、舜、禹、汤、文、武的统治并不是完美的，因为他们"皆以利惑其真，而强反其情性"（《盗跖》）。对天下最好的统治莫过于"安其性命之情"。因此"君子不得已而临莅天下，莫若无为。无为也，而后安其性命之情"（《在宥》）。所以云将的治世良方就是无为而治。然而，本性既已被伤害，那就要通过"心养"来恢复本性。那么什么是"心养"呢？那就是不要局限于身体的束缚，身体只是心灵的载体，所以要看淡生死；不要受制于巧智的诱惑，巧智只是用来争名夺利的工具。"心养"的目的就是要做到物我两忘，"伦与物忘，大同乎涬溟。解心释神，莫然无魂"，忘掉所有礼仪的束缚，将自身化为天地之气，回归自己的本真。实现"心养"之后，万物就能各复其根，性情不离，这才是天下最完美的和谐。

古为今用

冰心诗云："心若冰清，天塌不惊。"心中毫无杂念，心思就会像冰一样清澈透明。这就是"解心释神，莫然无魂"的境界。将身体坐化，在形骸之外，保留一双灵魂的眼睛，这样我们就能发现自己内心深处最真实的声音。做真实的自己就不会被外界所干扰，就能做到在危险面前处变不惊，在荣誉面前淡然自若。所以，看世界的变化万千，一定要用灵魂去看，这样才能使心内与心外皆无一物，才会有完美和谐的生活。

延展阅读

凌太虚

凌太虚是乾隆三十六景之二十八景。这里地势高，境界清虚。登临凌太虚之上，有凌云之感，是隐者的好去处。

用心感受生活

人生中不如意事，十有八九。然而只要用心感受，生活中的快乐还是无处不在的。隐居者以隐逸山林为乐，是因为他们能够感受高山密林中鸟语花香的清新、超凡脱俗的魅力。这种快乐常人也可以拥有，只要他知道自己想要的是什么。用心生活，既能够体味到生活的酸甜苦辣，也能真切地感受到生活中不可替代的乐趣。愁眉常锁的人，或许就是没用真心生活的人。

〇七四 多知为败。

慎女①内②，闭女外③，多知为败。

——《在宥》

注释 ①女（rǔ）：通"汝"，你。②内：内心，指精神世界。③外：外在感受。

译文 小心谨慎地保持你内心的平静，将它封闭起来使其不受外物的影响，智巧太过必然会使形神败亡。

经典解析

我们可以从老子的《道德经》中得到这句话的解释："五色令人目盲，五音令人耳聋，五味令人口爽，驰骋畋猎，令人心发狂，难得之货，令人行妨。"（《老子》第十二章）视觉、听觉和味觉上的过多刺激会削弱人们的感官能力，所以要"闭女外"。"驰骋畋猎，令人心发狂"，是说打猎等玩乐会让人心智狂纵。"难得之货，令人行妨"，是说奇珍异货往往会使人行为失常，从而受伤。所以要"慎女内"，不要让物的欲望扰乱自己的心智，否则就会招致败亡。

故事链接

在《神雕侠侣》中，古墓派的小龙女练成了"玉女心经"，其要诀是"少思、少念、少欲、少事、少语、少笑、少愁、少乐、少喜、少怒、少好、少恶"。行此十二"少"，乃养生之都契也。多思则神怠，多念则精散，多欲则智损，多事则形疲，多语则气促，多笑则肝伤，多愁则心慑，多乐则意溢，多喜则忘错昏乱，多怒则百脉不定，多好则专迷不治，多恶则焦煎无宁。此十二"多"不除，丧生之本也。所以小龙女才会给人神人的感觉。

古为今用

要做到"慎女内，闭女外"并不是一定要做到心如死灰、身如枯槁，而是要做到清心寡欲。只要我们用心领悟，就会获得身外之物无法获得的乐趣。随遇而安，得失随缘，与自然相伴，能获得无言的乐趣。其实精神上的享受远比物质上的享受要高级得多。过多地追求身外之物，则必会劳神伤身。

[〇七五] 夫以出乎众为心者，曷常出乎众哉！

同于己而欲之，异于己而不欲者，以出乎众为心也。夫以出乎众为心者，曷常①出乎众哉！

——《在宥》

注释 ①曷（hé）常：何尝。

译文 希望其他人和自己一样，而不希望其他人和自己不同的人，总是有一种要高于众人的心理。那些以出人头地为内心追求的人，又何尝能真正做到出人头地呢！

经典解析

社会标准给人的行为做出了规定，只有符合规定的，才会被认为是正常的，否则就会被认为是异类。被同化的人们都争先恐后地想表现出他们的与众不同，但是既被同化又何来的不同呢？庄子在《大宗师》中说："畸人者，畸于人而侔于天。故曰：天之小人，人之君子；人之君子，天之小人也。"意思是说不合于世俗却合乎天道的畸人，其实是不想出众的人。而那些想出众的"众人"，以天道的标准来看却是小人。

故事链接

"秋来相顾尚飘蓬，未就丹砂愧葛洪。痛饮狂歌空度日，飞扬跋扈为谁雄。"杜甫的这首《赠李白》为李白的出众做了总结。李白一生如"飘蓬"，云游四海，浪迹天涯。他不屑于名利："我本楚狂人，凤歌笑孔丘。"他自视甚高，自称"才力犹可倚，不惭世上雄"。正是他的这种天性使他永远不与世俗同流合污，一生不受权势礼法的约束，从而能够名留千古。

古为今用

在媒体无处不在的当今社会，很多人都在不遗余力、不择手段地使自己出名，殊不知没有真正闪光之处的出名只是供人们茶余饭后消遣的笑料罢了，这样得来的名声很快就会消失得无影无踪。

[〇七六] 忘乎物，忘乎天，其名为忘己。

有治在人，忘乎物，忘乎天，其名为忘己。忘己之人，是之谓入于天①。

——《天地》

注释 ①入：融合。"入于天"即融合于自然。

译文 有意的治理是人为的活动，忘掉了外物，忘掉了自然，就叫作忘掉了自己。忘掉了自己的人，就叫作和自然相统一。

经典解析

要做到"忘己"，首先就要忘物、忘天，而要做到忘物、忘天就要做到"无己"，这里的"无己"与"至人无己，神人无功，圣人无名"(《逍遥游》)中的"无己"是一样的意思。如果无法忘记自己的存在，就无法摆脱外在的束缚。而忘掉了自己，就能在天地间无拘无束、自由地翱翔了。那么究竟应该忘记些什么呢？庄子说："彻志之勃，解心之谬，去德之累，达道之塞。贵、富、显、严、名、利六者，勃志也；容、动、色、理、气、意六者，谬心也；恶、欲、喜、怒、哀、乐六者，累德也。去、就、取、与、知、能六者，塞道也。"(《庚桑楚》)意思是说要想忘己就应该忘掉影响自己志向的地位、财富、显达、尊严、名誉、利益；影响自己心态的音容、躁动、色欲、辞理、心气、意绪；影响自己情操的憎恶、欲望、喜悦、愤怒、悲哀、欢乐和影响自己智慧的离去、归就、取得、施与、心智、机巧。这些需要忘记的范围已经包括了物和天，忘掉了这些就能够悟道了，就能够"入于天"了。

古为今用

在科技和经济快速发展的今天，生存的压力使人们不得不提高自己的占有能力，从而使人类为其外在的物所主宰。人类逐渐地在物质的诱惑及无止境地向大自然掠夺的过程中迷失了自己。因此我们迫切需要"忘物"，从而使自己从无限膨胀的物欲中解脱出来，重新回归生命主体的价值。科学技术不应该只是满足人们欲望的工具，而应该是人们提高自己，使自己更加自由的阶梯。正如爱因斯坦所说："如果你们想使你们一生的工作有益于人类，那么，你们只懂得应用科学本身是不够的。关心人的本身，应当始终成为一切技术上奋斗的主要目标。"

---- 延展阅读 ----

福禄寿三星度世

福禄寿三星，源于人们对星辰的自然崇拜。古人按照自己的意愿，赋予他们独特的人格魅力。封建统治者曾借助他们在民间的影响力，实施王道教化；道教也曾对他们大加推崇，以帮助自己招徕信众，扩大自己的影响。后来，福禄寿三星失去了高高在上的神威，却也因此而获得了自由。

回归生命本真

人刚刚出生的时候是很简单、很快乐的。在其日后成长的过程中，他所接触的事情多了，就会产生很多杂乱的思想，所以会不再单纯，其烦恼也会增多。回归到生命的本真吧！将自己的身体看得比那些身外之物重一些，反而能够体会到生命的价值。

[〇七七] 通乎道，合乎德，退仁义，宾礼乐，至人之心有所定矣。

外①天地，遗②万物，而神未尝有所困也。通乎道，合乎德，退仁义，宾③礼乐，至人之心有所定矣。

——《天道》

注释 ①外：忘却。②遗：遗弃。③宾：通"摈"，摈弃。

译文 置天地于度外，将万物遗忘，而精神不曾受到困扰。与道相通，与德相合，退去仁义，摈舍礼乐，至人的内心也就可以安定了。

经典解析

要想心中安定，只有达到"道"的境界。因为"道"存在于宇宙之初的鸿蒙之态，所以"道"是伴随着宇宙的进化而进化的，是无处不在的。宇宙的鸿蒙之态是孕育各种生命的摇篮，具有大美而不言。"德"是"道"在万物进化中的基本元素，我们可以这样认为，"德"和"道"是一体的。"修性反德"就是"修性反道"，回归到原始的蒙昧之态，就能与天地万物同一了，精神和性情也都会无拘无束，没有任何世俗的仁义、礼乐的束缚，这就是达到至人的境界。"以德为循者，言其与有足者至于丘也"，德是通往道的路径，存在于大道的"无"中，所以道家认为真正的德就是无德，无德才是大德，才能达到"道"的境界。如果认为自己有德，就是在大道的"无"中增添了人为的成分，那么这样的德不是德，离大道也会越来越远。老子在《道德经》中说："上德不德，是以不去德，下德不失德，是以无德。"就是说有了功德之心，就是有了世俗之心，那么一切都会成梦幻泡影。所以只有合乎了真正的德，才能够"通乎道"，最后才能够"退仁义，宾礼乐"。

古为今用

君子以厚德载物，所以君子的标准应该是德行的美好和完善。如果一个人没有德，那么他就不能载物，也就没有承重和容众的能力，这样就不利于目标的实现。有德才能容众，才能把很多人团结在一起，才能承担责任。如果不是以德为上，那就会没有远大的目标，每天只是为了自己的蝇头小利去算计别人。没有德就会以自己为中心，给自己设置了一个无法跨越的障碍，这样又怎么能成功呢？

延展阅读

泽及枯骨

周文王初为西伯时，一天他去了郊野，见死人的枯骨暴露于外，就吩咐吏人用土将其埋了。吏人说："这枯骨都是年久死绝的人，已没主了。"文王说："天子有天下，就是天下的主；诸侯有一国，就是一国的主。今此枯骨，我就是他的主了。何忍视其暴露，而不为掩藏之乎？"说完便将其葬了。

广积德行

古代那些圣明的君主都深知德行的感召力，所以才会广积德行，善待百姓。德行深厚的君王往往会得到百姓的爱戴，其朝政也会稳定。而那些道德丧失的君王到最后会遭到百姓的反对，从而国破家亡。身处现代的我们，也应该善待他人，用自己的美德来感染他人、影响他人，只有这样，才能得到他人的尊重与认可。

[〇七八] 德人者，居无思，行无虑，不藏是非美恶。

德人者，居无思，行无虑，不藏是非美恶。四海之内共利之之谓①悦，共给之②之谓安。

——《天地》

注释 ①共利之：共同以之为利，是说恩泽施及广众，人人都共有好处。谓：通"为"。②共给之：共同资给财货。

译文 所谓德人，其居处与行动都不需要谋虑，其心中也没有是非美丑一类的概念。四海之内的人都得利就叫作喜悦，都享受供给就叫作安定。

经典解析

德行美好的人贵在无欲无求、淡泊名利。因为无欲，所以不会去思索外物的好坏，无所求就不会把智慧变为谋略；因为淡泊名利，所以心中就没有善恶美丑之分，只是顺其自然而已。不去计较财富的来与去，对别人不妄加评判，这就是顺应外物凝神自得的人的仪态举止。

故事链接

新兰纳克是苏格兰一个不起眼的小镇，著名的空想社会主义者罗伯特·欧文在这里进行了工厂改革，诸如开设为工人供应廉价物品的商店，缩短工人的劳动时间，提高工人的工资，改善工人的生活条件，为工人的子女开办托儿所、幼儿园和师范学校等。虽然后来这个改革并没有继续下去，但一直维持着它的盛名，并被马克思、恩格斯称作乌托邦的理想国。

古为今用

无论是东方的庄子还是西方的欧文，都梦想着一个美好的大同社会：在这样的社会里，"不独亲其亲，不独子其子，使老有所终，壮有所用，幼有所长，矜、寡、孤、独、废疾者皆有所养"。马克思说，只有生产力达到按需分配的时候，这样的社会才能成为现实。但是我们每个人的心中不能忘却这个乌托邦的梦想，应该用乌托邦的思想来鞭策自己的行为，这样才能成为"德人"。

[〇七九] 至贵，国爵并焉；至富，国财并焉；至愿，名誉并焉。

夫孝悌仁义，忠信贞廉，此皆自勉以役其德者也，不足多也。故曰，至贵①，国爵并焉；至富，国财并焉；至愿，名誉并②焉。是以道不渝。

——《天运》

注释 ①至贵：最珍贵的。②并：通"摒"，摒弃。

译文 说到孝悌仁义和忠信贞廉，这些都是用来对自身进行劝勉并受其役使的，不足以过多地提倡。因此说，珍贵的极致，是国家的爵位都可以不要；富有的极致，是国家的资财都可以舍弃；心愿中最大的，是名声和荣誉都可以不要。所以，才能够保持大道而不变。

经典解析

要理解这句话首先就要明白在"道"的面前，任何世俗的标准都是没有任何实际意义的。庄子认为"大道不称，大辩不言，大仁不仁，大廉不嗛，大勇不忮"。世俗的标准在大道中都是"无"的。世俗的孝、悌、仁、义、忠、信、贞、廉的标准，只是用来拘束真性情的，并没有任何实际的意义。所以，至贵、至富、至愿是没有固定标准的，是无法永恒的，只有"道"才是永恒不变的。

故事链接

范蠡辅佐勾践打败吴国后，功成身退，得以保全性命；文种因为没有听从范蠡的建议，从而遭到了杀身之祸。范蠡来到了齐国，在海边结庐居住，通过垦荒和经商积累了巨富的家资。如果他想在齐国争一席之地，那也是能够做到的，因为齐王曾想请他出任宰相，但却被他谢绝了。不过此事使他有了"不祥"之感，于是他便离开了齐国。他带着门徒来到定陶，通过经商成为巨富，号称"陶朱公"，至88岁寿终。

古为今用

因为不懂得放下，所以情感最丰富的，反而是最脆弱的；财富最多的，反而是最贫穷的。所以，只有懂得放下，才能真正理解永恒。

[080] 澹然无极，而众美从之。

若夫不刻意而高，无仁义而修，无功名而治，无江海而闲，不道引而寿，无不忘也，无不有也，澹①然无极，而众美从之。此天地之道，圣人之德也。

——《刻意》

注释 | ①澹（dàn）：恬静、安然。

译文 | 若不需磨砺心志就能有高尚的行为，不需倡导仁义就能有较高的修养，不追求功绩名声天下就能得到治理，不需到江湖隐居心境就能得到闲暇，不需引导气血而能自然长寿，将一切忘于身外，而又将一切据为自身。宁寂淡然到极致，世上众多美好的东西就会随之而来。这就是天地之道，也是圣人的崇高之德。

经典解析

庄子在《刻意》篇中列举了六种不同类型、不同追求的人：山谷之士、平世之士、朝廷之士、江湖之士、道引之士、澹然无极之士。这六种人，有其完全不同的人生目标和行为模式："山谷之士，刻意尚行，离世异俗，高论怨诽，为亢而已矣；此山谷之士，非世之人，枯槁赴渊者之所好也"，是那些磨砺心志、崇尚修养、超脱尘世、不同流俗的人，他们愤世嫉俗，宁可以身殉志；"平世之士，语仁义忠信，恭俭推让，为修而已矣；此平世之士，教诲之人，游居学者之所好也"，是那些宣扬仁爱、道义、忠贞、信实和恭敬、节俭、辞让、谦逊的人，这样做是对人施以教化，意欲治理天下；"朝廷之士，语大功，立大名，礼君臣，正上下，为治而已矣；此朝廷之士，尊主强国之人，致功并兼者之所好也"，是那些身居朝廷、醉心于建立功业开拓疆土的人，并以此端正和维护上下级别的地位；"江湖之士，就薮泽，处闲旷，钓鱼闲处，无为而已矣；此江湖之士，避世之人，闲暇者之所好也"，是那些避世之人；道引之士，是那些养形的人，追求像彭祖那样寿延长久；澹然无极之士则是将以上五种修行完全看淡的人。只有超越了这五种追求，才能真正地体会到天地之道。

古为今用

不同的人有不同的人生态度。有的人天生就渴望权力,喜欢那种君临天下的感觉;有的人喜欢财富,追求纸醉金迷的生活;有的人追逐名誉,渴望能够流芳百世;也有的人在社会上跌倒之后就选择了遁隐山林。这些不同的人生态度,无论是入世还是避世,都没有真正地让心灵自由,心中的羁绊使他们患得患失,不能真正地享受人生的快乐与美丽。快乐不需要刻意地去追求,美丽则需要不经意间去发现。山谷之士、平世之士、朝廷之士、江湖之士、道引之士,都只是形体上的修炼,而忽视了精神上的修炼,唯有澹然无极之士才是真正的修身养性,才能真正地领略大美。

延展阅读

吕尚磻溪垂钓

西周初年,姜子牙(吕尚)被封于齐,属于周初分封的功臣诸侯。姜子牙年轻的时候曾做过宰牛卖肉的屠夫,也开过酒店卖过酒。但姜子牙人穷志不短,始终勤奋刻苦地学习天文地理、军事谋略,研究治国安邦之道,最后终于成了影响深远的政治家、军事家。

蛰伏待机

或许每个人都有着远大的志向,但实现它并非一朝一夕就可以了。如果现状并不能令自己满意,那么就在目前的状态下蛰伏待机。有些阶段是人生必须经历的,所以不要抱怨,饱受磨砺之时,也正是你修身养性之时。

[081]

至乐无乐，至誉无誉。

吾以无为诚①乐矣，又俗之所大苦②也。故曰："至乐无乐，至誉无誉。"

——《至乐》

注释 ①诚：真正的。②苦：以之为苦。

译文 我以为无为是真正的快乐，但世俗之人又为此而感到十分痛苦和烦恼。因此说："快乐的极致就是没有快乐，荣誉的极致就是没有荣誉。"

经典解析

在道家的眼中，"无"是一种最高的境界，所以无乐是乐的最高境界，无誉是誉的最高境界。因为根据"万物为一"的观点，万物是没有差别的，所以无死生，无苦乐，无毁誉，无贵贱，而事物之间之所以有了差别是因为有人为的标准。如人为地将富贵、长寿、好名声作为值得推崇的，将吃好、穿好、身体安适和五官的满足认为是快乐的。但是到底应该推崇什么，什么才是快乐的原本是没有标准的，如果硬要强加一个标准给它，反而会得到不好的结果。因为推崇的对面就会是卑微，快乐的对面就会是痛苦。并且标准设定出来之后，人们就会维持那个标准，这也会带来不好的结果。因为富者"苦身疾作，多积财而不得尽用"。那些尊贵的人，夜以继日地为了保全自己的福禄和地位而忙碌，这样的结果真的是他所要的吗？所以在标准设定之后就会出现"人之生也，与忧惧生"的结果。所以，刻意追求标准下的快乐，反而不会拥有快乐。那么什么才是真正的快乐？不刻意追求快乐，快乐就会伴随着你，这就是"无"的境界。"无"就是不要设立任何标准，无乐、无誉就是至乐、至誉。总之，不以人为设定的快乐的标准为快乐，循性自然的人生，就是最大的快乐。无乐和至乐，无誉和至誉的本质是一样的，它们都归于万物齐一的"道"的境界。

古为今用

获得快乐有两种途径：一是得到你所想要的，二是享受你所拥有的。因为人们总是不能满足，所以他们往往只看到了第一种快乐，以致终生孜孜以求都难以快乐。但是，如果在取得你所要的路途中，停下脚步欣赏一下自己所拥有的，并且珍之重之，那么你就会发现快乐其实就在身边。享受你所拥有的，其实就是在无为中实现了快乐。用齐一的观点来看，无为是为的另一种形式。所以，当你停下脚步，珍惜现在的时候，就是以一种无为的方式在养护生命。总之，生命中的现在才是最快乐的。

延展阅读

江南采莲

每到采莲季节，一群群青年男女驾着小舟穿梭于莲叶之间。他们一边采摘莲蓬，一边说说笑笑，场面十分热闹。

经常寻找快乐

现代人经常羡慕古代人，说他们比自己快乐，因为他们没有赶上残酷的竞争。其实只要是有人在的地方就会有竞争，无论是在哪个时代，想要快乐，就得自己去寻找。无论身处什么样的环境，都保持一份怡然自得的心境，快乐就会离自己近些。

[〇八二] 知穷之有命，知通之有时，临大难而不惧者，圣人之勇也。

夫水行不避蛟龙者，渔父之勇也；陆行不避兕①虎者，猎夫之勇也；白刃交于前，视死若生者，烈士之勇也；知穷之有命，知通之有时，临大难而不惧者，圣人之勇也。

——《秋水》

注释 ①兕（sì）：古书上所说的雌犀牛。

译文 在水里通行却不躲避蛟龙，是渔者的勇敢；在陆上通行却不躲避犀牛和老虎，是狩猎者的勇敢；刀剑交错在眼前，将死亡看得如生还一样，是烈士的勇敢；懂得困厄潦倒是命运中的必然，知道通达是时运使然，在大难到来时不畏惧，是圣人的勇敢。

经典解析

苏轼曾经说过："古之所谓豪杰之士者，必有过人之节。人情有所不能忍者，匹夫见辱，拔剑而起，挺身而斗，此不足为勇也；天下有大勇者，卒然临之而不惊，无故加之而不怒，此其所挟持者甚大，而其志甚远也。"所以说，狭路相逢勇者胜，勇者相逢智者胜，智者相逢仁者胜。

故事链接

金庸小说中独孤求败练剑有五个境界：第一个境界是利剑无意，无坚不摧；第二个境界是软剑无常，无招胜有招；第三个境界是重剑无锋，这是质的飞跃；第四个境界是木剑无滞，不求胜过什么人，只求超越自己；第五个境界是无剑无式。"木剑"是"手中无剑，心中有剑"，而这里的"无剑"就是心中业已空明澄静、无剑可寻了。

古为今用

圣人的勇敢，其实就是人生的大境界。只要"道义"在心中，我们就能坦然地面对生活中的各种危险。

[〇八三] 凡外重者内拙。

其巧一也，而有所矜①，则重外②也。凡外重者内拙。

——《达生》

注释 | ①矜（jīn）：怜惜、顾惜。②重外：重视外物。
译文 | 其实从赌博技巧方面来说各种技巧都是一样的，因为有所担忧就会注重身外之物。凡是对外物过于重视的人其内心便会笨拙。

经典解析

这句话说明了一个很普遍的现象：当人不在乎结果的时候，心里就没有任何负担，发挥就会很正常；当人过于在乎结果的时候，其负担就会很重，从而会影响到其正常水平的发挥。那么怎样才能不"外重"呢？"达生之情者，不务生之所无以为；达命之情者，不务知之所无奈何。"就是要不注重结果，让一切顺其自然。不追求生命所无法做到的，不追求智力所无能为力的，这样就不会有负担，就能自然而然地取得成功。

故事链接

纪渻子为王驯养斗鸡。过了十天，王问："鸡训练好了吗？"纪渻子回答说："还没有，这只鸡还非常地骄傲自大。"又过了十天，王问了同样的问题。纪渻子回答说："还没有训练好，这只鸡太过盛气凌人。"再十天之后，纪渻子回答王："已经训练好了，这只鸡神色自若，目中无物，就像一只木头做的鸡一样。"这里的"呆若木鸡"是怀有大自信、心神安定、镇定自若的表象。

古为今用

在上大学的时候是选一所名牌大学的普通专业，还是选一所普通大学的重点专业？很多人往往是选择了其中一个，付出了，甚至也得到了，但又后悔没有选择另一个。这就会导致"有所矜"，从而影响自己的能力，所以无论是好是坏，都应该坦然接受，要"知其不可奈何而安之若命"。

【〇八四】始乎适而未尝不适者，忘适之适也。

忘足，屦①之适也；忘要②，带之适也；知忘是非，心之适也；不内变，不外从，事会之适也。始乎适而未尝不适者，忘适之适也。

——《达生》

注释 ①屦（jù）：古代用麻葛制成的一种鞋。②要（yāo）：通"腰"。

译文 忘掉了脚，便是鞋子的舒适；忘掉了腰，便是带子的舒适；知道忘掉是非，便是内心的安适；不改变内心的持守，不受外物的影响，便是遇事的安适。本性常适而从未有过不适，也就是忘掉了安适的安适。

经典解析

平时我们很少会去在意呼吸顺畅的感觉，因为我们已经顺应了自然的性情，所以真正的舒适就是顺应自然。"泽雉十步一啄，百步一饮，不蕲畜乎樊中。神虽王，不善也。"真正的畅快就是在天地间能够自由自在，而圈养的生命只不过是一个傀儡而已。生命之初是自由的，是"无"的，所以不在乎舒适与否，更不会因后来的不适而有所困苦。老庄的"道"在人生观上追求生命的和谐和自由，在生命失去了和谐和自由之后，又会通过"涤除玄览""坐忘""心斋"来实现，所以"始乎适而未尝不适者"就是这样的追求。"适"就是和谐，要通过"忘"来进入和谐的境界。忘足、忘腰，就是"忘吾有四肢形体"，对形体的忘却就是要摆脱现实的束缚，这样才能达到最初的和谐和自由，进而达到"适"的境界。那么怎样做到"忘"呢？"工倕旋而盖规矩，指与物化而不以心稽，故其灵台一而不桎。"也就是说要忘掉自身的凭借，让心灵深处专一凝聚而不曾受过拘束，保持心灵的怡静，充分享受自由，这样才能随心所欲。"不内变，不外从，事会之适也"，只有有所忘，才会有所适，才能最终实现和谐和自由。

古为今用

要想生活得更加美好，就要学会健忘。这里的健忘不是大脑机能的减退，而是一种洒脱的生活态度。忘掉以前的舒适，就不会因现在的不适而更加痛苦，所以学会洒脱地放弃，人生就会变得更加潇洒和自如。不要过于执着地去追求舒适，因为舒适之后总会有所不适，所以要顺其自然，并学会享受顺其自然的舒适。忘掉人生便是在享受人生，忘掉人生的痛苦，就是在享受人生的愉悦。

延展阅读

礼教大行

礼教是封建统治阶级名正言顺的统治工具。圣王治世的最终目标，就是建立大同世界。而圣贤教民，是要让百姓懂得礼、遵守礼。

求和谐得安适

社会的每一次进步，都会伴随着很多礼仪的建立，也正是因为这些礼教，才使社会得以和谐，人民得以安适。人生也是如此，每一次改变，都会伴随着自己在某一方面的进步。

[〇八五] 弃隶者若弃泥涂，知身贵于隶也，贵在于我而不失于变。

夫天下也者，万物之所①一也。得其所一而同焉，则四支百体②将为尘垢，而死生终始将为昼夜而莫之能滑③，而况得丧祸福之所介④乎！弃隶⑤者若弃泥涂⑥，知身贵于隶也，贵在于我而不失于变。且万化而未始⑦有极也，夫孰足以患心！

——《田子方》

注释 ①所：指万物生息之处。②四支百体：指形骸。支，通"肢"。③滑：扰乱。④介：介意。⑤隶：隶属于势位的外物。⑥泥涂：烂泥。⑦未始：未尝。

译文 天下是世间万物共同生息的地方。得到这共同的生息之处而又混同其间，那么人的四肢和躯体最终都会变为尘垢，而死亡和生存也将始终像昼夜一样更替而不会受到扰乱，对于那些得失祸福还会有什么可介意的呢！舍弃那些隶属于自身的东西有如丢弃泥土，要懂得自身要比这些隶属于自己的东西珍贵得多，珍贵在于自身而不会丧失于外在的变化中。况且变化从来就没有到达过终极，又怎么能足以令内心有所忧患呢！

经典解析

要做到"弃隶者若弃泥涂"首先就要做到忘我，而要做到忘我就应该以整体和齐一的眼光来看待世间万物，立足于"天地与我并生"的超然境界。只有万物齐一了才会不在意自我的存在，忘我不仅是不将外物放在心上，而且是从形体和心灵两个方面彻底地忘记自己。"道人不闻，至得不得，大人无己。"忘掉自己之后才能做到"无功""无名"。"忘乎物，忘乎天，其名为忘己。忘己之人，是之谓入于天。""忘己"之后才能与天地为一，这样才能不在乎隶属于自身的东西，才能保持自己始终不变。在庄子看来，儒家人为的道德规范、礼仪制度这些隶属于自身的东西都是对自然本性的扭曲和对个性特征的同化，严重地损伤和束缚了生命的本质。对待这些隶属的东西就像对待土块一样，应该毫不犹豫地将其抛弃。那么如何才能做到将这些土块抛弃呢？上面已经分析过，就是要忘我、外物，只有这样才能重我，重我就会轻物，就能够"弃隶者若弃泥涂"，能够"于我而不失于变"。

古为今用

科学技术的进步使人类文明的进程呈几何级增长，物质文明已经渗透到了社会的各个领域和层面，使人们对物性的依赖越来越大。科技本应是为全人类谋福祉，使人类能够完全地解放和自由。但是科学技术带来的巨大的经济效益却使人们成了物质的奴隶，在"利己主义、拜金主义"的泛滥下，科技就像一把双刃剑。人们一方面渴望丰富的物质生活，另一方面又惧怕本性被物欲奴化，所以要"弃隶者若弃泥涂"，从庸俗的目标中解放自己。正如爱因斯坦所说："一个人的真正价值首先取决于他在什么程度和什么意义上从自我中解放出来。"

延展阅读

儒服儒行

儒服的主要特点是：衣逢掖之衣、戴章甫之冠、履句履、绅带、摺笏。《礼记》儒行篇中列举了16种"儒行"，每一种都包含几种德行，并不单一，所以诸条之间有许多重合之处，也都可看作"仁"的不同侧面。

尝试解放自己

社会中有很多约束人的条令条例，身处什么环境，就得按照这个环境的要求来要求自己。然而，在某种程度上，人应该尝试解放自己。解放自己并不是要让自己为所欲为，而是让自己的心不被外物所累，不被名望、利欲所累。压力人人都有，但要把压力转换为动力，在压力中释放自己。只有这样才能使自己从身体到内心都感到轻松。

【〇八六】吾终身与汝交一臂而失之，可不哀与！

吾终身与汝交一臂而失之，可不哀与！女殆①著乎吾所以著也。彼已尽矣，而女求之以为有，是求马于唐肆②也。吾服女也甚忘，女服吾也亦甚忘。虽然，女奚患焉！虽忘乎故吾，吾有不忘者存。

——《田子方》

注释 | ①殆：大概。②求马于唐肆：在过路亭寻马。

译文 | 我终身跟你在一起，你却并未真正了解这一点，这不是很悲哀吗？你大概只是对我那些显著的方面看得比较清楚，但它们已经全部逝去了，可是你还有意地去寻求它们，并以为它们还是存在的，这同在过路亭寻找马匹一样都是寻不到的。我对你的印象会很快地遗忘，你对我的印象也要很快地忘掉。即使是这样，你又有什么忧患呢！即使你忘掉了从前的我，而我还是会留下没有被遗忘的东西。

经典解析

庄子说生命是"一受其成形，不亡以殆尽"（《田子方》）。形体对生命来说，只是载体，是灵魂的过客。所以孔子说颜渊只是追随着他的形体，而没有认识到他的灵魂。

故事链接

在一个神秘的村庄流传着这样一个风俗：生了女儿，父亲就要雕一个木偶，并在木偶的背上刻上女孩的出生日期。女孩出嫁后，女孩的木偶就要由其父母焚烧掉，否则木偶就会复活，而复活的木偶是极其可怕的。相传，某村子里有一个寡妇，在她唯一的女儿出嫁后，寡妇舍不得烧了木偶。没过多久，寡妇的女儿忽然死了。寡妇悲痛之下，成天把木偶抱在怀里。没几天寡妇也死了。女儿的死也许可能是意外，但寡妇的死却是忽视了形体与灵魂的关系。

古为今用

为什么故事中的爱情总是生死相许，能让看故事的人感动得热泪盈眶？那是因为大多数故事中的爱情都是一种灵魂与灵魂之间的交流，是出自灵魂深处的相知与相惜。

[〇八七] 狗不以善吠为良，人不以善言为贤。

是故生无爵，死无谥①，实②不聚，名不立，此之谓大人。狗不以善吠为良，人不以善言为贤，而况为大乎！夫为大不足以为大，而况为德乎！

——《徐无鬼》

注释 ｜ ①谥（shì）：谥号，古时帝王或大臣死后的称号。②实：财物。

译文 ｜ 因此在活着时没有爵禄，死后也无谥号，财物未聚集，名声也未建立，这样就可以称之为大人。狗并不以善于狂吠为好，人也不以善于讲话为贤，何况是要成就伟大的事业呢！成就伟大的事业也不足以称为伟大，何况是要成就修养德行呢！

经典解析

这句话的意思是说不要给事物强加一个好坏的标准，因为这个标准并不一定就准确。"道"是一个混沌的整体，所以对"道"的理解不尽相同，而"知"是无涯的，所以辩言不能将"知"一一列举。世俗的判断标准不能准确地表达事物的本质，善吠的狗不一定就是好狗，善言的人也不一定就贤能。真正的贤能之士不一定就是世人皆知，天下皆知的能人也不一定就有真正的贤德。

故事链接

世人都称赞扁鹊的医术天下第一，而他自己对此并不认同，因为他的两个哥哥的医术都在他之上。扁鹊说，他的大哥对待病患能够未查先知，因而他所做的只是调理身体，能够做到防病于未然，所以大哥不出名。他的二哥能在病患的初期有效地治疗，所以病患并不能给身体带来多大的影响和痛苦，所以二哥以治小病而出名。而他自己只有在病入膏肓的时候，才能对病患展开有效的救治，但病患给身体带来的影响是无法逆转的，因而他才会名声大作，所以扁鹊才认为世人的评价并不符合实情。

古为今用

我们不能把世人的评价当作真理的标准，就好像广告永远都只是宣传手段而已，它离事实的真相非常遥远，所以我们没有必要追着流行的脚步。

[〇八八] 除日无岁，无内无外。

仲尼之尽虑，为之傅①之。容成氏曰："除日无岁，无内无外②。"

——《则阳》

注释 | ①傅：辅助。②外：周围的事物。
译文 | 仲尼将谋虑尽行弃绝，因此才对自然有一定的辅助。容成氏说："去掉了日就无法累积成年，没有内也不会有外。"

经典解析

"除日无岁，无内无外"是整体与部分、相对与绝对之间的辩证关系。部分构成了整体，没有一天一天的积累，就不会形成岁月；没有内也就无所谓外，没有绝对，只有相对，也就是说，任何一个个体都是整体的一部分，没有个体与其他事物的相对对立，就不会显示出个体与整体的绝对不同。所以要真正做到无内无外，归于大道，就不应该局限在部分与整体之中，而要做到不分彼此。庄子举了三个例子来证明这一点。冉相氏体察了"道"的精髓因而能顺其自然地发展，虽然与时俱变，但其内心的凝寂虚空一点儿也没有改变。用心机去效法自然却得不到效法自然的结果，所以跟外物一道相追逐，对于修炼的事业没有任何帮助。圣人心中的任何事物都是从"无"开始的，所以不曾有过天，不曾有过人，不曾有过开始，不曾有过外物，这样才能与"道"一起发展变化，才不会停止，才能做到真正的无内无外。商汤起用他的司御门尹登恒做他的师傅，而他随师傅学习从不拘泥于所学，能够在发展中变化，这样的无为而为使君臣、师徒都能各得其所、各安其分。仲尼最后弃绝了谋虑，因此才对自然有所辅助。这三个例子都说明了要以"无内无外"的态度来对待整体和部分，这样整体和部分才能融为一体。

古为今用

人为什么总是不能够清楚地认识自己呢？因为人不能完全独立于人群之外，所以在认知上或多或少会受到周围环境的影响，并在这些影响下不知不觉地改变着自己本性的选择。现在的媒体越来越发达，我们的生活也无时无刻不在被广告充斥着。广告有时会给我们带来一些有用的信息，但它在更大的程度上是在引领一种潮流，让人觉得如果不跟着潮流就像是与社会脱节一样。人，为什么会有这样的感觉呢？因为人都有一种从众的心理，所以不能够做到忽视他人的存在，不能避免外人的影响。要具备真正独立的人格，就应该做到无内无外，忘记了别人，也就不会勉强自己。

延展阅读

楚狂接舆

楚国的狂人接舆从孔子车前走过，便唱道："凤鸟啊！你的德行怎么衰退了呢？过去的事情已经不能回来了，未来的事情还来得及。算了吧！那些从政的人都很危险啊！"孔子下车，希望能和他交谈，接舆却走开了。

勇敢做自己

个性并不是每个人都可以标榜的。那些被人们津津乐道的个性，只有志向远大、立场坚定的人才能坚持下来。现代社会中的诱惑太多，如果不能把持住自己，那就会很容易把那些理想、追求抛之脑后，而后便随波逐流。跟着他人的脚步走的人，找不到自己。而找不到自己的人，其人生是非常可悲的。

[〇八九] 忘其肝胆，遗其耳目。

忘其肝胆，遗①其耳目，芒②然彷徨乎尘垢③之外，逍遥乎无事之业，是谓为而不恃，长而不宰。

——《达生》

注释 | ①遗：忘。②芒：通"茫"。③尘垢：尘世，指现实世界。

译文 | 忘掉自身的肝胆，遗弃自身的耳目，迷惘地徘徊在世俗尘垢之外，自在地生活在无为的环境之中，这就是所谓的有所作为而不自恃其功，做万物之长而不去主宰它。

经典解析

修养极高的人才能达到"忘其肝胆，遗其耳目"，因为这要求人要放下自己的身体，放下自己的聪明，以无心之态游于尘垢之外，从而达到超越物欲、超越现实的境界。庄子生活的时代是一个动荡不安、危机四伏的时代，有用的人反而会更早地遭到迫害，所以要自由自在地活着莫过于无所作为。君子活着不是为了有所为，不是为了享受物质的快乐，而是要无所为，要追求道德的完美。这种道德的快乐是精神的自由，不是肉体的享受能够达到的，所以要无私无欲，忘却肉体，不让精神受到肉体的拖累，即"不见可欲，使民心不乱"。庄子认为不让精神受肉体的拖累，从而达到精神的绝对自由，必须摆脱感官的诱惑，远离声色，使"喜怒哀乐不入于胸次"。忘记肉体的拖累就是要"忘其肝胆，遗其耳目"。因为"声色滋味权势之于人，心不待学而乐之，体不待象而安之，夫欲恶避就，固不待师，此人之性也"。本性一旦受制于物欲，其欲望就会无法满足，就会不择手段，进一步地湮灭本性、丢失自我。所以只有"忘其肝胆，遗其耳目"才能拥有完备的人性，才能够"芒然彷徨乎尘垢之外，逍遥乎无事之业"。

古为今用

在经济学中，给人性假设是经济人假设，即人都追求利益最大化。追求利益最大化是符合现实情况的，被认为是理性的。但在追求利益最大化的过程中，理性的人往往会做出愚蠢的事，这被称为"理性的傻瓜"。最出名的就是"庞奇的阴谋"：只要投资购房款的10%，剩余的建筑费用就可以用银行贷款，购房者不用担心，几周的时间就可以获得两倍以上的收益。他把从 B 处获得的投资金额支付给 A，然后把从 C 处获得的投资金额支付给 B，诱惑了更多的人上当。三年过去了，庞奇承诺的高楼大厦却仍是一座空中楼阁。人们之所以会陷入"庞奇的阴谋"，是因为在面对利益时，他们的眼中就只有利益。所以面对利益时，一定要有所"忘"。

延展阅读

范蠡扁舟归五湖

范蠡在帮助越王勾践成功之后，立刻离开了越国。他从齐国写信给文种说："你为什么还不快离开呢？"文种在收到信后便称病不上朝，但最终仍未逃脱被赐死的命运。范蠡却早早料到了这一点。

莫受利欲拖累

欲望是一个无底洞，一旦萌生了欲望，不加控制，便会利欲熏心，不能自拔。不要让眼前的利益迷惑住自己，睁开双眼，往远处眺望一下，你就会知道，眼前的那一点利益和欲望与未来相比是多么的渺小。

【〇九〇】 士有道德不能行，惫也。

士有道德不能行，惫也；衣弊履穿①，贫也，非惫也。此所谓非遭时也。

——《山木》

注释 | ①穿：坏了。
译文 | 士人有道德却不能实行，这就是疲困；衣服破旧，鞋子磨漏，这就是贫穷，而不是疲困。这只是所谓的生不逢时罢了。

经典解析

这句话充分说明了贫穷和疲困的本质区别。贫穷是从外在的生活方面说的，疲困则是从内在的精神方面说的，而内在的精神上的贫困要比外在生活上的贫困危险得多。一个人有才华而不能施展，空有满腔抱负，这比生活上的贫穷更令人失意和沮丧。贫和惫的针对点不同，贫是指身，而惫是指心，如果心灵是富裕的，那么即使生活是贫困的，也能做到安贫乐道。

故事链接

原宪在鲁国隐居于方丈小室，生活非常贫穷。屋顶漏雨，地下潮湿，但他仍正襟危坐，弹琴唱歌。担任卫国之相的老同学子贡乘着高头大马去见原宪。原宪戴着桦树皮帽子，穿着没后跟的草鞋，拄着藜杖迎出来。子贡说："唉！你有什么病？"原宪回答："我听说无财叫作贫，学而不能行称为病，我现在是贫而不是病。"说得子贡进退两难，面有愧色。原宪笑着又说："要是羡慕世俗而行，与周围人朋比结党，所学为了夸耀于人，教化为了显露自己，心怀仁义的邪恶，注重车马的华饰，这是我不忍心做的。"

古为今用

人的生命分为肉体的和精神的两个层次。肉体是生命的基本层次，是生命存在的基础；精神是生命的超越层次，生命的不朽在于精神的不朽。生活的贫困，对生命肉体没有实质的损害，而心灵的空虚、精神的麻木，则是对精神生命的严重损伤。

[〇九一] 井蛙不可以语于海者,拘于虚也。

井蛙不可以语①于海者,拘于虚②也;夏虫不可以语于冰者,笃③于时也;曲士不可以语于道者,束于教也。

——《秋水》

注释 | ①语(yù):谈论。②拘于虚:受到空间的限制。③笃(dǔ):局限。

译文 | 对井里的青蛙不能够讲大海,因为它们被生活的空间限制住了;对夏天的虫子不能够讲冰冻,因为它们被生活的时间限制住了;对乡曲上的士人不能够谈论大道,因为他们受到了教养的约束。

经典解析

井底之蛙不知道天之大,夏虫不知道冰的世界,那是因为它们被自己的境界所局限,而曲士不可以与之谈论大道,则是因为他们受到了自己的限制。偏见太深而不能接受相反的意见,甚至还会排斥最高的真理。老子曰:"上士闻道,勤而行之;中士闻道,若存若亡;下士闻道,大笑之。"一个人如果境界不够,那么和他讲道理就是白费口舌。即使是圣人也只能做到"六合之外,圣人存而不论;六合之内,圣人论而不议"。认识到自己的局限,承认自己的渺小正是超越局限、走向伟大的开始。

故事链接

只有具备了大境界的眼光,才能看到事物的细微之处。麦当劳和肯德基都是世界知名的快餐企业,它们的成功不在于食物的美味和方便,不在于服务的一流质量,也不在于管理的先进科学。虽然这些都是它们取得胜利的法宝,但是它们的最成功之处还是在于经营场所的选择。每一个选址都必须在具备详尽的可行性方案后,才能实施,这就是他们的大境界之所在。

古为今用

成功的秘诀不在于具体的方法,而在于眼界的大小。不要做井底之蛙,不能以管窥天,不能以锥指地,更不能邯郸学步。具备了大境界的人,才能从内心深处发现自己的缺点和优点,才能在缺点面前不胆怯,在优点面前不张扬。

[〇九二]

> 故卤莽其性者，欲恶之孽，为性萑苇；蒹葭始萌，以扶吾形，寻擢吾性；并溃漏发，不择所出，漂疽疥癕，内热溲膏是也。

故卤莽其性者，欲恶①之孽，为性萑②苇；蒹葭始萌，以扶吾形，寻擢③吾性；并溃漏发，不择所出，漂疽疥癕④，内热溲膏是也。

——《则阳》

注释 | ①欲：喜好。恶：厌恶。②萑（huán）：古代指芦苇一类的植物。③擢（zhuó）：拔。④漂疽疥癕（yōng）：均指毒疮。

译文 | 因此对待本性比较鲁莽的人，他们的喜好和邪恶的祸根，正如萑苇、蒹葭遮蔽禾黍一样会对人的本性有所损害。起初似乎还可以扶助人的形体，但逐渐地就会拔除人的本性，就像毒疮到处溃发，不对泄出的地方加以选择，毒疮流脓，心血太热而遗精就是这么回事。

经典解析

庄子用种庄稼的故事说明了对喜好要谨小慎微的道理。长梧封人是一个非常有智慧的人，有一天他对子牢说："你处理政事要谨小慎微，不要粗心大意，治理百姓的时候要谨慎。从前我种庄稼，在耕种的时候粗疏马虎，所以在收获的时候就没有好的收成，这是对耕种时的粗疏马虎的报复。第二年我就改变了这种态度，把什么都做到最好，所以禾苗才会长得非常繁茂，收获的时候才会果实累累，不用为衣食发愁。"种庄稼和修身养性是一样的道理，所以庄子听了之后说："如今人们在修身养性方面很多时候和这位守护疆地的人一样犯了同样的错误，逃避自然，违背天性，泯灭真情，丧失自我，这都是粗疏鲁莽的结果。粗疏地对待本性和真情的人，他的喜好与邪恶的祸根，就像萑苇、蒹葭蔽遮禾黍那样危害他的本性，开始时似乎还可以用来扶助人的形体，逐渐地就会鸠占鹊巢了。"所以不重视自己本性和真情的人，他们在面对自己的喜好和邪恶时，就没有足够强的抵御能力。喜好和邪恶就像萑苇、蒹葭一样，刚开始的时候还可以依赖这些植物往上爬，但是当这种依赖被当作习惯的时候，其喜好就会在心中生根，本性就会完全丧失。这些原本依赖的植物就会成为身体的毒疮,伤害身体,并且再也无法摆脱。

古为今用

刘备在其遗诏中曾这样告诫刘禅:"勿以善小而不为,勿以恶小而为之。"因为一旦对自己的行为放低要求时,恶念就会虎视眈眈。人们都很容易在人世间迷失自我。在危机面前要认清自我,坚守自我,对自己的行为要慎之又慎。庄子曾经说过:"美成在久,恶成不及改。"德行的培养在于一点一滴的积累,恶性一旦养成就会愈演愈烈。所以对待自己的本性一定要小心谨慎,不要让恶习有机可乘。

延展阅读

蒹 葭

蒹是还没有长穗的芦苇类植物,生长于水边。葭是初生的芦苇。蒹葭连用,已经成为一个文学意象。

不给恶习可乘之机

不好的习惯一旦养成,就会很难控制。所以如果发现了自己有什么不良的习惯,那就一定要克制,然后改掉。有时候,人很难发现自己的缺点,如果别人给自己提出了意见,就要虚心接受,不要因为自己的固执而给恶习以可乘之机。

> 综述

第三章·处世篇

在上一篇中,我们谈到通过"心斋"和"坐忘"的修炼,能够达到"外天下""外物""外生"的境界,以一种达观的态度,追求精神上的"绝对自由",游心于世。但这个世界并不是能够随便遨游的,还需要有足够的处世智慧才能够潇洒而游。"游世"是对顺世和超世的统一。顺世就要安于外化,一切都应该因之任之。超世就要"内不化"与"道"同体。内不化就是心性在修炼之后的无心无情的状态。

"游世"的总原则是"缘督以为经""以无厚入有间"(《养生主》),这样才能做到"不务生之所无以为""不务知之所无奈何",从而做到达生。"尽年"则是做到了上述处世哲学之后的一个顺理成章的结果。这种尽年并不是苟活,而是生命智慧的延续,也并不是简单地为活而活,而是在生理上和精神上的质的飞跃。因为这种尽年是将生死置之度外,利害得失完全抛弃的游世。这种游世超脱了生死利害,达到了处世的最高境界:大泽焚而不能热,河汉沍而不能寒,疾雷破山、飘风振海而不能惊。

方存乎见少，又奚以自多！

自以比形于天地而受气于阴阳，吾在于天地之间，犹小石小木之在大山也。方存乎见少，又奚^①以自多！

——《秋水》

注释 ①奚：疑问代词，哪。

译文 自己觉得从天地中得到了形体并且从阴和阳中秉承了生气，我在天地间，仿佛很小的石子或很小块的木屑在大山里。我正在想自身的存在真的是很渺小，又怎么会觉得很满足呢？

经典解析

这句话的寓意很明白，就是要谦虚。谦虚使人进步，骄傲使人落后。俄国作家克雷洛夫的寓言《鹰和鸡的故事》中说，鹰因为低飞而受到鸡的耻笑，鸡认为鹰跟自己飞得一样低。鹰却回答说："鹰有时比鸡飞得还低，但鸡却永远不能飞得像鹰那样高。"

故事链接

王安石非常看重苏轼的才华，但厌恶他的轻薄，所以派他做湖州知府。苏轼三年任满回京后，便去拜访王安石，见一张纸上写了两句诗："西风昨夜过园林，吹落黄花满地金。"诗还没有写完。苏轼一向恃才傲物，于是也写了两句："秋花不比春花落，说与诗人仔细吟。"王安石看到后，知道苏轼虽经挫折但仍轻薄如故。所以苏轼又被降职了，他在伤心之下来到菊花棚下，看到了满地的花瓣，才终于明白了王安石的苦心。后来，苏轼回京向王安石道歉，王安石终爱其才，于是又恢复了他的翰林学士之位。自从这件事后，苏轼就再也不敢目中无人了。

古为今用

人生于天地之间，就像小石块、小树木生在连绵不断的大山里一样，自己是十分渺小的。在现代社会，摆正自己的位置和找到自己的方向同样重要。我们既不能做井底之蛙，只看到井口大的天空；也不能做举起前肢阻挡车轮前进的螳螂，自不量力。

[〇九四] 圣人藏于天，故莫之能伤也。

圣人藏于天①，故莫之能伤也。

——《达生》

注释 ①藏于天：持守自性与天道冥合。

译文 圣人藏在天道之中，所以没有什么事情能够伤害到他。

经典解析

列子问关尹如何修养道德才能成为臻于完善的至人。关尹回答说，至人之所以能臻于完善并不是因为他有足够的智巧，而是他坚守住了自然的纯和之气。事物的面貌、形象、声音、颜色各不相同，这是物与物之间的巨大差异，但这些表象的东西，并不足以使某一物体居于他物之先，因为物体内在的本质才是最重要的，明白了这个道理后你就会懂得普通的事物是不能控制和阻止至人的。

"天下有大戒二，其一命也，其一义也。"天下有两大难关：一个是命，另一个是义。用佛家的语言来说，命就是乘缘而来，义就是应劫而生，生是命中注定，所以要在有限的生命中避开无限的磨难，就应该"藏于天"。那何谓"藏于天"呢？至人能够"藏于天"是因为他能够游心，游乐于万物或灭或生的变化环境里，本性专一不二，元气保全涵养，德行相融相合，从而使自身与自然相通。像这样，禀性持守保全，精神没有亏损，外物无法入侵，就能有效地化解世间的劫难。而普通人却将无限价值的心灵困在了有限生命形体的束缚里。

古为今用

大家都知道，人在醉倒的时候是不知道疼的。庄子也说醉酒的人在坠落的时候，死、生、惊、惧全都不能进入他的思想中，即使遭遇外物的伤害，也全没有惧怕之感。所以在面对人世间无限磨难的时候，我们何不使自己处于一种醉的状态。人生的"命"与"义"这两大难关是我们不可避免，也不可逃避的，但我们又没有能力像圣人那样能藏于天。所以当我们受到伤害的时候，不妨也学一学阿Q的精神胜利法，这不是欺骗自己,而是要看重自己,以柔克刚,以减轻自身的伤害。

延展阅读

太白醉酒图

"李白斗酒诗百篇",酒能激发李白作诗的兴趣,因为酒醉的感觉能使李白暂时忘却烦恼,尽情地驰骋自己的文才。

体会似醉非醉的状态

饮酒能够使人在神经方面感到麻木,而在另外一些方面又格外敏感。真正爱酒的人,能够将饮酒作为一种途径,以达到物我两忘、身即是道的感觉。如果不用饮酒就能达到这一点,那才算是真的悟道了。

〔〇九五〕 天地一指也，万物一马也。

以指①喻指之非指，不若以非指喻指之非指也；以马②喻马之非马，不若以非马喻马之非马也。天地一指也，万物一马也。

——《齐物论》

注释 | ①指：指组成事物的要素。②马：与上文的"指"相同，指辩论的主要论题。

译文 | 用所指的东西来说明具体所指的不是所要指的，不如用未指的东西来说明所要指的并不是一般的指；以白马来说明白马非马，不如以不是马来说明白马非马。整个自然界无论多么复杂但总有些地方是一样的，具体事物无论有多少种但有些内容还是相同的。

经典解析

"天地一指也"说的是齐物的观点。因为"物无非彼，物无非是"，从外在看来，任何事情都是相同的。因为从"道"的眼光看，万物是齐一的。"道"由心生，佛教中说"心生则种种法生，心灭则种种法灭""三界唯心，万法唯识"，从唯心主义的观点来看，只要心中存有"道"，就"物无非彼，物无非是"。万物齐一的思想就能够使人忘物。"万物一马也"是齐物论的观点。"自彼则不见，自知则知之"，任何事物都有一个"名"，而"名"需要"知"的认同，但这个认同的前提是"自知则知之"，即要通过人的感觉来认识。康德说过，人是大自然的立法者。人通过对自然的规律的感知和总结给事物一个"名"，这个认知是对的，但这个"名"还可以是别的，因为"名"只是为了区别而已。所以在认知是正确的基础上，"名"的作用是微乎其微的，它并不能影响人们对事物的认知。

古为今用

在生活中，很多人都执着于是先有鸡还是先有蛋的辩论上，如果明白了万物齐一的观点，这个辩论也就没有必要了。我们可以把这一辩论理解为"因"和"缘"的关系。任何事物的存在都有它的"因"，也有它必须承担的"缘"。有因就有果，有缘起就有缘灭。所以面对是是非非时要做到"不入是，不入非，寂而常照，照而常寂"。对我们不知道的事情，既谈不上是，也谈不上非，更谈不上照与不照。我们是"活在当下"，这样就不会陷入是非的纷争之中，从而能活得轻松自如。

延展阅读

朝三暮四

早上给三颗栗子，晚上给四颗栗子，猴子们就不高兴；但是如果变换一下形式，早上给四颗，晚上给三颗，那猴子们就会高兴，由此可见，猴子是不能认清事物的本质的。

为人不必过于拘泥

做人如果过于拘泥于形式、执着于一点，就会往牛角尖里钻，最后不是白忙一场，就是难以回头。生活中遇到的问题可能有很多种，但是其本质往往都是一样的，如果我们不能认清这一点的话，就会被光怪陆离的表象所迷惑，漫无目的地左冲右突，始终不能养成豁达的人生态度。

[〇九六] 尸祝不越樽俎而代之矣。

庖人①虽不治庖，尸祝②不越樽③俎④而代之矣。

——《逍遥游》

注释 | ①庖人：厨师。②尸祝：祭祀时主持祭祀的人。③樽：酒器。④俎（zǔ）：盛肉的器皿。

译文 | 就算厨师不下厨房，祭祀的主持人也不会越过厨师去烹调的！

经典解析

这是尧打算把天下让给许由时，许由所说的话。在许由看来，尧已经把天下治理得很好了，如果再让他来治理，就好比日月出来了，而火把还不熄灭，要和日月争辉，这不是太难了吗？甘霖降下来了，还提水浇灌，对于滋润禾苗来说岂不是徒劳吗？他自己也觉得其才不足以治天下，由他来治理天下，只是求名而已，而名是实的附属物，那他是要做附属物吗？这里表现了庄子无为而治的政治主张，"君道为无，臣道有为"，不能越俎代庖。

故事链接

有一个经理，把一个有错误的合同要秘书寄出去。秘书发现了这个错误，并私自把合同扣留了下来。几天后，经理知道了此事，表面上他对秘书非常感谢，内心里却给她记了一个过错。秘书把这件事告诉了董事长，结果却被董事长开除了。因为她犯了一个很明显的错误，那就是越俎代庖。试问如果公司每个人都像她那样，不执行上级的命令，而是按照自己的方式处事，那么公司还能正常运行吗？

古为今用

每个人都有自己的位置，要各安其位、各司其职，即使别人渎职，也不能越俎代庖。这其中有三个原因：一是会耽误自己的本职工作；二是代理不好，逗能败事；三是代理好了，会惹人嫉妒。

[〇九七] 彼窃钩者诛，窃国者为诸侯。

彼窃钩①者诛②，窃国者为诸侯，诸侯之门而仁义存焉，则是非窃仁义圣知邪？

——《胠箧》

注释 | ①钩：腰带钩，指没有太大价值的物件。②诛：杀害。
译文 | 那些偷窃腰带环钩之类不值钱东西的人被捉住后会遭到刑戮和杀害，而窃夺了国家的人却成了诸侯，所谓的仁义都在诸侯之门中。这岂不是盗窃了仁义圣智吗？

经典解析

庄子还说过："小盗者拘，大盗者为诸侯，诸侯之门义士存焉。"小偷被拘留，被杀害，大的盗贼却成为了诸侯，所谓的仁义就是大的盗贼成为诸侯的工具，所以仁义只存在于诸侯之门中。高明的盗贼偷的不是平常的东西，而是精神和思想意识。偷了这些东西，并且不为人所知，大盗就不像盗贼了，反而被人们所推崇。所以我们一定要看清大盗的真面目。

故事链接

辛亥革命结束了中国2000多年的封建历史，但它的胜利果实却被袁世凯窃取了。在袁世凯看来，辛亥革命就是锁，而他则是窃国的诸侯，但在他的诸侯之门里的仁义却没有更新，仍然是持续了2000多年的糟粕，所以他在复辟做了83天皇帝后，以失败告终。

古为今用

在现实生活中，也有很多这种现象：为他人作嫁衣裳，例如本来是自己发明的东西，其专利权却被别人获得，为什么呢？因为社会上存在无数隐形的大盗。随着物质文明的发展和各种制度的完善，盗窃技术也越来越高明，所谓"道高一尺，魔高一丈"，盗窃的对象从有形的物体，发展到了无形的精神文化。所以面对那些精神的盗窃者时，我们一定要时刻警惕。

且有大觉而后知此其大梦也。

方^①其梦也，不知其梦也。梦之中又占其梦焉，觉而后知其梦也。且有大觉而后知此其大梦也，而愚者自以为觉，窃窃然^②知之。

——《齐物论》

注释 | ①方：正当……的时候。②窃窃然：明察的样子。
译文 | 当人在梦中时，并不知道自己是在做梦。在梦中还会卜问梦中之事的吉凶，醒后才知道是在做梦。人只有在最清醒的时候才能够知道自己的人生也是一场大梦，而愚昧的人则认为自己很清醒，似乎对一切都知晓和明了了。

经典解析

骊姬的父亲是艾地封疆守土之人，晋国征伐骊戎时俘获了骊姬，她当时哭得很伤心。后来她成了晋侯的夫人，过上了安逸的生活，这时候她觉得当初哭得那么伤心实在是太不值得了。人生有太多的未知，不知道现在的痛苦是不是未来的快乐。睡梦里饮酒作乐的人，醒来之后很可能会痛哭；睡梦中痛哭的人，醒来之后又可能会一笑了之，继续行乐。当一个人在做梦的时候，并不知道自己是在做梦。睡梦中还会卜问所做之梦的吉凶，醒来以后方知是在做梦。这其实并不可笑，因为他最终知道了这只是一个梦。人生如梦，人在最为清醒的时候才能意识到这一点；愚昧的人则自以为清醒，却不能在梦中醒来。能从梦中醒来，那就是一位智者了。认识人生是一场梦境，梦境之中没有是非的判断、祸福的困扰，那么这梦境便是庄子的蝴蝶之梦。当一个人能处于梦中而又在梦中占梦时，这就是人生的迷惑所在，只有大智大觉者才能看清人生的迷惑，而愚昧的人却自以为清醒，且永远处于人生的迷惑之中。

那么如何才能看清人生的迷惑呢？那就要忘却世俗的功利与得失，让自己的灵魂与天地万物没有界限。一切都随从自然的变化，在大自然中无知无识地实现生命的真谛。

古为今用

人生如梦。梦是把握不住的，它来无影，去无踪，若即若离。人们常说，日有所思，夜有所梦,把自己希望实现的理想寄托在梦中,所以在祝愿别人的时候,也总是说"美梦成真"。因为人生是难以把握的,人生寄托了太多的得与失,所以人们总喜欢把美好的东西放在梦中。梦与现实之间的关系,是最扣人心弦的。美丽的"庄周梦蝶"总是让人醉心于"不知周之梦为胡蝶与,胡蝶之梦为周与"的迷离之境,从而将其物化的本意抛之脑后。因为人总是不喜欢面对现实。如果能将梦中的那份清醒与洒脱放在现实中,那么现实又有什么可畏惧的呢?

延展阅读

庄周梦蝶

庄子梦见自己变成了一只蝴蝶,翩翩起舞,醒来以后分不清是自己变成了蝴蝶,还是蝴蝶变成了自己。其实,人生何尝不是一场梦呢?

人生如梦

人生本来就如大梦一场,如果人能够看破生死,将"物"与"我"融为一体,那么他就能达到物我两忘的境界。如果能够做到这一点,那么无论遇到什么事情,他都不会过于在意,并会觉得自己很快乐。

[〇九九] 今吾朝受命而夕饮冰。

今吾朝受命而夕饮冰,我其内热①与②!

——《人间世》

注释 ①内热:内心焦虑烦躁。②与(yú):通"欤",语气词,表反问。

译文 如今我早上才接到命令,晚上就要喝冰水了,这是因为我内心焦躁吧!

经典解析

这句话源于这样一个典故。叶公子高是楚国的宗室,一次他接受了楚王的命令,出使齐国。这确实是一件难办的差事,齐国接待外来使节的态度总是表面上恭敬,但内心里十分怠慢。即使是平头百姓尚且不易说服,更何况是诸侯呢!所以他心里十分担心。因为事情无论大小,很少有只通过言语的优势而获得圆满的解决的。而事情如果办不成功,那受到国君惩罚是肯定的;事情如果办成功了,那就会为以后埋下祸患。也就是说,事情办得好与不好都不会有好结果。所以,虽然他平日的饮食清淡简单,但其内心早已煎熬了,早上才接到命令,晚上就要喝冰水了。叶公子高显然是一个非常耿直的人,急切地想将任务尽快完成。所以孔夫子(实际上是庄子)告诫他:普天之下有两条大戒,一个称之为"命",另一个称之为"义"。这两条大戒是谁也无法逃避的。什么是"命"?那就是自然的必然性。什么是"义"?那就是社会的必然性。而这两者是无可逃脱的。因为不能逃,所以要认命。孔夫子说,不管是"人道之患",还是"阴阳之患",即使是在内外交迫、内外煎熬的状态之下,也要做到无患,要坦然处之,以平常心对待。

古为今用

近代有一位著名的政治人物和大学者梁启超,他将书房命名为"饮冰室",他的文集也命名为《饮冰室文集》。处于中国近代的乱世中,梁启超自觉地承担起使命和责任。庄子认为人世间有"命"和"义"两大限制,是人世间无所逃脱的;梁启超自觉承担了责任,是人心无所逃脱的。现实生活中的我们,面对生存的压力,社会的规范是人世间无所逃脱的,身负的责任是人心无所逃脱的。"命"不可逃,就安之若命;"义"不可逃,就要放下"心",否则天天都要喝冰水了。

延展阅读

苏轼游赤壁

苏轼因"乌台诗案"被贬为黄州团练副使,这个职位相当低微,并无实权。其间他曾去赤壁游玩,在人生失意之时表现得十分乐观豁达。

以平常心来面对一切

每个人都会遇到难事、急事,在这种情况下,人往往就像热锅上的蚂蚁——急得团团转,总希望能够用一些非常的手段一下子把所有问题都解决掉,但是结果往往是适得其反。如果能够保持一颗平常心,那么在遇到困难的时候,内心就不会那么焦虑和不安,就能够静下心来找出解决问题的办法。

[一〇〇] 知止乎其所不能知，至矣。

学者，学其所不能学也；行者，行其所不能行也；辩者①，辩其所不能辩也。知止乎其所不能知，至矣。

——《庚桑楚》

注释 | ①辩者：与人辩论。

译文 | 学习，就是要学不能学的东西；实行，就是要行他所不能行的；与人辩论，是辩他所不能辩的。知的探索停止在他所不知的地方，这就是到达了极点。

经典解析

这句话的意思是说做任何事情都会有一个范围的限定，因为人的认识不能覆盖无边无际的宇宙，所以学习、行走、辩论都应该止于自己所了解的范围之内。庄子曾经说过："吾生也有涯，而知也无涯。"人的生命和能力是有限的，所以对于"知"的追求应该限定在自己的能力范围之内，而不要以"有涯应无涯"，否则就会"怠也"。

故事链接

蛤蟆对东海的大鳖说："我非常快乐！可以在井栏杆上跳跃，累了就在破砖边上休息；也可以在水里、泥里任意玩耍。没有谁能像我这般逍遥自在，况且我独自一人就占据了一池井水，真是快乐到极点了。先生，你何不常进来观赏观赏呢！"东海鳖也对蛤蟆说出了东海的快乐，蛤蟆听了非常茫然，东海已超出了它理解能力的范围，又何必去追求呢？

古为今用

在做任何事情之前都应该对这件事的可行性做一番考察，如果现有的条件不能实现目标，则应该马上放弃；如果对超出能力范围的事物孜孜以求，那就是在做无用功。我们对自己的能力一定要有一个全面的了解，既不能定一个太低的目标，这样就不能实现自己的价值；也不能定一个太高的目标，目标太高不仅不能实现，而且还会给自己带来打击。

知命不能规乎其前，丘以是日徂。

吾一受其成形①，而不化以待尽②；效物而动，日夜无隙，而不知其所终；薰然其成形，知命不能规乎其前，丘以是日徂③。

——《田子方》

注释｜①形：形体。②尽：衰亡。③徂（cú）：成为过去。

译文｜我一旦禀受天所赋予的形体，就不会转化为其他形体而等待天命的衰亡，随外物的变化而相应行动，日夜不停从无间隙，而且竟不知其终结所在，是温和而自然地聚成了现在的形体。我知道命运不能够预先窥见，我只是天天跟随变化而推移。

经典解析

这句话告诉我们要顺命，因为生命的过程由生到死是不可改变的，所以我们要顺应生死的结局，这样才不会因为生命中的各种插曲而改变对生命的看法。庄子主张顺命，但不信命。上天铸就了现在的形体，这是无法控制的，所以只有顺应它，并欣然接受它。但我们也不能因为这样而消极地信命，总之，活着是为了自己而不是为了别人。

故事链接

有一个秀才在赶考之前做了一个梦，梦见他在墙上种白菜，在下雨天戴着斗笠，还打着伞。于是，他找到一个算命的要求解梦。算命的要他别考了，说："在墙上种白菜不是白费心思吗？戴了斗笠还打伞不是多此一举吗？"秀才回到旅馆，打算马上回去，店老板却说他也会解梦：在墙上种白菜不就是高中吗？戴斗笠了还打伞不是有备无患吗？秀才听后就去参加考试了，结果真的中了探花。

古为今用

很少有人能以坦然的心境面对人生，而总是患得患失，所以才喜欢把决定权交给别人，这样一旦有过错，那自己的责任也会少一点。既然生死都是无法控制的，那么无论怎样生命都会走完它的过程，那为什么就不能坦然面对这个过程中的得与失呢？这样生命将会更加自然和美丽。

【一〇一】 鉴明则尘垢不止，止则不明也。

鉴①明则尘垢不止，止则不明也。久与贤人处则无过。

——《德充符》

注释 ｜ ①鉴：镜子。

译文 ｜ 镜子明亮就是因为没有尘垢落在它上面，有尘垢落在上面则镜子就会变得不明亮。与贤人相处久了便不会有过错。

经典解析

这句话说明在与人相处的过程中要懂得自省。子产和申徒嘉都是伯昏无人的学生。子产对申徒嘉说："我先出你就停，你先出我就不走。"因为子产觉得自己是当朝宰相，地位非常显赫，与一个有残疾的人做同学是一件非常丢人的事，所以他不想与申徒嘉同时上课。而第二天他们又同时上课了，于是子产不得不同申徒嘉再商量一次，并且说："你看我今天在执政，是有地位的，而你只是普通百姓，却与我平起平坐，还不懂得礼貌，难道你的地位与我一样吗？"申徒嘉说："老师门下有位同学当了宰相，是那么差劲的吗？"这等于是当众指责子产。

"鉴明则尘垢不止，止则不明也。久与贤人处则无过。"如果镜子擦得很明亮，就不会落灰尘；如果灰尘堆满了镜子就不明亮了。意思就是，一个人有道，心如明镜台，对自己的错误能一清二楚。一个人长久地与贤人做朋友，自己就不会有错误，自然就学好了。现在子产在这里跟老师学习，还讲这样的话，就是犯了最大的错误。子产说："你还那么傲慢，那么我不过是个宰相，照你这个气度看来，好像尧这些圣人都不及你一样。你反省估计一下，你的学问道德修养难道比尧还强吗？"申徒嘉说："世上的人反省自己的过错，认为自己都是不该死的。该死的都是你，不是我。所以，要懂得自我反省，而不要把过错推给别人。"所以说要修养道德就要时刻地自省。

古为今用

世界上有这样几种人：一种人认为自己是对的，所有错误都是别人犯的，因而他时刻都在抱怨老天；另一种人则认为错误都是自己的，因而时刻都在抱怨自己。而大多数人则活在这两种人之间，既不夸大自己的对，也不否认自己的错，但不知道反省，仍然会犯错误，这是一种无可奈何；还有一种人，既不在乎对，也不在乎错，他们认为，对错只是标准的不同而已，因而他们能很坦然地生活在矛盾的世界里，这才是最有智慧的人。

延展阅读

子产

子产是郑穆公的孙子，名侨，故又称公孙侨。他在担任卿大夫期间，进行了政治改革，采用"宽严相济"的手段，把郑国治理得井井有条。

见贤则思齐

一个人难免会犯错误，在很多情况下，犯错误是因为头脑一时不清醒，对情况的分析不准确而造成的。有的人通过对自身的反省和对经验教训的总结能够避免错误再次发生。但也有的人，因为没有那么高的修养和学识，对自己的错误不能有一个清醒的认识。在这种情况下，就需要加强知识的学习和道德的培养，最好的办法就是向那些学识和修养比自己高的人学习，在他们的影响和感召之下，使自己能够明白错误的原因，从而提高自己，避免犯错。

[一〇三]

> 能不龟手一也，或以封，
> 或不免于洴澼絖，则所用之异也。

能不龟手①一也，或以封②，或不免于洴澼③絖④，则所用之异也。

——《逍遥游》

注释 ①龟（jūn）手：手上皮肤开裂。②封：被封赏。③洴澼（píng pì）：漂洗。④絖（kuàng）：通"纩"，古代量词，八十缕为一纩。

译文 能使手不皲裂的药方只有一种，有的人以它来博取封赏，有的人用它却仍免不了在水中漂洗丝絮，这便是在方法上对其使用的不同了。

经典解析

一个宋国人，家里有个不裂手的秘方。在冬天里将药涂在身上，能不生冻疮，手上皮肤也不会裂开，所以这家人凭着这个秘方，世世代代以漂洗丝絮为业，都不会伤手。一个听说了"不龟手之药"的游客，想要以"百金"购买这个秘方。于是这家人便召开了一个家庭会议，他们认为保存了祖传的秘方也没有什么了不起，最多是给人家漂布，靠做苦工吃饭，而且每个月做下来也不过数金，只够生活而已，于是就把秘方卖了。当时吴越正处于战事之中，且两地都位于海边，打仗的话要练海军作战。买了秘方的游客，做了吴国的海军司令，替吴国练兵。到了冬天，和越国作战时，吴国的海军涂了他的药后，不怕冷，不生冻疮，最后大败越国，他也因此而立了大功，裂土封王了。同样一个秘方，有智慧的人能够利用它使人不生冻疮、不裂皮肤这一点而封侯拜将，名留万古，而另外一家人却只能用这同一个方子，世世代代地替人家漂布。同样一个东西，就看人的聪明智慧，怎样去运用，而得到天壤之别的结果。因此一个人穷困潦倒了不要怨天尤人，而要靠自己的智慧去想办法翻身。所以任何思想、任何制度，都不一定可靠，主要是在于人的聪明智慧，在于人能否善于运用，"运用之妙，存乎一心"。

古为今用

同样的资源用于不同的地方，其效用的差别是非常大的。因此在上面的故事中，交易双方所获得的效用都增加了。进一步说，期望效用是人们交易的源泉。人们在交易中判断"值"与"不值"往往不是根据客观的最大效用,而是根据主观的期望,因为在大多数情况下,人们并不知道商品的最大效用。故事中的宋国人并不知道不龟手药最大的效用,因此对他而言百金就是他期望的最大效用。而游客的角色如同今天的投机者,虽然他获得的利益远远大于支付给宋国人的百金,但他的获益来自发现了不龟手药的最大价值。所以效用的大小其实是境界的大小,只有处于大境界中,才能发现大效用。

延展阅读

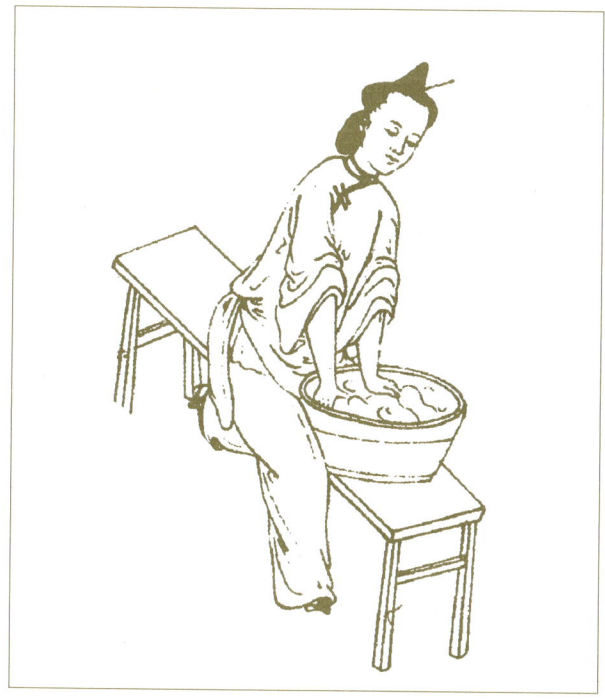

洗衫婆

古代妇女由于社会地位低下,并且受礼教思想的约束很大,故而没有什么人身自由。她们所能从事的劳动,无非就是缝缝补补、洗洗涮涮,一双巧手也因此而变得粗糙、皲裂。

找到适合自己的位置

在生活中,很多人由于找不到适合自己的位置而无法发挥出其自身的优势,最终一事无成。其中的原因是多方面的,但是最重要的一点就是这些人对自身的优势认识不清,长期处于一个并不适合自己的位置。如果我们能够充分了解自身的优势,使自己的生活有一个明确的目标,那么我们就能施展自己的才干,从而有所建树。

【一〇四】天不产而万物化，地不长而万物育。

天不产而万物化①，地不长而万物育，帝王无为而天下功②。

——《天道》

注释 ①化：开化，生长。②功：治理得很好。

译文 上天无意于要产生什么而万物却生长了，大地无意于要长出什么而万物却长成了，帝王能够无为而天下自然就会治理得很好。

经典解析
对自然和国家都要做到无为而治。老子云："人法地，地法天，天法道，道法自然。"客观事物的天然物性是其固有的本性。因此，"自然"决非人类活动的结果，也不带任何主体意识、主观意志。"自然"与"人为"是一个相互对立的概念。"自然"是事物内在的客观规律。所以要保证事物的正常发展就要"道法自然"，这就是尊重事物发展的客观规律。

故事链接
刘邦在智慧谋略方面不如张良，在带兵作战方面不如韩信，在筹办辎重方面不如萧何，可刘邦能使他们各尽其才。项羽在各方面的才能都要高过刘邦，但在任用人才方面远不如他，不能做到无为而治，最后落得个自刎乌江的结果。楚汉相争的故事，其实就是无为和有为的最佳写照。

古为今用
大人们在教育孩子的时候，经常会遇到这样的情况：孩子趴在窗台上看了一下午的小鸟，有人就会说，趴在窗台上的时间还不如去弹琴，说不定还能考个好成绩，看鸟能有什么用；孩子在花园里看花，有人就会说，有看花的时间还不如去画画，说不定还能够成为画家。可是看鸟和看花真的就不如弹琴和画画吗？看鸟的孩子成了一个鸟类专家，看花的孩子成了一个植物学家。所以，培养孩子也要无为，要懂得尊重孩子的兴趣。

[一〇五] 唯止能止众止。

人莫鉴①于流水而鉴于止水，唯止能止众止②。

——《德充符》

注释 ①鉴：审察。②唯止能止众止：只有静止之物方能照人，才能使外物静止下来。

译文 一个人无法在流动的水中照见自己，而只能在静止的水面照见自己，因此只有静止的水才能停止众人的脚步。

经典解析

这句话表面上说出了一个普通的物理现象：当水流动的时候，不能照到我们自己；当水静止澄清时，才可以做镜子用。但实际上却说明了一个富有哲理的内心世界。人的内心世界其实就是一个浩瀚无边的大海，只有在无风的时候才能一眼望不到边，所以只有心如止水的时候才能看到真实的东西。要认识自己，只有在摒弃心中的杂念、心止如镜的时候，才能够明心见性。

故事链接

一位得道高僧的斋菜做得很好，一个非常有天分的年轻人慕名来学习。高僧问他做素食什么材料最重要，年轻人没能回答上来。高僧就安排年轻人挑水，并要他在挑水的过程中体会做素食的关键。三年过后，高僧问年轻人有什么收获。年轻人说，他通过挑水克服了急躁、粗心的毛病。高僧笑了，要他去准备用来做面条的水。年轻人恍然大悟，原来水就是做斋菜最好的材料，因为水是最为纯粹的。

古为今用

我们做任何事都要保持心念的专一。一切烦恼和痛苦都是没有达到心如止水的结果。心海如果波涛汹涌，那么就永远不可能产生大智慧，生命之流也就永远不能流向自己生命本真的方向。所以我们的内心世界一定要做到静如明镜，这样才能在外在行为上认定一个正确的人生方向和一条正确的途径，然后止于某一点，这样就不会因方向太多而一事无成。

[一〇六] 是以人恶有其美也，命之曰菑人。

且德厚信矼①，未达人气②；名闻不争，未达人心。而强以仁义绳墨③之言术暴人之前者，是以人恶有其美也，命之④曰菑⑤人。菑人者，人必反菑之。若殆为人菑夫！

——《人间世》

注释 | ①矼（qiāng）：淳厚。②人气：民心。③绳墨：木工用于画直线的工具，喻指规则、规范。④命之：给其命名。⑤菑（zāi）：通"灾"，害。

译文 | 一个人德行淳厚、信誉笃实、笃守信行，可未必就能与别人声气相通；一个人虽然不与别人去争名声，却也不一定会得到普遍的理解。如果勉强地把仁义和规范等言辞在暴君面前陈述，这就好比以别人的丑行来彰显自身的美德，这种做法可以说是害人。对于害人的人，别人也一定会反过来害他，那他恐怕就会为他人所害了！

经典解析

一个人的德行淳厚，信誉笃实，但是如果不懂得交际，做不到在外表上与别人相同，即外化，那将是十分危险的。因为在邪恶的人面前显示出自己的美德，无疑是伸长脖子，等着挨打。"名闻不争，未达人心"，不在名利之争中锻炼，就不会懂得人心。而"强以仁义绳墨之言术暴人之前者，是以人恶有其美也"，憨实的人不懂得如何在外人面前隐藏自己的美德，又不了解别人的内心想法，如果以自己美德的标准来衡量恶人，那就是在他的面前夸耀自己的美德，使他的恶更加明显。所以通过自己的对来批评别人的错的时候，就是利用别人的错来彰显自己的对。这种行为会使别人厌恶，也会使别人更加不能接受自己的对了。庄子把这种行为"命之曰菑人"。"菑人者，人必反菑之"，所以孔夫子认为颜渊去游说卫国的国君，就是在彰显他的不仁不义，颜渊一定会被"反菑之"。颜渊的这种行为就像是以火救火，以水救水，不仅于事无补，反而会助长其气焰。所以说一个德行淳厚、信誉笃实并以自己的仁义美德教化他人的人，将处于一个两难的境界。一个难处是要想教化他人就必须了解他，而要了解他就要像世人一样去争名夺利，这对德行笃实的人来说就是强人所难；另一个难处就是如何避免成为灾人。处于这样的境地该怎么办呢？庄子提出了"斋心"，"斋心"之后就能应付这样的情况了。

古为今用

为什么夏桀会杀关龙逢？为什么殷纣王会杀他的叔父比干？其中的关键，就在于这些贤臣们都是德高望重的。而那些残暴的君主就是因为他们的德高望重显得自己更加残暴，才排斥他们，最后还杀害他们！所以在日常的生活中我们应该吸取这样的教训，面对人际关系中的种种忌讳，要巧妙避免，让人忽略自己的行为。在不露声色、不暴露自己意图的情况下，把事情处理好。虽然这需要相当高明的技巧，但结果往往会是理想的。

延展阅读

在川观水

子贡问孔子为什么见到水就一定要仔细观看，孔子回答说："河水长流不息，就像道统的流传一样，所以逢水必观。"

上善若水

《老子》曰："上善若水，水善利万物而不争。"水与世无争，放在方形的容器里就是方的，放在圆形的容器中就是圆的，但它又有自己的个性，能够润泽万物而不争名利，发怒的时候又有千军万马之势。所以道家认为圣人的最高境界就是像水一样，大象无形，大音希声。如果人们能够从观水中懂得为人处世的道理，那么世间就不会有那么多纷争和悲剧了。

[一〇七]

绝迹易，无行地难。

绝迹①易，无行地难。为人使②易以伪③，为天使难以伪。

——《人间世》

注释 | ①绝迹：不走路。②使：驱使。③伪：伪饰，敷衍。
译文 | 一个人不走路容易，走了路不在地上留下痕迹就很难。为人驱使办事，容易敷衍应付；受天道驱使，就难以弄虚作假。

经典解析

颜回要去卫国治乱，孔子认为他现在的修为还不足以应付，并教导他通过"心斋"来提高修为。"绝迹易，无行地难"就是庄子的修行方法。我们走路，路面上一定会留下脚印，要做到走路而不留痕迹是很困难的，但还是能够做到的。但是事情做到不留痕迹还不是最高明的，因为还是会有人知道你已经做了这件事。所以想要让所有人都不知道你已经把事情做好了，这就非常困难了。处世的最高境界就是：别人没有意识到你正在做某一件事情，并且把事情做得很好。但处于人世间是无所逃的，无论做什么都是"绝迹易，无行地难"。要想达到在人世间处世的最高境界，就必须在人世间修道，颇有点"不入虎穴，焉得虎子"的意思。所以要修炼，就要克服入虎穴的恐惧，还要避免被老虎吃掉的危险。这就要求在修炼的时候要隐蔽好自己的形体，要懂得外化。因为在修炼还没有达到要求的时候，心灵的自由仍然束缚在形体之上，外化是为了保住形体这个心灵自由飞翔的前提。然而隐蔽形体还不是最重要的，最重要的是要懂得隐蔽自己的心灵，即内不化，使心灵不受外物的干扰，否则在追求心灵自由的过程中，心灵反而会被另一事物所束缚。当修行完美结束之后，就再也无"行地难"之说了，这也就是说达到了绝对的无拘无束了。

古为今用

在古代，如果认为这个世界不和谐，不公正，但又无法改变这种现象，那就得像一个隐士一样生活，因为眼不见，心不烦，也不会有任何的危险。然而现代社会注定了不能像隐士一样生活，而且还是要出来行走的。在行走的时候一定要懂得收敛和隐藏自己，要做到像飞鸟一样，行无迹。所以在处世的时候一定要内无心外无力，不要受制于外力和内心。在遇到困难的时候，要像庖丁解牛一样，以"无厚"入"有间"，游刃有余地化解困难。

---- 延展阅读 ----

列子御风

列子是除老子和庄子之外的又一位道家代表人物。庄子称他"御风而行"，传说他经常在春天乘风而游，所到之处枯木逢春，充满生机。

做人不矫饰

做人应该以自己的真心诚意来与别人交往，如果总是戴着一副面具来面对他人，那么别人就看不到真实的自己，自己也看不到真实的别人，最终只能是使相互之间的隔阂和矛盾越来越深。矫饰意味着自己的内心有所求，而且这种"求"大多是不正当的，如果每个人都能以主人翁的姿态来待人处事，那么这种情况就会有所改观，因为很少会有人连自己都不敢面对。

【一〇八】千世之后，其必有人与人相食者也！

民之于利甚勤，子有杀父，臣有杀君，正昼为盗，日中穴阫①。吾语女②，大乱之本，必生于尧舜之间，其末存乎千世之后。千世之后，其必有人与人相食者也！

——《庚桑楚》

注释 ①阫（péi）：墙。②女（rǔ）：通"汝"，你。

译文 人们追求私利之心十分迫切，为此儿子杀父亲，臣子杀国君，大白天偷盗，光天化日之下去挖别人的墙。我告诉你，天下大乱的根源，必定是在尧舜的时代产生的，而它的贻害则一定会留存到千载之后。千载之后，必定会有人与人相食的情况出现！

经典解析
这句话让人明白仁义一旦虚伪之后的严重后果，所以庄子反对仁义，因为仁义是君主为了统治天下而设定的，是违背人性的。仁义不能体现人的真性情，所以仁者总是很虚伪，总是患得患失。人的本性是天生的，也是自然的。既然是天生的、自然的，就不能刻意人为，否则就会被利用，就会出现吃人的后果。

故事链接
有两个儒家之徒去盗墓。望风的大儒问事情办得怎么样了，但他不是用白话说的，而是吟诗："东方作矣，事之何若？"小儒在下面回话，同样是吟诗作答："未解裙襦，口中有珠。"接着，那小儒便一边吟诗，一边盗墓。小儒唱道："青青之麦，生于陵陂。生不布施，死何含珠为？"偷东西，还要讲大道理，而且"道理"还要诗化，这就是虚伪的仁义。

古为今用
我们不能在犯错误之后给自己找借口。古语云："知错能改，善莫大焉。"犯错误不要紧，最重要的是要有承认错误的勇气，而不要给错误找任何借口。

[一〇九] 大惑者，终身不解；大愚者，终身不灵。

知其愚者，非大愚也；知其惑者，非大惑也。大惑者，终身不解；大愚者，终身不灵①。

——《天地》

注释 ①灵：醒悟。

译文 知道自己的愚昧，并非最大的愚昧；知道自己的迷惑，也并非最大的迷惑。最大的迷惑，是一辈子都不了解；最大的愚昧，是一辈子都不醒悟。

经典解析

庄子在《骈拇》中说："小惑易方，大惑易性。"小的迷惑只是做错了选择，如果认识到了错误，这个迷惑还是可以解决的，也仍然可以走上正确的道路。但是，如果对小的迷惑仍然执迷不悟，那么这个迷惑就会使人迷失本性，而人穷其一生都会在这个迷惑中浑浑噩噩。所以说在世俗的迷惑面前一定要警惕，如果在这些迷惑面前丧失本性，就永远都摆脱不了这些迷惑了。

故事链接

里根总统被刺杀的原因令人非常震惊。凶手名叫约翰·欣克利，他刺杀总统只是为了赢得女演员朱迪·福斯特的芳心。福斯特因在电影《出租汽车司机》中扮演一个妓女而名声大振。影片描写了一个孤独的出租汽车司机，为了表达对那个妓女的爱情，而去刺杀一位总统候选人。欣克利对福斯特百般纠缠，但她一次也没见他，因此，他决定用刺杀总统这一具有历史意义的行动来博得福斯特的尊敬和爱情。由于这种愚昧，欣克利的后半生只能是在监狱里度过了。

古为今用

生活永远不会以它最真实的一面呈现在我们的面前，所以在生活中人们常常免不了要受到迷惑，甚至在很长的一段时间内都是在迷惑中度过的。但是，这并不可怕，因为生活本来就有很多弯路要走，只要能够及时地醒悟过来，改过自新，就不会被认为是冥顽不灵的。

【一〇二】 无所可用，故能若是之寿。

散木①也，以为舟则沉②，以为棺椁③则速腐，以为器则速毁，以为门户则液樠④，以为柱则蠹⑤。是不材之木也，无所可用，故能若是之寿⑥。

——《人间世》

注释 | ①散木：指不成材的树木。②沉（chén）：沉没。③椁（guǒ）：指棺外的套棺。④液樠（mán）：像松木心那样流出树脂。⑤蠹（dù）：蛀蚀。⑥若是之寿：如此长寿。

译文 | 这是一棵没有任何用处的树，用它做成船就会沉没，用它做成棺椁很快就会朽烂，用它做成器皿很快就会坏掉，用它做成屋门就会流出污浆，用它做成屋柱就会有蛀虫。这是不能成为材料的树，因为它不具备什么用处，所以才能如此长寿。

经典解析

散木因为它的材质不适合做任何一样有用的东西，所以没有被砍伐。栎社树也是因为它的"无用"而存活了下来。"商之丘"的大木能存活下来就更加不可思议了，它之所以免遭斧斤，其"无用"还是其次的，重要的是它能产生使人"狂醒"的毒气。这些都说明了无所为才能避免夭折，才能逍遥自在。如果追求有用有为，就会有所羁绊，甚至会死亡。"夫柤梨橘柚果蓏之属，实熟则剥，剥则辱；大枝折，小枝泄。此以其能苦其生者也，故不终其天年而中道夭，自掊击于世俗者也。物莫不若是。"（《人间世》）事物因为有用而被使用，使用不当或得当都会给它带来悲惨的结局，得当的如"桂可食，故伐之；漆可用，故割之"（《人间世》），不当的如"直木先伐，甘井先竭"（《山木》）。物尚且如此，人就更加危险了，只有无用才能避免危险。"人之有痔病者"之所以免于"适河"，"支离疏者"之所以免受"大役"，都是因为其无用。所以庄子说："人皆知有用之用，而莫知无用之用也。"知道了无用的用处之后，就能在有用的危险面前豁然开朗。"无用"是保全自身的"大用"。

古为今用

竞争是现代社会生存的必要手段，但是太过于锋芒毕露，把竞争推向白热化阶段却不是竞争中的良方。因为木秀于林，风必摧之。所以有时候没有必要非得去争得"第一"，"第二"也是一个不错的选择。因为在竞争面前人们总是会说，要战胜"第一"，而没有人会说要直接战胜"第二"的。"第一"很多时候为"第二"遮挡了风雨。当然，这并不是让人放弃追求，而只是要改变追求的策略，要懂得发挥"无用"成为"大用"的智慧。"第一"只是世人的评判标准，而我们要在内心告诉自己的是，没有最好的，只有更好的，不要去追求别人眼中最好的，而要追求自己心中更好的。

延展阅读

果树遭折

果树因为能够长出果实而受到人们的喜爱，但同时也给其自身带来了危害，因为人们希望得到那些果实，所以会对果树进行攀折。

收敛锋芒保平安

很多人都认为只有尽情地施展自己的才干才能体现自己的价值，因此往往无所顾忌而尽显锋芒，出尽了风头。殊不知自身才华显露得过多，就很容易为自己招来祸患，这些祸患可能是由于他人的妒忌而使自己受到伤害，也可能是因为领导不断给自己增加工作而造成自己疲惫不堪。人应该学会低调行事，在生活中尽量收敛锋芒，只有这样才能享受属于自己的平静生活。

人皆知有用之用，而莫知无用之用也。

山木自寇①也，膏②火自煎③也。桂可食，故伐之；漆可用，故割之。人皆知有用之用，而莫知无用之用也。

——《人间世》

注释 | ①寇：侵犯，掠夺。自寇：自取砍伐。②膏：油脂。③自煎：自取灭亡。

译文 | 山上的树木因为自身的有用性而招致砍伐，油脂因为自身可以燃烧照明的性能而被燃烧。桂树皮因为芳香且可食而遭到砍伐，树漆因为有用处而被割裂。人们都懂得有用的用处，却不明白无用的用处。

经典解析

这句话的意思是说，只有异材才会有无用之用。南伯子綦看见一棵大树，这棵树大到能够遮住并排站在一起的4000匹马。子綦说，这是什么树呢？它一定有特殊的才能。但抬头一看，才发现树的枝干是歪歪曲曲的，所以不能作为栋梁之材；树根不够结实，所以不能做棺材板；叶子似乎有毒，食用则嘴烂；闻之则会呕吐，且三天都吐不完。这棵树大，却大得一无是处，但它"结驷千乘"，它就只有这个别的树都达不到的用处了，所以说它是"异材"。对"异材"，人们是不知道如何使用，不知道其是有用还是无用。眼界小的人是不能发现"异材"的无用成就有用的道理的。因为眼界的高低是发现无用之用的关键。

惠子对庄子说，魏王送给他大葫芦种子，种子长大之后，结出的果实有五石的容积。如果用大葫芦去盛水浆，那么它的坚固程度将不足以承受水的压力。如果把它剖开做瓢则没有什么地方可以放得下。这个葫芦也就一点用处都没有了。庄子却说，你有五石容积的大葫芦，怎么不考虑用它来制成腰舟，浮游于江湖之上，却担忧葫芦太大无处可容？惠子的眼界是小的，因为他只是从世人皆知的葫芦的用途来考虑这个葫芦是否有用，而没有从这个葫芦的实际情况来考虑它是否有用。庄子却以大眼光看到了这个大葫芦，可以用在世人所不及的其他用途上。所以在惠子眼中的无用，通过眼界的变化，成了庄子眼中的大用。

古为今用

李白说过"天生我材必有用"。我们要有一双善于发现有用的眼睛，不要拘泥于世人眼中的有用之用，而要善于开发世人眼中的无用之用。社会上有很多事物都是千篇一律的，都在追逐着有用之用。例如，以前企业的核心竞争力是对成本的控制，到后来变为企业文化，到了今天又成为学习型组织。有用的东西一经推出，就会迅速地被跟随和被复制。因为世人皆知的有用之用就像一块公有地一样，没有竞争性和排他性，迟早会演变为公有地的悲剧。所以企业最基本的竞争力就是要发现无用之中的大用，因为这是其他企业无法复制和跟随的，在资源上具有竞争性和排他性。

延展阅读

无用之用

有的树木因为不是可用之材而得以保存生命，有的树木却因为它自身的用途而被人砍伐。由此可见，有用对自己不一定是件好事，没有用也不一定就是件坏事。

敢于坚持自己的理想

我们经常会遇到这样一种情况，即个人的价值观与整个社会的价值观发生了冲突，在这种情况下，有的人选择了随波逐流，有的人则选择了坚持自己的理想。其实社会的整体价值观不一定就是对的，我们要敢于坚持自己正确的价值观。

虚静恬淡寂漠无为者，
天地之平而道德之至。

夫虚静恬淡寂漠无为者，天地之平①而道德之至，故帝王圣人休②焉。

——《天道》

注释 ｜ ①平：基准。②休：停留。

译文 ｜ 虚静、恬淡、寂寞和无为是天地间的标准，也是道德的最高境界，所以帝王和圣人都在这一境界停留。

经典解析

要明白这句话的意思，首先就要明白虚静、恬淡、寂寞的真正含义。"恬淡"是远离形体、远离喧嚣，让心进入大音希声、大象无形的虚静。"同乃虚，虚乃大"，只有在"虚静"中才能体现博大，在博大之中体验超然于物的寂寞。"不与物交，淡之至也"，只有在寂寞中才能超然于世，能够与世无争，没有利害之心，没有功利之欲。所以"虚静恬淡寂漠无为"是通往"天地之平"与"道德之至"的途径。

故事链接

俄国著名演奏家霍洛维兹为了让自己的音乐更上一层楼，曾经三度在他的事业达到高峰的时候选择淡出。他放弃了享受高潮的喜悦，而是潜心练习，这是一般演奏者很难办到的。他在每次退隐之后，都会对音乐有更深层的了解。他在不同时期都会弹奏相同的曲目，而每一次的弹奏都会有不同的效果，从这里我们看到了一个演奏家的成长历程。正是每次淡出之后的寂寞成就了他的辉煌。

古为今用

有这样一句话：每一个冠军都跑在掌声响起之前。观众的掌声更多的是在激励那些后来者。所以冠军在成功之前一直是处于无声的寂寞之中，而正是这片寂寞让成功时刻的掌声显得更为嘹亮。所以我们大多数人都应该留给生命一段寂寞，在这寂寞之中，与自己的心灵交流，发现那个最真实、最理想的自己，然后朝着自己的梦想前进。

天下有道，则与物皆昌；天下无道，则修德就闲。

夫圣人，鹑居而鷇食①，鸟行而无彰②；天下有道，则与物皆昌；天下无道，则修德就闲。

——《天地》

注释 ｜ ①鹑（chún）居：像鹌鹑一样没有固定的居所。鷇（gòu）食：像初生的小鸟那样无心觅食，此处喻指圣人随遇而安。②无彰：不留下踪迹。

译文 ｜ 所谓圣人，就是像鹌鹑那样随遇而安、居无定所，像待哺的小鸟那样无心觅食，他的行动就像鸟儿飞行一样不会留下任何痕迹。如果天下有道，就同万物一起兴隆；如果天下无道，就隐居遁世，修养德行。

经典解析

守护华地的官吏请求尧接受他的祝愿，他祝愿尧长寿、多财、多子，而尧却说他用不着。官吏就认为尧只能是君子，而不是圣人。他认为长寿、多财、多子都不会给圣人带来麻烦，因为圣人能随遇而安。天下太平，就跟万物一同昌盛；天下纷乱，就修身养性。所以长寿、多财、多子所导致的多辱、多事、多惧都不会降临在圣人身上。

故事链接

鬼谷子师承一名无名仙师，学成之后老师要他出世救民。鬼谷子怀着满腔热血游说诸侯，却四处碰壁，他的满腹经纶得不到施展。于是鬼谷子重新回到"鬼谷"，过着一种隐居的生活。

古为今用

都说庄子是一个大隐士，其实庄子是以隐士的身份游世。在浮华的年代，修身养性，能够让心灵沉寂，趋于归隐状态，这才是一种明哲的处世哲学。

[一一四] 以无厚入有间，恢恢乎其于游刃必有余地矣。

彼节者有间①，而刀刃者无厚。以无厚入有间，恢恢②乎其于游刃③必有余地矣，是以十九年而刀刃若新发于硎。

——《养生主》

注释 ｜ ①间（jiàn）：缝，间隙。②恢恢：宽广。③游刃：运转的刀刃。

译文 ｜ 牛的骨节之间都有一些空隙，而刀刃很薄几乎没有厚度，以几乎没有厚度的刀刃插入有空隙的骨节之间，刀刃在其中回旋，应该是宽绰而有余地的。因此这把刀虽然使用了十九年但其刀锋仍像在磨刀石上新磨的一样。

经典解析

庖丁解牛的技术非常高超："砉然向然，奏刀騞然，莫不中音，合于《桑林》之舞，乃中《经首》之会。"就像是一种艺术的表演。这是技进乎道的结果。修养到了"道"的境界，任何技术都可以达到出神入化的程度，那么这个"道"是如何达到的呢？"始臣之解牛之时，所见无非全牛者；三年之后，未尝见全牛也"，开始杀牛时，眼睛里都是全牛，三年之后，就目无全牛了。也就是说，看到的牛已经不是一个形体了，技术也已经达到心领神会的地步了。"方今之时，臣以神遇而不以目视，官知止而神欲行"，此时，其技术已经从"神会"发展到"神化"了，能够达到"依乎天理，批大郤，导大窾，因其固然，技经肯綮之未尝，而况大軱乎"的境界。这也是"以无厚入有间，恢恢乎其于游刃必有余地矣"的关键。"依乎天理"中的"天理"就是物质天然的纹理。顺着肌肉的纹理，把它自然地解脱开来。最关键的地方解决了，细节之处自然也就不在话下了。这就是"因其固然"。所以要做到"游刃有余"就要"依乎天理"和"因其固然"。做人做事也是如此，要"依乎天理"，不违背自然，在关键的地方要"因其固然"。这样，做人做事就会达到"道"的境界。

古为今用

生命的修养就如庖丁解牛一样，要养护生命就要"依乎天理""因其固然"，从而做到游刃有余。人为什么会苍老呢？其中生理的变化虽然具有决定性的因素，但情绪的变化也非常关键。情绪的变化将一直伴随着我们的一生。面对情绪的起伏变化要像庖丁解牛一样，顺其自然地解决关键的地方，要把握大要点，始终保持清醒的头脑，保持自己的最初心愿。这样，生命之刀就永远不会磨损，生命才会健康美丽，青春常在。

延展阅读

两朝褒赠

王昭素是宋朝初年一位德行高尚的贤士，宋太祖曾召见他并向他求教治国修身之道。王昭素回答说："治世莫若爱民，养身莫若寡欲。"太祖对此言极为赞赏，并命人将这两句话写在屏风上，以便时刻提醒自己。

无欲则刚

"海纳百川，有容乃大；壁立千仞，无欲则刚"，说的是人只有具备了宽容的美德和寡欲的态度，才能使自己不被生活所累。一个人如果真的能够做到无欲无求，那么他还有什么好畏惧的呢？自然也就能够在面对世事时做到游刃有余了。

〔一一五〕闻以有翼飞者矣，未闻以无翼飞者也。

闻以有翼飞者矣，未闻以无翼飞者也；闻以有知知①者矣，未闻以无知知者也。

——《人间世》

注释 ①知知：前者读 zhì，智慧、才能；后者读 zhī，认识、了解。

译文 只听说过有了翅膀才可以飞翔，却并未听说过没有翅膀也可以飞翔的；听说过具备智慧才能够认识事物，却并未听说过没有智慧也能够认识事物的。

经典解析

要明白这句话，首先就要明白"为天使难以伪"的意思。在大道的面前是无法弄虚作假的，要自己对自己负责，不能自欺；"为人使易以伪"，如果是人的驱使，则非常容易改变，因为"凡人心险于山川，难于知天"，所以人心在人为的改变后，就变得虚假了。因为"为天使难以伪"，所以在人为的改变之后的"伪"既是一种自欺，也是在欺人，于是也就出现了无翼而飞的人。因为我们的心中有一对翅膀，经常在心里飞，这就是自欺欺人。欲望就像是心中的翅膀，所以，当人为掩盖了天为之后，即使自己本身不去追求欲望，在人为之后，心中也会去追求欲望。由此可见人为的害处有多大。所以庄子主张"心斋"，让心中欲望的翅膀，重新变为天为的自由的翅膀，这样心灵就摆脱了形体的束缚，摆脱了世俗的束缚，就能够自由自在、无拘无束地飞翔。这就是以"无翼飞者也"。"闻以有知知者矣，未闻以无知知者也。"你听到过能够透过知识学问而知道道理，却从来没有认识到到达了一切无知才是真正的大智慧。所以以无知而知，才是大知。当心灵无限自由之后，就不会受到已有的认知的束缚，因为此时心灵已经通往大道，身与物齐，心与天齐。

古为今用

有个人说："世界上任何一个人，活了一辈子只做了三件事，不是自欺，就是欺人，再不然就是被别人欺。"然而自欺欺人的人看似轻松，但当他偶尔自省的时候却会带来无尽的痛苦。人生活在世上总是"为人使"，因为总要符合这个社会的规则，所以"易以伪",但总有手段能避免被别人驱使。对自己呢?做自己的小人远比做别人的小人要痛苦得多。做了自己的小人,并意识到这一点,那么痛苦将更加深一等。南柯一梦也总有醒的时候,所以我们每个人都应该做最真实的自己,这样即使没有翅膀,也能够尽情翱翔。

延展阅读

南柯一梦

淳于棼酒醉酣睡,梦见自己成了槐安国的南柯太守,为政二十年深受百姓的爱戴,最后因失宠而被贬。醒来后才发现所谓的槐安国只不过是家中大槐树下的一个蚁穴而已。

人不学,不知道

"道"是一个很高的境界,不经过艰苦卓绝的学习是不可能领悟这个境界的。《南柯太守传》中的淳于棼如果不是经过那一梦,又怎么会知道世人所追逐的功名富贵不过是过眼浮云呢?所以说,在修"道"的过程中,必然要经过一个学习的阶段,只有经过学习的积累,才有可能对"道"产生顿悟。

[一一六] 人含其德，则天下不僻矣。

彼人含其明，则天下不铄①矣；人含其聪，则天下不累矣；人含其知②，则天下不惑矣；人含其德，则天下不僻③矣。

——《胠箧》

注释 ①铄（shuò）：毁坏，消损。②知（zhì）：通"智"，智慧。③僻：偏远，指远离本性。

译文 人们都能够保持原有的视觉，那天下就不会受到毁坏；人们都能够保持原有的听觉，那天下就不会受到连累；人们都能够保持原来的智巧，那天下就不会受到迷惑；人们都能够保持原来的禀性，那天下就不会发生邪恶。

经典解析

人之初，性本善。但人世间为什么还会有那么多的邪恶和纷争呢？因为很多人都忘记了其原本的视觉、听觉、智慧和禀性。"逐于大盗、揭诸侯、窃仁义"的事件此起彼伏。圣人为了更好地治理天下，所以就蒙蔽了天下。"彼曾、史、杨、墨、师旷、工倕、离朱、皆外立其德，而以爚乱天下者也，法之所无用也。"所以只有让人们记得其原有的视觉、听觉、智慧和禀性才能使天下真正安定。

故事链接

苏东坡和佛印结伴出游，经过一个木匠铺时，看见木匠在弹墨线。佛印见了，作了一首诗：吾有两间房，一间赁与转轮王，有时拉出一线路，天下妖魔不敢当。苏东坡也作了一首诗：吾有一张琴，五条丝弦藏在腹，有时将来马上弹，尽出天下无声曲。墨线就好像是规矩的矩，代表着准则。佛印的意思是人的心中要有一把尺子，只有不超越，才能够做到这个世界上行为的守则。而苏东坡则认为人的心智可以听到无声的天籁。

古为今用

现实生活中有很多的法令制度，那我们要如何做才能在这些框架下还继续拥有本真的生活呢？苏轼与佛印分别给了我们建议，即依于仁，游于艺。依于仁，就是我们外在上的行为要符合制度的标准；游于艺，就是内在上要有一颗心游万仞的自由之心。

〔一一七〕素朴而民性得矣。

同乎无知,其德不离①;同乎无欲,是谓素朴②,素朴而民性得矣。

——《马蹄》

①离:背离、失去。②素朴:没有添加任何外在的东西。素,没有染色的生绢;朴,没有加工的木料。

人们全都没有智慧,他们的本能和天性便不会丧失;人们全都没有私欲,这就是所谓的"素"和"朴"。能够像生绢和原木那样保持其自然的本性,人类的本能和天性就能完整地保留下来。

经典解析

庄子所追求的朴素生活和原始社会的生活相似,他认为在原始社会里人类的天性保留得最为完美,人类和禽兽共同居住,没有君子和小人之分。因为所有的东西都是平均分配,所以人的内心里也没有任何的私欲,这样的生活形态就是朴素。朴素是自然天成的东西,是无法抗拒也无法改变的,因此自然淳朴的一面是最具资质的美,是大自然的造化之功,是任何人工的痕迹都无法比拟的,所以这样的民性也是最淳朴的。

故事链接

一个渔夫划着渔船去打鱼,沿着溪水往前走,忘记了路的远近,然后来到了一片桃花林。在这片桃花林里生活着一群与世无争的人。他们男耕女织,老有所养,幼有所依,没有赋税和徭役,村落之间鸡犬相闻,人们之间的关系也十分淳朴,到处都呈现一片安乐祥和的气氛。他们不知道外面时代的变迁,恪守着一种朴素的生活。这就是著名的"桃花源"的故事,它代表着人们对朴素生活的向往。

古为今用

随着现代化的发展,我们明显地感觉到,生活和过去几十年相比有了本质的改变。生活条件越来越便利,生活水平越来越高,可视电话、移动网络、卫星通信等良好的沟通条件,使地球变得像一个村落,但人们之间的交流却越来越少,人们之间的距离也越来越大。最远的距离不是天涯海角,而是站在对面却仍然感到陌生。

[一一八] 物者，莫足为也，而不可不为。

故圣人观于天而不助，成于德而不累，出于道而不谋，会①于仁而不恃，薄②于义而不积，应于礼而不讳③，接于事而不辞，齐于法而不乱，恃于民而不轻，因④于物而不去。物者，莫足为也，而不可不为。不明于天者，不纯于德；不通于道者，无自而可。

——《在宥》

注释 | ①会：合乎，符合。②薄（pò）：通"迫"，接近、靠拢。③讳：回避。④因：顺应。

译文 | 所以圣人观察自然的神妙却不去帮忙，成就了无瑕的修养却不受拘束，行动出于道却不是事先有所考虑，符合仁的要求却并不有所依赖，接近了道义却不积不留，应合了礼仪却不回避，接触琐事却不推迟，同于法度而不肆行妄为，依靠百姓而不随意役使，顺应事物变化的规律而不轻率离弃。万事万物均不可强为，但又不可不为。不明白自然的演变和规律，也就不能具备纯正的修养；不通晓道的人，没有什么事情是可以办成的。

经典解析

庄子宁愿拖着尾巴在泥巴里打滚，做一只普通的小乌龟，也不愿意做楚国太庙上供奉的神龟。他把惠子的相位看作猫头鹰嘴中的腐肉。他情愿做一棵没有用的散木，处于材与不材之间，也不愿意做一棵会被人砍伐掉的直木。在大多数人的眼中，庄子是避世的，这是人们对他的误解，其实他真实的想法并不是这样的，他所追求的是乘心游世。而不入世，又怎么能够游世呢。在《盗跖》篇中，庄子对孔子进行了严厉的批评，但庄子真正批评的其实是被世俗利用后的儒家。庄子的有些话，其实比儒家还要儒家，只是庄子比儒家更加通达和智慧，所以儒家主张入世，庄子则是在入世之后还要游世。孔子入世，要救人救世，这是他的困苦和难关，孔子认了，所以庄子称他为"天之戮民也"，这是庄子对孔子很高的评价。庄子是赞成"不可不为"的，只有"为"了才能实现"无所为"。但是事物有其自身的本性和演变规律,所以在"为"的时候要顺应自然,不可强为,强为只会使事情变得更糟。"为"与"不为"之间的一切都是遵从了"大道的",要得"道",就要去"为"。在"为"的过程中,要不失"道"就不能"强为"。

古为今用

生活中有很多事情不可以不做,因为做了总比不做好,却不能做到最好,达不到自己想要的结果,然而要达到自己想要的结果又办不到。这让人想到经济学中的外部效应的问题。例如,一个人自己花钱买烟花放,其他的人也能欣赏到烟花的美景,如果这个人既想看烟花,又不想自己一个人掏钱,而要所有看烟花的人都来凑钱,那又是办不到的,因为其他人只是一个搭便车者。所以这个人要看烟花就只能是自己一个人掏钱,并且接受和别人一起看的情况。如果这个人认识庄子,那么就可以向他取一点"道"了,即设计出一个制度,因为在理论上,科斯定理能够解决外部效应的问题。

延展阅读

庄 子

庄子是战国时期著名的思想家、哲学家,道家学派的代表人物,主张"天道无为"。他的文章具有强烈的浪漫主义色彩。

做事要遵循事物的客观规律

事物的发展变化都是有一定的客观规律的,人们在做事情的时候只要遵循这个规律就可以了。任何妄图改变规律或者违逆规律的行为最终都只能是画蛇添足或者是导致事情的失败,严重的时候甚至会给自身带来祸患。

[一一九] 循于道之谓备,不以物挫志之谓完。

无为为之①之谓天,无为言之②之谓德,爱人利物③之谓仁,不同同之④之谓大,行不崖异之谓宽⑤,有万不同⑥之谓富。故执⑦德之谓纪⑧,德成之谓立⑨,循于道之谓备,不以物挫志之谓完。

——《天地》

注释 ①无为为之:用无为的态度去做。②无为言之:不言而言。③爱人:给人们带来慈爱。利物:给万物带来利益。④不同同之:使各个不同的万物回归统一。⑤崖:伟岸。异:奇异。宽:宽容。⑥有万不同:指心里包容着万种差异。⑦执:保持,持守。⑧德:人的自然禀赋。纪:纲纪。⑨立:指建功济物。

译文 用无为的态度去做就叫作自然,用静默无言的态度去说就叫德,给人们施以爱和利就叫作仁,能使各个不同事物回归统一就是伟大,行为不异于众人就是宽容,心里包容着千差万别的事物就叫作富有。因此持守德行就是纲纪,德行养成就是自立,遵循于道就可以达到完备,不受外物的扰乱就叫作完美。

经典解析

这句话的意思是说要实现完备,就要"无为",那怎样才能达到"无为"呢?首先要安于这样一种"无"的状态。因为"无为"并不是"无所作为",所以要安于"无"之后,再去"为"。只有"无为"了,才能真正地明白什么是德,什么是爱,什么是仁,什么是大,什么是宽,什么是富,什么是纪,什么是立,把这些都弄明白了,才能知道什么是完备。因为"无为"是与道同在,与道同体的,"是故至人无为,大圣不作"。如果圣人什么都搞懂了,无所不知,无所不晓,那反而就不是圣人了,因为"有"永远是相对的,只有"无"才是绝对的。正因为如此,才会说"至人无为,大圣不作"。而我们常常避免不了"有所为",那为什么会"有所为"?因为动机和目的驱使着我们在社会中有种种作为。所以要对动机和目的有所忘，要安于"无"，这样才能明白生死，明白我们这个有限生命只是大道中的一小点，这样就没有了狂妄和自以为是。安于"无"之后，要实现"全"，还是要有所为的，要"作为"，就要顺应自然而为，不"妄作为"。"至人无为，大圣不作"，不是不为不作，而是不妄为，不妄作。这样就能"体道"，就能成就"德"了。成"德"才能建功济物，使修养完备，从而使身心不受到外物的损伤。

古为今用

大家都有这样的经历：在手中抓一把沙子，手抓得越紧，沙子反而漏得越多，当把手放松下来的时候，沙子反而不往下漏了。这就是说，有些东西只有在无为的时候才能获得。比如快乐，当你把快乐抓得很紧的时候，它就会从你的身边溜走，因为快乐只有在无心的时候才能感受最真切；再如爱情，当你把爱人牢牢地绑在自己身边的时候，爱人就会因为失去自由而跟你越走越远。生活中还有很多类似这样的情况，这个时候，要懂得松手，懂得无为，这样你才能收获更多。

延展阅读

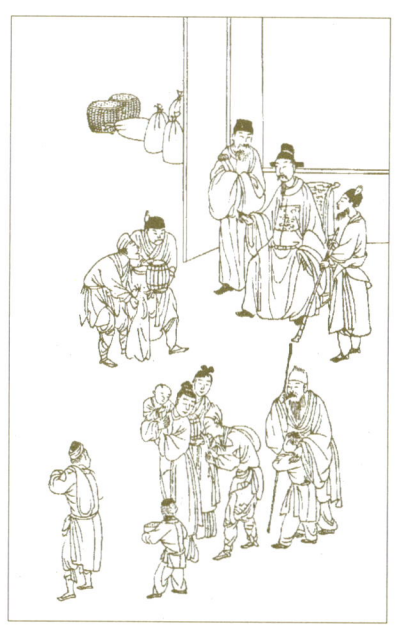

赈济灾民

天下出现灾难，地方官员开仓放粮、赈济灾民就是顺应天道的一种表现。这种表现可以被称作"仁"，如果达到了这样一种境界，那离"道"也就不远了。

以仁慈之心待人

道家所提倡的"无为而治"，并不是让为政者尸位素餐、无所作为，而是要他们顺应天道的要求，以仁慈之心来对待百姓，且尽量不去干预他们的生活。因此当他人有了困难的时候，就应该尽量地去帮助他们，这也是实现"道"的一种表现。

【一三〇】

九征至，不肖人得矣。

故君子远使之而观其忠，近使之而观其敬，烦使之而观其能，卒然问焉而观其知①，急与之期而观其信，委之以财而观其仁，告之以危而观其节，醉之以酒而观其侧，杂之以处而观其色。九征至，不肖人②得矣。

——《列御寇》

注释 | ①知（zhì）：通"智"，才智。②不肖人：小人。

译文 | 对于君子，使他到边远的地方去做事以观察他是不是忠诚，将他留在近处做事以观察他是不是很恭敬，派他处理琐碎的任务以观察他是否有才能，突然向他提出问题以观察他的机智反应，与他约定时间以观察他是否守信，将财务交给他管理以观察他廉洁与否，将危难告诉他以观察他的气节，让他喝醉以观察他是否具有原则性，使他与男女在一起相处以观察他好色与否。这九种表现全都证验之后，不好的人自然就被发现了。

经典解析

这是庄子教给我们的九条识人的法则，即著名的"九征"。通过这九种考验，小人就能被检验出来。识人的关键是通过现象识别本质，行为举止是内心的真实反应。通过人物的细节，能知晓他的本质。

故事链接

有一个叫福特的人去一家汽车公司应聘，他是一同参加应聘的人中学历最低的一个。他敲门走进了董事长办公室，一进办公室，他就发现门口地上有一张纸，便弯腰将纸捡了起来，他发现那是一张溃纸，便又顺手把它扔进了废纸篓里。福特就是因为这样才被录用的，因为他没有忽略小事。这个公司后来成为美国汽车产业的龙头企业，也就是著名的福特公司。

古为今用

庄子用"九征"划分了人物从细节中体现出来的性格。虽然这九种方法在现实生活中对人才的识别并不是很实用，但是从细节观察人物这个主旨让人受益无穷。通过小的细节发现大的本质，透过现象抓住本质，这样才能慧眼识英雄。

相濡以沫，不如相忘于江湖。

泉涸①，鱼相与处于陆，相呴②以湿，相濡③以沫，不如相忘于江湖。

——《大宗师》

注释 ①涸（hé）：水干。②呴（xǔ）：张口出气。③濡（rú）：沾湿。

译文 泉水干枯了，好多鱼儿一起被困在了陆地上，它们互相大口吐气以获得湿气，相互以唾沫润湿，但终不如在江湖里生活时的互相忘掉。

经典解析

这句话透露出一种看淡一切的洒脱，相濡以沫是表面的形式给生命带来的桎梏，是不值得推崇的。真正值得推崇的是不拘泥于表面形式的束缚，直接投入江湖的那种洒脱和自由。这句话也显示出了目空一切的骄傲。生死正如昼夜更替，我们不会好昼而恶夜，因此我们也没有必要乐生而悲死，所以也不必相濡以沫。

故事链接

有这样一个故事，一个女孩对一个男人一见钟情，但是无缘与其见到第二面，于是这个女孩便向佛祖祈求再见这个男人一面。佛祖对女孩说，要见到这个男人，要修炼500年。女孩变成了石头，500年后，女孩见到了这个男人，然后她又向佛祖祈求抚摩这个男人。女孩变成了大树，500年后，男人在树下乘凉。佛祖本以为女孩会祈求让男人爱上她，但女孩却没有。于是佛祖笑了，他说，有另外一个男人为了得到女孩的爱已经修炼2000年了。

古为今用

相濡以沫大多用来形容那些惊天地、泣鬼神的爱情，但大多数这样的爱情的结局都是一个悲剧，那还不如刚开始的时候就相忘于江湖。爱情不一定要不顾一切地握在手中，放手比拥有需要更大的勇气。

至言不出，俗言胜也。

大声不入于里耳①，《折杨》《皇荂》②，则嗑然③而笑。是故高言④不止于众人之心，至言⑤不出，俗言胜也。

——《天地》

注释 ①大声：高雅的音乐。里耳：市井里巷下层人之耳。②《折杨》《皇荂（fū）》：指通俗乐曲。③嗑（xiá）然：笑声。④高言：异于世俗之言。⑤至言：至道之言。

译文 高雅的乐曲俗人不可能欣赏，《折杨》《皇荂》这样的民间小曲，世俗人听后则都会欢喜而笑。所以高深的言论无法留在世俗之人的心中，而至道之言也不会从世俗人的口中说出来，于是世俗之言便取得了优势。

经典解析

在《宋玉对楚王问》一文中，提及乐中有《阳春》《白雪》《下里》《巴人》。虽然有许多人推崇《阳春》《白雪》，但真正懂得欣赏的人却很少，因为这样的音乐曲高和寡；而让人们耳熟能详的往往是《下里》《巴人》，因为它们通俗易懂。这就是庄子所说的"大声不入于里耳，《折杨》《皇荂》，则嗑然而笑"，优雅的音乐不能为低俗的人欣赏，而低俗的音乐则为高雅的人所不屑一顾。因为《阳春》《白雪》的内容是一个高雅的主题，只有圣人雅士才有兴致在暮春三月到野外郊游，欣赏美丽的春光。而有闲情赏雪的也必为高士。而圣贤高士却是很少见的。而《下里》《巴人》表述的则是市井文化，被许多人所熟知，所以欣赏附和的人自然也会多。这样便有越来越多的人爱好《下里》《巴人》，《下里》《巴人》也越来越流行，《阳春》《白雪》逐渐被人们遗忘，这和"至言不出，俗言胜也"的道理是一样的。因为懂得"至言"的人太少了，所以"俗言"便成了流行趋势。人中有圣贤，有匹夫。三个人在一起行走，有圣贤，有匹夫，如果有一个人迷惑，所要去的地方还是可以到达的，因为还有不迷惑的圣贤；三个人都是匹夫，则所要到达的地方就不可能到达了。所以人世间还是要多出一些"至言"。

古为今用

俗言和至言都来源于生活,但至言却高于生活,至言是俗言的提炼与升华,所以我们不能只是为了生活而生活。《下里》《巴人》是生活的实质,《阳春》《白雪》则是生活实质的升华。所以我们要在生活之上构建自己的灵魂,有了灵魂的生活才是真正的高雅。是否是《阳春》《白雪》,主要得看其能否提炼出高雅的灵魂。无论是《阳春》《白雪》还是《下里》《巴人》都应该是我们喜欢的,它们之间不是对立的。把《阳春》《白雪》与《下里》《巴人》统一起来,要看我们是否有一双灵魂的手将《下里》《巴人》弹奏为《阳春》《白雪》,从而在生活的俗言中发现至言之美。

延展阅读

书息鼓琴

孔子在杏坛终日教授弟子,并以鼓琴为乐。有一位不知名姓的老者认为孔子虽然仁德,却免不了要遭受祸患。子贡将此语告诉孔子,孔子认为那位老者是位圣人,因为老者能一语道出自己心中的愁苦。

不要被流行的事物所迷惑

高雅的《阳春》《白雪》不能被大多数人所理解,通俗的《下里》《巴人》却能得到世人的喜爱。其实,流行于世的事物不一定就是正确的、积极的,很多人不明白这一点,所以才会随波逐流,以为同于流俗、得到世人的称赞就能实现自己的人生价值。真正的智者是不会被流行的事物所迷惑的,他们能够知晓做什么事情才能符合"道",所以能够坚持自己的判断。

【一三三】 静则无为，无为也则任事者责矣。

休①则虚，虚则实②，实则伦矣。虚则静，静则动，动则得矣。静则无为，无为也则任事者责③矣。

——《天道》

注释 | ①休：休止。②虚则实：虚静能鉴照万物，故而就能使内心充实。③责：尽职责。

译文 | 心在这一境界上休止就是虚淡，虚淡就会表现得充实，心境充实就能合乎万物的条理。心境虚空才能感到平静，平静才会转为运动，运动才会有所得。虚静才会无为，君主无为，则任事的人就能各司其职。

经典解析

"无为也则任事者责矣"，君主的无为在外表上看来好像什么都没有做，然而这种无为所表现出来的"休"和"虚"的状态，实际上是臣下积极有为的求实和尚功的前提。因此，君主无为与臣下有为的这种鲜明的虚和实的对比实际上是以君主的虚控制臣下的实。这样国家才能得到很好的治理，因为"虚则静，静则动，动则得矣"。所以君无为而臣有为的关系实际上也是静与动的关系。只是君主的"静"并不意味着停滞不前，而是由臣下替他前进，这就是静观其动、以静制动。所以庄子还说："圣人之静也，非静也，善故静也。"类似的还有"静而与阴同德，动而与阳同波"。所以，君无为而臣有为的关系不仅是一种"虚"与"实"、"静"与"动"的关系，同时还是一种"阴"与"阳"的关系，君主是"阴"，而臣下是"阳"。"无为"就是以虚制实、以静制动、以阴制阳，看似"无"，实则"有"，是一种真正的运动中的平衡状态。所以庄子的"无为"以超世的方式来获得精神上的逍遥自在。

古为今用

静止永远是相对的，世界上没有绝对静止的物质，相对静止是感受运动的最佳状态。人只有在心平气和的状态下才能在不断变化的生活中感受到充实，在充实的生活中处理各种错综复杂的关系，使平衡的生活状态不被干扰。在这种平衡中，看似空虚，实则充实；而在不平衡的状态下，则看似充实，实则空虚。所以，生活的奥秘就在于使不断的运动变化保持在一种平衡的状态。这种平衡状态也不是一成不变的，而是不断地向前发展的，在不断的量变、质变及矛盾的转化中，将生活带入完美的境界。

延展阅读

德行忠信

晋平公向师旷求教为君之道，师旷主张为君者必须清静无为，不能过多地干扰老百姓的正常生活；同时还要任用贤能，保持清醒的头脑，不被奸邪之言所迷惑。

以"无为"为管理之道

在管理上采取"无为而治"的手段，指的是领导者应该统筹全局，将具体、烦琐的工作交给下属去做。这样，领导者就不用事无巨细都要一一过问了，同时也才会有时间为长远发展进行谋划，但这还需要一个前提，即领导者任用的下属都必须是贤能之才，只有上下级的齐心协力才能达到预定的发展目标。

[一二四] 吾始乎故，长乎性，成乎命。

请问，蹈水有道①乎？曰："亡②，吾无道。吾始乎故，长乎性，成乎命。与齐③俱入，与汩④偕出，从水之道而不为私焉。此吾所以蹈之也。"

——《达生》

注释 ①道：技巧，门道。②亡：通"无"，没有。③齐：通"脐"。④汩：上涌的漩涡。

译文 请问，游泳有什么独特的技巧吗？回答是："没有，我并无独特的技巧。起初是习惯，长大后是习性，成年后就自然发展。我随着水中的漩涡一起下到水底，又随着向上的涌流一起浮到水面，顺着水势而不是按自己的想法动作。这就是我在游泳时所采用的方法。"

经典解析
庄子在这里告诉我们道与技的关系。游泳的门道就是"成乎命"。"吾生于陵而安于陵，故也。"从小出生在水边，又安于水边的生活，对游泳已经是司空见惯了。"长于水而安于水，性也"，长时间地生活在水边，自然会养成习性；"不知吾所以然而然，命也"，成天性以后，忘记了为什么会这样生活，这就是命。在游水的过程中不知不觉地达到道的境界，是"由技入道"。

故事链接
《庄子》中有一个非常出名的"以技入道"的例子——庖丁解牛。庖丁解释了他以技入道的过程。起初，所见无非全牛者，对牛毫无所知，是以眼视之；几年后，未尝见全牛。对牛体内的筋脉经络有了很深的了解，是以心视之；十几年后，以神遇而不以目视，官知止而神欲行，是以气视之。解牛从有我到忘我再到与物冥合，万物一体，逐步达到了道的境界。

古为今用
现在很多人找工作是干一行，厌一行，而不是干一行，爱一行。一个人只要安于自己的工作，把工作从技术水平提升到艺术水平，就能从中享受工作带来的乐趣。

以众小不胜为大胜。

以众小不胜^①为大胜也。为大胜者，唯圣人能之。

——《秋水》

注释 ①不胜：不能取得胜利。

译文 虽然很多小处不能取胜，但能取得大的胜利。取得大的胜利只有圣人才能做到。

经典解析

这句话让我们明白小胜小败无关大局，只要没有伤到根本和元气，大胜就一定会有希望。小胜是无关紧要的，而大胜才是具有决定性意义的。俗话说："伤其十指不如断其一指。"十指虽然受伤，但是只要经过修养之后，它们还是会像以前一样；而削去一个手指头，则是永远都不能恢复了。所以做事情一定要找到将量变转为质变的关键，而不要被眼前的失败所吓倒，笑到最后才是笑得最好的。

故事链接

夔对蚿说："我靠一只脚就能行走。你的上万只脚，要怎样行走？"蚿说："我天生的机能会帮助我行走，不过我不知道为什么能够这样。"蚿对蛇说："我的这么多的脚反而不如你没脚，这是为什么？"蛇说："天生的机能使我不需要脚。"蛇对风说："我天生的机能使我像有脚一样。如今你从北海到南海，却没留下任何形迹，这是为什么呢？"风说："人们用手来阻挡我，用腿脚来踢我，我都无可奈何。但我能折断大树、掀翻房屋，这就是在细小的方面不求胜利而求获得大的胜利。"

古为今用

风跟水一样，都是外柔而内刚，以柔而胜刚的。只有具备了这样的品质才能成为"为大胜者"。所以我们在日常生活中，要像风、水一样懂得包容一切，懂得将缺点化为优点，这样才能够以柔克刚。在困难面前，不能为眼前的形势所迷惑，要懂得小不忍则乱大谋，要做到不急功近利，在战术上可以有小的失误，但在战略上一定要有成功的态势。

【一一六】倒道而言,迕道而说者,人之所治也,安能治人!

骤①而语形名,不知其本也;骤而语赏罚,不知其始也。倒道②而言,迕③道而说者,人之所治也,安能治人!

——《天道》

注释｜①骤:突然。②倒道:与正道相违背。③迕(wǔ):违逆。

译文｜仓促地去谈论形体和称谓的问题,是不可能了解这个问题的根本的;仓促地商讨赏罚的问题,是不可能了解这个问题的开始的。将这个顺序颠倒过来说,或者与这个顺序不一致而辩说的人,只能接受别人的统治,又怎么能去统治别人呢!

经典解析

"倒道而言,迕道而说者,人之所治也,安能治人",说的是不求甚解、本末倒置的害处。庄子在《天道》篇中说:"本在于上,末在于下,要在于主,详在于臣。三军五兵之运,德之末也;赏罚利害,五刑之辟,教之末也;礼法度数,形名比详,治之末也;钟鼓之音,羽旄之容,乐之末也;哭泣衰绖,隆杀之服,哀之末也。此五末者,须精神之运,心术之动,然后从之者也。"意思就是:道德存在于上古,今天仁义的推行就没有了根据;治世的纲要掌握在帝王手里,臣子操劳的就应该是繁杂的事务。军队和各种兵器的运用,证明了道德的衰败;奖赏处罚只会使惩戒更加严重,各种刑法的施行是衰败的表现;度量计数需要规定,事物的名和实需要比较和审定,这是治理衰败的表现;钟鼓的声音及装饰过的仪容是声乐衰败的表现;痛哭流涕需要披麻戴孝的形式,这是哀伤情感不能自然流露的表现。这五种情况只是知道了事物的表面,但把它当作了根本。所以认识事物,不在于其表面,而在于其根本,要认识事物的根本,阐明自然的规律,而后才是道德,道德已经阐明而后才是仁义,仁义已经阐明而后才是职守,职守已经明确而后才是事物的外形和称谓,外形和称谓明确了以后才是依其才而任其职。这才是认识事物的顺序。所以"骤而语形名,不知其本"是无法真正认识事物的,当然也就不能真正地解决问题。

古为今用

有智慧的人不会把具体的方法和工具作为处理大事的根本途径。圣人只交给我们"大道"而没有交给我们具体的方法，一味地去追求细枝末节的方法，而不思索其根源就是犯了舍本逐末的错误。在市场竞争中，只重视物理实力——财力、物力、劳力和营销能力的竞争只能算是低层次的竞争，而不能成为一家企业长久的竞争力。因为这些要素只是实现市场目标的技术，对于这些其他企业同样能够做到。总之，只有把握了隐藏在市场目标之后的市场发展态势，才能有效地参与竞争。

延展阅读

治任别归

孔子以仁、孝教育学生，他去世以后，众弟子为其守孝三年，然后才收拾行装准备离开。子贡认为三年的时间太短，于是在孔子墓前建了一座茅庐，又守孝三年才离开。

不要将自己的生活本末倒置

在道家看来，人生的意义在于能够随心所欲、顺其自然地享受生活，而不是汲汲于功名利禄。儒家的创始人孔子也曾说过："不义而富且贵，于我如浮云。"可见，道家与儒家对于人生价值的认识还是有相似之处的。所以，人应该在顺应时势的情况下实现自己的人生理想，而不要去理会那些纷纷扰扰的世事，否则只会将人生本末倒置，而完全丧失了生活的意义。

[一二七] 夫形色名声果不足以得彼之情，则知者不言，言者不知，而世岂识之哉？

悲夫，世人以形色名声为足以得彼之情！夫形色名声果不足以得彼之情，则知者不言①，言者不知，而世岂识之哉？

——《天道》

注释 | ①知者不言：真正通晓大道的人不会去说。

译文 | 可悲啊，世人认为得到了形、色、名、声就能够得到事物的实情！形、色、名、声真的是远远不够用来获得事物的实情的，而真正明白的人却不说，说的却又不明白，那么世人又如何能懂得这个道理呢？

经典解析

尽信书则不如无书，庄子认为："书不过语，语有贵也。语之所贵者意也，意有所随。意之所随者，不可言传也，而世因贵言传书。世虽贵之，我犹不足贵也，为其贵非其贵也。"书只是语言的载体，言语的可贵之处就在于它的意义，而这个意义是书所不能表达的。然而世人因为看重言语而传之于书。世人虽然看重它，但我还是认为它不值得看重，因为他们认为可贵的部分并不是真正可贵的。世人以为可以看见形状、听到声音的事物就可以掌握其真实的意义，但这些其实是远远不够的。我们至今仍在使用的格言"书不尽言，言不尽意"，说的就是上面的道理。庄子接着又讲了一个轮扁做轮子的故事来证明这个道理。齐桓公在堂上读书，轮扁在堂下做轮子，他看到齐桓公在读圣人的言论，而这些圣人都已经死了，于是他就说齐桓公读的是古人的糟粕。齐桓公要轮扁解释清楚，不然就杀了他。轮扁说他做轮子是得之于手，而应之于心，有口也说不出，但这里是有奥妙的技术的。但他不能传授给他的儿子，他的儿子也不能从他那里继承到。如今古人与他们那些不可传授的心得都已经消失了。"知者不言"，因为很多东西都是只能意会而不能言传的。"言者不知"，能够流传下来的东西都不是能够言传的东西。

古为今用

我们从懂事以后就开始了自己的读书生涯，那么怎样才算是把书读懂呢？书，并不是如轮扁所认为的那样都是糟粕。孔子说："温故而知新，可以为师矣。""故"既可以是古人留下来的书册，也可以是自己已熟悉的知识，这些知识经过自己的重新领悟后成为"新"的东西。经典成为完美是需要自己的经验的。书本和经验应该是互补的，像轮扁那样完全依赖经验也是不可取的，否则就要到了70岁才能够"得之于心，应之于手"了。

延展阅读

郑家诗婢

东汉大儒郑玄有一次因婢女犯错便罚其站于泥中。另一个婢女见到以后就用《诗经·式微》中的句子问道："胡为乎泥中？"被罚的婢女便用《诗经·柏舟》中的句子回答道："薄言往愬，逢彼之怒。"

学习之道在于心领神会

学习是一件非常艰苦的事情，要想学有所成，不仅要付出艰苦的努力，而且还要对所学习的知识有极强的领会能力，否则就是"死读书、读死书"。人生也是如此，对于生活我们不能总是想着过一天算一天，而应该及时地总结，并从中得出人生感悟。只有这样，才能由自己掌握生活的方向，才能使自己的人生达到一种理想的状态。

[一二八] 人之所美也,鱼见之深入,鸟见之高飞。

毛嫱丽姬①,人之所美也,鱼见之深入,鸟见之高飞,麋鹿见之决骤②。

——《秋水》

注释 | ①毛嫱(qiáng)丽姬:古代两位著名的美人。②骤:快速奔跑。

译文 | 毛嫱和丽姬是受到人们称道的美丽的人,然而鱼儿看到她们就潜入深水之中,鸟儿看到她们就飞向高高的天空,麋鹿看到她们就快速地逃走。

经典解析
沉鱼落雁、闭月羞花都是来形容女子的美貌的,但现在看来这是人们发挥想象力的结果,是人们对花、鸟、鱼的行为的一种误解。毛嫱和丽姬,只是人类世界里的美人,而人们却以己度人,认为在其他世界里也应如此。因为人们对世界的认知是有限的,对未知的世界也抱有一种幻想,并且把这种幻想强加在别人身上,久而久之,这种谬误就会广泛流传。

故事链接
庄子和惠子在桥上游玩。庄子说:"鱼在水中游玩,这就是它们的快乐。"惠子说:"你不是鱼,怎么知道鱼的快乐?"庄子说:"你不是我,怎么知道我不知道鱼儿的快乐?"惠子说:"我不是你,当然不知道你的情况;而你也不是鱼,所以你也不知道鱼是否快乐。"庄子说:"还是让我们顺着先前的话来说吧。你说'你怎么知道鱼快乐'时,那是因为你已经知道我知道鱼快乐才来问我的,而我是在濠水的桥上知道鱼快乐的。"

古为今用
庄子并没有讲清楚他是怎么知道鱼是快乐的,但他的确是赢了惠子。因为他抓住了这一点,语言是用来沟通的,而不是事实,惠子则利用语言以己度人了。人类对事物的认知是可贵的,但反过来受制于认知则是可悲的。所以人要有自知之明,而不能以己度人,更不能把自己的意志强加于人,这既是对别人的限制,也是对自己的束缚。

礼义法度者，应时而变者也。

礼义法度者，应时而变者也。今取猿狙而衣以周公之服，彼必龁啮①挽裂，尽去而后慊②。观古今之异，犹猨狙之异乎周公也。

——《天运》

注释 ①龁啮（hé niè）：咬碎。②慊（qiè）：满足，满意。

译文 礼义法度应该顺应时代而不断变化。如今如果捉到猿猴并为它穿上周公时代的衣服，那么它必定会将其咬破或撕毁，直到完全脱掉身上的衣服才会满足。观察古今的不同之处，就像猿猴和周公的差别一样。

经典解析

庄子用吊杆汲水的例子说明了只有适应环境的变化，才能够很好地生存下来。拉起吊杆的一端而另一端便会俯身临近水面，放下它的一端则另一端就会高高仰起。吊杆是因为人的牵引，而并非它牵引了人，所以或俯或仰均不得罪人。吊杆适应了人的变化，无论是高还是低，都能得到人的认可，所以做任何事情都要因势利导。

故事链接

一只蝙蝠坠落到地面上，被一只鼠狼捉住了。蝙蝠哀求讨饶，鼠狼却不答应，并说它自己最爱和鸟类为敌。蝙蝠便证明它自己不是鸟，而只是一只老鼠，因此鼠狼就放了它。不久这只蝙蝠又坠落到地上，被另一只鼠狼给捉住了，它同样地哀求讨饶。那鼠狼说它自己最恨老鼠，蝙蝠便证明自己并不是老鼠，而是一只蝙蝠。因此，它又第二次安然逃离了危险。

古为今用

虽然能够适应环境已经是很不错的了，但如果能更好地利用环境，那么生活将更加美好，就像那只聪明的小蝙蝠一样，不仅能够做到适应环境的变化，而且还能做到随机应变。现代社会正以日新月异的速度变化着，所以要时刻准备着与时俱进，因势利导，做到善于发现变化，利用变化，这样才不至于在变化中措手不及、错失良机。

[一三〇] 以舟之可行于水也,而求推之于陆,则没世不行寻常。

夫水行莫如用舟,而陆行莫如用车。以舟之可行于水也,而求推之于陆,则没世不行寻常①。

——《天运》

注释 | ①寻常:八尺为寻,丈六为常,形容距离短。

译文 | 在水上通行的工具没有什么比船还好,在陆地上通行的工具没有什么比车还好,因为船可以在水中通行,而如果奢求它能够在陆地上推进,那么它就一辈子也无法走出多远了。

经典解析

任何事物都有其赖以生存和发挥作用的环境,离开了用武之地,事物不但无法施展才能,甚至还会难以生存。任何事物都要根据环境的转变而转换其形态,以便在新的环境中发挥功用。因地制宜和因材施教说的就是这个道理。过河用船,而在陆地上就要乘车,所以政策应该随环境的改变而改变。历代的有志之士都善于从当时的环境出发,制定出适合当时实际情况的治国方略,从而促进社会的发展。在一般情况下,开国的帝王多实行无为而治,发挥人们的积极性,恢复生产、发展经济。因为在多年战乱之后,只有休养生息才能为发展奠定基础。所以西汉初年崇尚黄老学,并取得了文景之治的成就,奠定了汉朝统治的物质基础。在取得了物质基础之后,就转而提倡儒家学说,推行礼乐文化,发展文化事业,用文化事业的发展来进一步促进经济的发展。所以汉武帝在思想上推行"罢黜百家,独尊儒术"。所以碰到了什么样的环境,就要用适合当时环境的方法来解决问题,如果一成不变,那么就会因不适应环境而灭亡。

古为今用

任何政策的制定都要适合当时的环境。工业革命带来了环境的恶化,如果继续推行以往的工业经济,那么将会给环境带来无法想象的恶果,第二产业已经不再是经济的主导了,所以清洁生产和循环经济应运而生,这也许就叫适者生存吧。只有适应环境的改变,才能更好地生存下去。科技的发展需要人们不断地学习,不断地适应,只有这样人们才能更好地生活。我们要追着生活走,因为生活永远不会在原地等你。

延展阅读

仁厚俭恕

汉文帝即位以后,根据当时的社会现状,采取了"无为而治"的治国方略。他所颁布的政策都力求仁爱百姓、节俭忠恕,从而开创了汉代"文景之治"的盛世局面。

根据形势,做出正确的决策

决策制定的依据很多,最重要的一条就是不能感情用事,而应该根据当前的客观形势进行正确的判断,进而做出决策。因为决策的实施会涉及很多方面,如果有一方面考虑不周,那么就会带来很严重的后果。客观形势也可以理解为环境条件和事物发展的潮流,顺应潮流就会繁荣昌盛,逆潮流而动的人所做出的决策则只能被潮流所淹没了。

彼知矉美，而不知矉之所以美。

故西施病心而矉①其里，其里之丑人见而美之，归亦捧心而矉其里。其里之富人见之，坚闭门而不出；贫人见之，挈②妻子而去之走。彼知矉美，而不知矉之所以美。

——《天运》

注释 ①矉（pín）：同"颦"，皱眉。②挈（qiè）：带，领。

译文 从前，西施有心口疼痛的病，因而她常在邻里面前皱起眉头，邻里的一个长得丑的女人看见后，觉得皱眉头很美，回去后她也在邻里面前捂着胸口且皱着眉。邻里之中的富人看见后，将家门紧闭而不出来；穷人看见后，带着妻子儿女躲开了。那个长得丑的女人只知道皱眉好看，却不知为什么皱眉会好看。

经典解析

《庄子·齐物论》中有这样一段话："毛嫱丽姬，人之所美也，鱼见之深入，鸟见之高飞，麋鹿见之决骤。四者孰知天下之正色哉？"这段话的意思和上面这句话的意思相近。虽然毛嫱和丽姬的美得到了所有人的认同，人们都喜欢和她们亲近，但鱼、鸟、麋鹿却避之唯恐不及；因为毛嫱和丽姬的美不符合鱼、鸟、麋鹿的审美标准。既然美的标准有所不同，那么人又能真的分清什么才是美吗？西施是因为长得美，还是因为其捧心的姿态美呢？很明显，西施是因为其美貌，首先给人一种视觉上的美感，然后人们在心里面就接受了捧心也是一种美。而当一个丑女也捧心的时候，肯定是没有人认为美的。所以美不美并不是美的标准的问题，而是符不符合标准的问题。所以设立的标准并不重要，重要的是人们要认同这个标准。如果毛嫱、丽姬的美符合鱼、鸟、麋鹿的标准，那么鱼、鸟、麋鹿所认同的美到底是什么就不重要了；如果认为捧心的姿态是美的，那么就没有长相的"美"与"丑"之分了。所以，所谓的标准只是人们所认同的，而并不能准确地代表事物的本真。柳宗元有诗云："世世悠悠不识真，姜芽尽是捧心人。"这正是因为人们没有认识到事物的"真",只要得到人们的认同,即使并不是出于爱美心态的"捧心",也会被人们纷纷效仿。可见在发现真理之前,谬误是多么流行。

古为今用

在东施效颦这个故事中,可以发现两个非常明显的错误:一个是世人犯的,另一个是东施犯的。世人所犯的错误是不应该爱屋及乌,这样会混淆事物的判断标准;东施所犯的错误是以偏概全,且没有自知之明。她首先是没有意识到捧心之美只是西施美貌的赠品,而没有买东西又怎么会有赠品呢?其次她没有自知之明,只看到了表面的东西。所以,在生活中要避免东施效颦的错误,首先就是要分析自己所处的环境,千万不要被一些错误的趋势所迷惑;其次就是要认清自己的实际情况,不要做超出自己能力范围的事。

---- 延展阅读 ----

越女西施

西施

西施是中国古代四大美女之首,传说鱼儿见了她都会忘了游动而慢慢沉入水底。吴王夫差就是因为沉迷于她的美色而导致身死国灭的。

自然的才是最美的

现实中有很多扭曲正常审美标准的情况,从而导致了畸形的审美观。美应该是自然的、真实的、健康的,美是一个仁者见仁、智者见智的问题,从来没有一个统一的标准来规定什么是美、什么是丑。同样,每个人的心中都有属于自己的美丑标准,只要是自然的,都应该被认为是美的,如果要把属于别人身上的美强行用在自己的身上,那么就会被别人耻笑了。

物固相累，二类相召也。

物固相累①，二类相召②也。

——《山木》

①累：制约，牵累。②召：吸引。

译文 | 万物之间原本是互相牵累的，但二者之间也是相互吸引的。

经典解析

这句话的意思是指，矛盾是普遍存在、相生相克的。矛盾的普遍性构成了世界的万千变化。世界存在一个因果循环的网，网中的每一个事物都处在相生相克的关系中，既有生之者和克之者，又有它所生的和所克的，还有和它类似的。无论是哪一种情况，都是互相感召的，从而形成了一个命运共同体。

故事链接

在食物链中，羊是弱者，而狼是羊的天敌，但这里有一个狼救羊的故事：刚开始羊的数量减少了，是因为狼的数量太多的缘故。但在没有狼之后不久，羊的数量还是减少了。因为没有狼以后，羊大量繁殖，不必锻炼奔跑速度，各方面的素质也都在下降。没有了狼，即使是特别羸弱的羊都会生存下来，久而久之，羊的数量便越来越多，而羊的食物却越来越少，最终导致羊的数量的减少。生态学家建议，放几只狼进去。于是过了几年后，这里又出现了繁荣的景象。

古为今用

狼救羊的故事告诉我们，敌人也能促进自身的成长。有竞争才有进步，没有了竞争对手，也就不容易发现自身的缺点，而无法克服缺点，进步又谈何容易。朋友是可贵的，但有时候敌人却更可贵。和敌人的竞争可以使自己快速地进步，所以才会有独孤求败埋剑，但求一败的事情。

人不忘其所忘而忘其所不忘，此谓诚忘。

德有所长而形有所忘，人不忘其所忘而忘其所不忘①，此谓诚②忘。

——《德充符》

注释 ①不忘：不应该忘掉。②诚：真正的。

译文 在德行方面有超人之处的人，其在形体方面的缺陷就会为人所忘。人们没有忘掉本应忘掉的形体却忘掉了不应忘掉的德行，这可以说是真正的遗忘。

经典解析
庄子在《德充符》里说过这样一件事：一个跛脚、伛背的人游说卫灵公，卫灵公十分喜欢他；当看到体形完整的人时，就认为他们的脖颈实在是太细了。一个颈瘤大如瓮盎的人游说齐桓公，齐桓公十分喜欢他；当看到体形完整的人时，就认为他们的脖颈实在是太细了。这是因为一个人在德行上的成就可以让人们遗忘他在形体上的不足。只有精神崇高的人，他们在形体上的缺陷才会被人们所遗忘。总之，德行之美，才是真正的美。

故事链接
海伦·凯勒虽然又聋又盲，但是却成了人们所尊敬的文学家；第二次世界大战三巨头之一的罗斯福，虽然腿瘸了，但是他却拥有比正常人还要刚强的意志，在战场上令人畏惧；张海迪虽然下身瘫痪，但她却有一颗美丽的心灵，歌颂着人间的真善美。这些人的美德，让人们忘记了他们的缺陷，令人更尊敬他们。

古为今用
人格的完美比外表的完美更令人觉得完美，所以我们在日常生活中不能过于注重外表的修饰，而要看重人格的修饰。追求精神充实完美的人不在乎物质生活的贫乏。因为形体上的美总有一天会随着时间的变化而磨灭和消失，只有精神上的美才会永恒地存在。当我们只看重外在的美的时候，内在的美就会悄悄地溜走。所以我们在生活中一定要善于抓住内在的美，让内在的美永恒地存在于我们的心中。

[133四] 吾长见笑于大方之家。

今我睹子之难穷也，吾非至于子之门则殆①矣，吾长见笑于大方之家②。

——《秋水》

注释 | ①殆（dài）：危险。②大方之家：学问大、修养高的人。
译文 | 如今我见到了你的浩大无边，如果不是因为我来到了你的门前，那可就真是危险了，因为我一定会被见识广博的人永远地耻笑。

经典解析

典故贻笑大方就是出于此处。秋天里山洪按照时令汹涌而至，所有的水流都汇入黄河，这使得河面波涛汹涌、宽广无比，连对岸的马牛都分辨不清。于是河神感到非常骄傲和自豪，他认为自己已经拥有天下所有美好的东西。河神沿着水流向东而行，在北海边，向东望去，却不知大海的尽头在哪里。于是河神便马上收起了先前骄傲的态度，面对着海神慨叹连连："俗语不是这样说的吗，'听到了上百条道理，便认为自己是天下最好的'，恐怕说的就是我这种人了。而且我还曾听到过说孔丘懂得的东西太少、伯夷的意见不值得看重的话语，见到你之前我是不敢相信的；如今我亲眼看到了你是如此的浩渺博大、无边无际，我要不是亲自来到你的门前，那可就真的要危险了，我肯定会永远受到修养高的人的耻笑。"因为河神看到了海神的博大，又意识到了自己的渺小，所以就没有见笑大方。但有些人在博大面前偏偏意识不到自己的渺小，而非要班门弄斧不可，这样就难免会见笑于大方之家了。所以，在大方之家面前，一定要有自知之明，而不要因为自己一丁点儿的了不起，就做了井底之蛙，这样不仅会贻笑大方，还会故步自封。

古为今用

在大方之家面前，我们应该如何自处呢？我们不能班门弄斧，也不能妄自菲薄。不班门弄斧，所以我们才能够感受到大方之家的浩渺博大，才能认识到自己的不足，这样就会有一种不断学习的压力与动力；不妄自菲薄，就是在大方之家面前，不能自乱阵脚，那样会显得自己更加渺小与不足。我们应该处之泰然，发挥自己正常的水平，这样就不会因自己的渺小而灰心丧气，而会有一种"天生我材必有用"的豪气，在以后的道路中也就会有不断向上的豪情。有自知之明，不班门弄斧，不妄自菲薄，那么我们离大方之家还远吗？

延展阅读

秋水

秋天的景色本给人以萧条衰败之感，但秋水则不然。在秋高气爽的天气，秋水与蓝天能给人一种心胸开阔、气定神闲的感觉，能够让人体会到大自然的广阔与幽美。

敬畏自然

尽管人类凭借自己的力量已经走遍了地球的每个角落，甚至还将足迹踏进了宇宙，但是面对深广的自然，人类仍然只是一个渺小的群体，人们对广袤的自然仍然应该抱以敬畏的态度，否则会给自身带来祸患。

[一三五] 盖师是而无非,师治而无乱乎?

盖①师是而无非,师治②而无乱乎?是未明天地之理、万物之情者也。是犹师天而无地,师阴而无阳,其不可行明矣。

——《秋水》

注释 ①盖(hé):何不。②治:安定。

译文 为什么只赞同对的一面而不赞同错的一面,只赞同安定而不赞同动乱呢?这是由于不明白大自然的道理和万物的实情。这和效法天而不效法地、效法阴而不效法阳是一样的,那么行不通就是十分明显的了。

经典解析

这句话解释了为什么不能全面地看待事物,这是由于没有明白天地之间的"理"和万物的"情"。那么何谓"理",何谓"情"呢?《庄子·则阳》篇讲:"万物殊理,道不私。"这说明"理"就是事物的规律,但没有说明这些规律具体是指什么。韩非在《解老》篇中对理的具体规律做了明确的说明:"理者,成物之文也。""凡理者,方圆、短长、粗靡、坚脆之分也。""短长、大小、方圆、坚脆、轻重、白黑之谓理。"所以韩非的"理",是事物某些方面的具体性质,是事物规律的一部分。事物因为其特有的性质,被称之为一个具体的事物,"理定而物易割",有了这些特有的性质,事物之间才能有所区分。韩非接着把"理"与"道"联系起来。他认为,理不是适合所有事物的,而只适合于具有该"理"的事物,而"道"则"尽稽万物之理",是适合于所有的事物的。韩非的"理"包含于庄子的"理"之中,韩非的"理"是指事物的一般性或一般规律,而庄子的"理"则是指事物的普遍性与普遍规律,而这个普遍规律并没有得到全面认识。而万物之"情"中"情"是指万物的性情,万物的原始性情决定万物之理,所以这里的"情"就应该是"道"。所以人们看重一面,而忽视另一面,是因为没有尊重万物中存在的"道",没有遵循事物最本质的规律。

古为今用

盲人摸象的故事告诉我们，用不同的眼光看待事物，就会有不同的结论。要看清事物的真实面目，就要以全面的眼光来看待。但是以全面的眼光看待事物，也未必就能看到事物全部的真相，因为真相只是被人们发掘出来的，还有很多真相并没有被发现。所以我们应该以"道"的眼光来看待事物，而不要只根据已知的真相来概括事物所有的真相。但是，我们可以根据这个已知的真相所彰显的"理"，即这个事物的一般规律来解决问题。这样既可以暂时解决问题，又不会妨碍我们继续认识事物的真相。

延展阅读

盲人摸象

盲人摸象的可笑之处就在于，他没有摸到大象的全体，而只是摸到其中的一部分就认为自己了解了大象。

看问题要全面

唯物辩证法要求我们要用全面的观点看问题。事物都是一分为二的，既有积极的方面，又有消极的方面。因此在认识事物时要坚持用全面的观点。盲人之所以会得出错误的结论，就是因为他都没有摸遍整个大象。我们不是应该引以为戒吗？

[一三六] 梁丽可以冲城，而不可以窒穴。

梁丽①可以冲城，而不可以窒穴，言殊器也。骐骥、骅骝②一日而驰千里，捕鼠不如狸③狌④，言殊技也。

——《秋水》

注释 ①梁丽：屋栋。②骅骝（huá liú）：与骐骥相同，均为骏马。③狸：猫。④狌（shēng）：鼬，即黄鼠狼。

译文 做栋梁的木材可以用来冲击城门，却不可以用在堵洞穴上，因为器物在使用时有不同的方法。良马一天可以奔行千里，在捕捉老鼠时却比不上野猫和黄鼠狼，因为技能各不相同。

经典解析

这句话告诉我们，不同禀性有不同的用途。要发挥事物最理想的用途，就要充分认识事物的禀性。因为同一器具，在不同的时间或环境中有着不同的作用。所以要做到人尽其才、物尽其用，就要充分利用其禀性，根据禀性的不同扬长避短，并因时因地而异，激发相应的潜能和积极性。

故事链接

管理学上有一条著名的定理：没有平庸的人，只有平庸的管理。知人善任，让自己的下属去做他们适合做的事情，这样才能充分发挥他们的工作潜能。本田宗一郎以自身创新的勇气、锐意的进取和知人善任，从第二次世界大战的经济废墟中走了出来，并为日本的汽车工业做出了巨大贡献。他放弃董事长的职位而从事汽车研发工作，这需要巨大的勇气。

古为今用

如果做不到知人善任，即使是金子也无法发光。那么怎样才能做到知人善任呢？这就需要公正和全面地对待所有的人和事。对人要公正，因为优点会在偏见中埋没。看事要全面，不能只看到对的一面，因为错的一面从另一个角度来看也可能是对的，这样才能全面地把握利与弊，做事的时候才能趋利避害。

[一三七]

周将处乎材与不材之间。

周将处乎材与不材之间。材与不材之间,似之而非①也,故未免乎累②。

——《山木》

注释 ①似之而非:似乎符合而又不是真的符合。②累(lěi):牵累。

译文 我庄周将位于成材和不成材之间。成材和不成材之间,看似合乎大道却并不是真正的合乎大道,所以也无法免于祸患。

经典解析

庄子说:"处在有用与无用之间,看上去似乎很有道理,但仍然会受到'有用''无用'的拖累。所以,最直接的办法就是乘着自然的'道',游于天地之间。既不肯定荣誉,也不否定耻辱。这样,才能顺势而行,而不是拘泥于某种特定的形式或表现。做到了这一点,才能算是真的无拘无束。"之所以"无用"的树得以保全,"无用"的鹅惨遭屠杀,是因为对人来说,"有用"的树就是要砍下来用的,而"有用"的鹅则是活着用的。"有用"和"无用"是相对而言的。所以有用、无用要看从哪一个角度去看。

故事链接

有一个老婆婆让一位相士给她的孙子看相,相士告诉她:这个男孩长大后会吃皇粮。结果这个男孩长大后进了牢狱。有一个妈妈也找相士给她的儿子看相,算命的说这个小孩会一辈子无忧无虑,不愁吃、不愁穿。这孩子长大后明显地智能不足。有一个年轻人也找相士看相,相士告诉他,他这辈子会数钱数不完。原来这个年轻人是一个钱庄的学徒。

古为今用

有一句话说"能者多劳",事实上能者势必多劳。无论从哪个角度看,你都是有用的,那么你还能逃到哪里去呢?在多元化的社会中,只要以不同的角度去看,就能发现各种有用和无用,所以要怀抱"天生我材必有用"的眼光,不用担心"无用",因为此路不通,还会有另一条路;当然也不必太有用,因为强中自有强中手,只要做自己认为应该做的事就行了。

【一三八】 人能虚己以游世，其孰能害之！

方舟①而济于河，有虚舡②来触舟，虽有惼③心之人不怒。有一人在其上，则呼张歙④之。一呼而不闻，再呼而不闻，于是三呼邪，则必以恶声随之。向也不怒而今也怒，向也虚而今也实。人能虚己以游世，其孰能害之！

——《山木》

注释 | ①方舟：并舟。②舡：通"船"。虚：无人驾驶的空船。③惼（biǎn）：心胸狭窄。④歙（xī）：古同"翕"，和洽。

译文 | 将两船合并来渡河，有一条空船撞了过来，就算是心地褊狭的人也不会太过生气。如果那条船上有一个人，那么人们就会大声呼喊让来船后退。如果一次没回应，两次也没回应，那么就会喊第三次，也必然会伴随责骂之声。先前不生气而现在显得恼怒，那是由于先前的船是空的而现在的船上面却有人。一个人若能使自己像空船一样淡然而遨游于世，那又有谁能够加害于他呢！

经典解析

被陌生人欺骗会生气，而被朋友欺骗会更生气，如果被亲人欺骗恐怕就要气炸了。因为被欺骗的原因逐渐从"虚"变为"实"了。在与人打交道时，如果是无心得罪了人，则可能会被原谅；如果是有心去侵犯人，那这个仇就结定了。这都是"实"惹的祸。所以要"虚己游世"就能避免"实"惹的祸了。"虚己"就是要把自己放下，没有心计、没有心眼，以"无"的状态与别人相处，那么他走到哪里都会比较自在，也不会有什么障碍，因为在别人眼中，他就是一个隐身人，当然也就没有什么是非了。所以《道德经》里面说"和光同尘"，做到高明之处，就是"虚己以游世"。但是社会生活中，到处都充满了"实"，于是就有了各种麻烦和利害冲突，这个时候我们就应该避实就虚，因为"虚"可以化解麻烦和冲突，能够独善其身。那么怎样才能使自己做到"虚己"？就是要逍遥无为，无心、无我、无相，虚己以游世。

古为今用

经常开车的人,遇到交通不顺畅的时候一定会很郁闷。但如果看到"熊出没,请注意",或者"新手上路,请多关照"时,虽然通行不是那么畅通,但心中也不会有太多怨气。人与人之间打交道也是如此,如果一个人无意之中冒犯了你,你会一笑泯恩仇;但如果这个人故意给你气受,矛盾可能就会变大了。这都是因为我们把自己看得太实,从而忽略了很多"虚"的东西,所以要减少烦恼就要"虚己",不执着自我,低调做人。

---- 延展阅读 ----

六桨课船图

春秋战国时代,造船业已经有了相当的规模。这一时期已经出现了六桨的船,可以说,船在当时已经被广泛地应用到了生活和军事中。

以无为求无害

人之所以会遭遇祸患,一是由于自己过于追求外物而导致内心欲求难以满足;二是由于自己的行为给别人的利益造成了损失,从而招致别人的妒忌和憎恨。要想避免这些祸患,就要求人们能够对自己的行为加以控制,顺从内心自然的天性,不要过于追求外物,也不要过于显露自己的锋芒。

【一三九】行贤而去自贤之行,安往而不爱哉!

阳子曰:"弟子记之!行贤而去自贤①之行,安往而不爱②哉!"

——《山木》

注释 ①自贤:自以为贤。②爱:受到喜爱。
译文 阳子说:"弟子们要记住!品行贤良却又不自以为品行贤良的人,走到哪里都会受到尊敬和爱戴!"

经典解析

阳子到宋国去,他住进了一间旅店。旅店主人有两个妾,一个长得非常漂亮,而另一个则长得很丑陋,可是长得丑陋的却受到宠爱,而长得漂亮的反而受到冷落。阳子问店主其中的缘故,店主回答:"那个长得漂亮的自以为漂亮,我却认为她不漂亮;那个长得丑陋的自以为丑陋,我却觉得她很漂亮。"阳子转过身来对弟子说:"弟子们记住!品行贤良但却不自以为品行贤良的人,走到哪里都会受到敬重和爱戴。"这个故事中阳子借这个事实,教育他的弟子"行贤而去自贤之行,安往而不爱哉"。这说明一个人自我感觉良好并不代表别人也会这样认为,所以即使自己的各方面都很好,但也不能自我夸耀,这样的人别人才会有所认同。一个人容貌长得很美而不自认为美,一个人的品行很好而不自认为好,证明了这个人是谦虚谨慎、不骄不躁的,而这种品质是值得世人推崇的。如果因为自己长得美而到处炫耀自己,因为自己品德好而到处夸耀自己,那么无论他走到哪里反而都会让人瞧不起。

古为今用

孔子云:"三人行,必有我师焉。"每个人都不可能是十全十美的,所以不要因为自己的优点而骄傲,这样就会像那个长得好看的妾一样,即使长得再美也不能得到宠爱。每个人在社会中都不是孤立存在的,一个人即使再优秀也不能把事情做得面面俱到,所以做任何事都要虚心谦谨,这是做人的美德。虚心谦谨使人进步,炫耀骄傲使人落后。因此做人要培养自己谦虚谨慎的美德,克服骄傲自满的情绪,这样就会得到更多人的尊重与支持,从而使自己的人生更顺利,事业更成功。

延展阅读

微服过宋

孔子周游列国时,曾微服过宋,至今仍有遗迹保存。

老子观井

老子通过观井从而悟出了人应该抱元守一、顺其自然的道理。

保持谦虚谨慎的人生态度

人的一生能够在道德修养和事业上取得一些成绩自然是值得高兴的,但是如果以此作为骄傲自满的资本,那么只能说明其修养水平还不够。这样的人也会招致别人的轻视和侮辱,最好的办法就是保持自己谦虚谨慎的态度和精神。

[一四〇] 且君子之交淡若水,小人之交甘若醴。

且君子之交淡若水,小人之交甘若醴①;君子淡以亲,小人甘以绝,彼无故以合者,则无故以离。

——《山木》

注释 ①醴(lǐ):甜酒。

译文 君子之间的交情像水一样淡,小人之间的交情像甜酒一样甜;君子恬淡却可亲,小人甘甜却易断绝,他们之间的交往和分离都不会有任何的缘故。

经典解析

庄子用这句话告诉了我们交友之道。他在说这句话时还提到了这样一个故事:林回在逃亡的过程中舍弃了价值千金的璧玉,背着婴儿就跑。因为他认为璧玉是以利益相合,孩子则是以天性相连。以利益相合的,遇上灾祸就会相互抛弃;以天性相连的,遇上灾祸就会相互包容。所以在交朋友的时候要以性情相交,这样才不会被利益所左右,时穷节乃现,患难见真情,雪中送炭的朋友才是真正的朋友。

故事链接

唐贞观年间,薛仁贵在不得志之前,与妻子在寒窑中过着艰苦的日子,多亏了王茂生夫妇接济。薛仁贵被封为"平辽王"时所收的礼物就只有王茂生送来的"美酒"(其实是清水)。薛仁贵说:"我过去落难时,全靠王兄弟夫妇的帮助,没有他们就没有我今天的荣华富贵。如今我美酒不沾,厚礼不收,却偏偏要收下王兄弟送来的清水,因为我知道王兄弟贫寒,送清水也是王兄的一番美意,这就叫君子之交淡如水。"

古为今用

何为君子?子曰:"不知命无以为君子。"这个"命"就是生命本体,就是"道",也就是所谓的"天命"。知"天命"之人、明"道"之人,就是"君子"。君子的行为就是"观天之道,执天之行",所以君子就是庄子眼中的"至人"。何为小人?小人典型的特点是见利忘义。

〔一四一〕为其服者,未必知其道也。

君子有其道者,未必为其服①也;为其服者,未必知其道也。

——《田子方》

注释 ①为其服:穿戴符合身份的服饰,此指穿儒服。

译文 君子怀有那种学识能力的,未必要穿儒士的服饰;穿了儒士服的人,未必就具有那种学识和能力。

经典解析

这句话表面上说的是内容与形式的问题。常言道,人不可貌相,以貌取人最容易犯形式主义错误。君子身怀那种学问和本事的,不一定要穿儒服;穿上儒服的人,不一定具有那种学问和本事。但是究其根本原因是大众的盲从心理。大众为什么会盲从呢?有两个原因:环境的压迫和心志的诱惑。鲁国人尊崇儒术,这是环境;以儒士为荣,这是诱惑,所以才会产生大众的盲从心理。

故事链接

当下流行养鸟。甲对乙说:"只要你在屋里挂一个空鸟笼子,即使你不爱养鸟,过不了多久,你还是会养一只。"于是,乙就在屋里挂了一个空鸟笼子。乙的朋友一到他家就和他说起了养鸟的事,看到他家仍然挂着空鸟笼子,有人说:"你不用担心养不好鸟儿,我的经验很丰富,我来帮你养。"有人说:"要不我陪你去选一只好鸟?"有人说:"我家还有一些鸟食,我给你送来一点。"甚至还有人说:"我家正好有一只多余的鸟,我给你送来吧。"乙就是这样在"养鸟"的氛围中度日如年,终于不得已养了一只鸟。

古为今用

人们都说舆论的力量是巨大的,防民之口,甚于防川,盲从一方面是环境造成的,但另一方面是由于心志的不坚定引起的。很多人都会在众多的选择和盲从中迷失自己,学什么都一窝蜂,,根本不知道自己最应该学什么。那么怎样才能克服盲从呢?世俗的环境我们无法改变,所以我们要坚持做自己,在潮流中掌握自己的方向。

【一四二】知天地之为稊米也，知豪末之为丘山也。

以差观之，因其所大而大之，则万物莫不大；因其所小而小之，则万物莫不小；知天地之为稊米①也，知豪末之为丘山也，则差数睹矣②。

——《秋水》

注释 ①稊（tí）米：细米。②差数睹矣：相对的差别就看清楚了。

译文 按照物与物之间的差别来看，顺着各种物体大的一面去观察便会认为物体是大的，那么万物就没有什么不是大的；顺着各种物体小的一面去观察便会认为物体是小的，那么万物就没有什么不是小的；知晓天地虽大比起更大的东西来也如小小的米粒，知晓毫毛之末虽小比起更小的东西来也如高大的山丘，而万物的差别和数量也就能看得很清楚了。

经典解析

在《秋水》篇中，河伯在看到汛期来临时的壮观就骄傲自满了，但当河伯来到入海处看到大海的浩渺时，这才"望洋兴叹"了。北海神开导了他一番，说不能认为天地就是大的，毫毛就是小的，因为空间和时间都是无穷无尽、变化无常的，开始和终结也是不固定的。所以真正的智者，既能看到远也能看到近，不认为小的就是少，大的就是多。因为他知道容量是没有穷尽的，因为他博古通今，明白遥远的过去，对得失明了，对眼前的东西也不会去祈求，因为他明白时间是不会停止的。他通晓盈虚之间的道理，不因得到了而过于高兴，不因失去了而过分忧愁，因为他知道世间变化是无常的。他通晓大道，所以不悦生，不哀死。人们所知道的永远要比不知道的少，人们生存的时间永远比不存在的时间长，人总是会有未知的东西。所以不能认为毫毛是最小的，天地是最大的。对"道"而言，多和少、大和小甚至生和死都没有什么意义。事物永远处于相对之中。知道大是相对而言的大，地球对人类是大的，但对银河系而言却是小的；小是相对而言的小，毫毛虽小，但和质子、中子比起来，又不知大了多少倍。

古为今用

"五帝之所连,三王之所争,仁人之所忧,任士之所劳,尽此矣",三皇五帝所争夺的,仁人志士们所辛劳忧虑的看起来都非常伟大,但相对"道"而言,又是何等的渺小。"死有重于泰山,轻于鸿毛",用相对的眼光看,死于鸿毛的人未必就比死于泰山的人渺小。"本来无一物,何处惹尘埃?"知道大小、是非是相对而言的还不够,还要把这些观念看成一样的。既然是非、对错、大小都没有什么标准,那荣辱得失也就没有什么可以执着的了。

延展阅读

望洋兴叹

河伯自以为黄河很大很长,因此而骄傲自满,当他见到大海以后才知道自己的渺小与无知。"夜郎自大"不也是同样的道理吗?

勿生自满之心

世间万物的大与小、高与低、好与坏都是相对的,没有什么东西可以称得上是绝对的大、高、好,因此当自己取得一些成就的时候,切不可骄傲自满,只有保持谦虚的态度和开阔的眼光,才能使自己的事业不断向前发展。

[一四三] 爱利出乎仁义，捐仁义者寡，利仁义者众。

爱利出乎仁义，捐①仁义者寡，利仁义者众。夫仁义之行，唯且无诚，且假乎禽贪②者器。

——《徐无鬼》

注释 | ①捐：舍弃。②禽贪：像禽兽一样贪婪。

译文 | 爱与利皆从仁义而出，而弃置仁义的少，从仁义中取利的多。仁义的行为，只要不具备诚信，就会被借用而成为禽兽一样贪婪的工具。

经典解析

庄子说："诸侯之门，仁义存焉。"仁义是诸侯们实现和维护自己统治的工具。这些诸侯实际上就是践踏仁义的"大盗"，如果仁义不是十全十美的，那么他们就会巧妙地据为己有，并用它来奴役和剥夺他人，使他人成为仁义的牺牲品。当圣人"为之斗斛以量之，则并与斗斛而窃之；为之权衡以称之，则并与权衡而窃之；为之符玺以信之，则并与符玺而窃之；为之仁义以矫之，则并与仁义而窃之"。因为"爱利出乎仁义，捐仁义者寡，利仁义者众"，所以"天下之善人少而不善人多，则圣人之利天下也少而害天下也多"。"夫仁义之行，唯且无诚"，仁义的推行，就是提供利用仁义的机会，所谓圣人之道，就是提供了利用仁义的好方法，而起着"胠箧"的作用。在庄子看来，要治理好百姓非常容易，那就是让百姓自由而为。这种治世策略，真正地体现了效法自然的精神，因为它是在维护百姓的自由而为。而以后却不同了，统治者的初衷是用仁义更好地治理天下，但结果是仁义被利用，把人心扰乱了，不足以收服人心，最后换来的是人的本性的沦丧。庄子并不是反对仁义，而是感慨于仁义被利用了，所以说："夫尧知贤人之利天下也，而不知其贼天下也。"

古为今用

从文明的发生意义上来看，人的本性的沦丧与文明的诞生是同时来到人间的。那么在文明存在了几千年的今天，当人性被外在的物性所支配时，扭曲人性也就成了文明的附属功能。但是人类是应该享受文明的，正如爱是出于仁义的，但它同时也被文明的附属物困扰着，因为利也是出于仁义的。要想使人性不成为文明的殉葬品，就不应该只把文明当作工具，这样文明就会变得真诚一些，人性的扭曲也就会少一些。

延展阅读

竹林七贤

"竹林七贤"是以行为放荡、举止风流而名垂青史的。其代表人物嵇康提出"越名教而任自然"，主张不要拘泥于现实生活中的礼法俗套，而要让心中的自然之念任意驰骋。

莫借仁义之名而行不仁之举

表面上打着行仁义的旗号，实际上干的却是不仁不义的勾当，这是伪君子的行径，只会招致人们的厌恶。真正仁义的人所行的仁义之举，完全是发自内心、顺其自然的行为，而不是挂羊头、卖狗肉的虚假行为。

日出而作，日入而息。

【一四四】

余立于宇宙之中，冬日衣①皮毛，夏日衣葛绤②；春耕种，形足以劳动；秋收敛，身足以休食；日出而作，日入而息，逍遥于天地之间而心意自得。

——《让王》

注释 ①衣（yì）：穿衣。②绤（chī）：较精细的葛布。
译文 我站在宇宙之中，冬季穿皮毛，夏季穿细葛布；春季耕田种地，形躯可以负担这样的劳作；秋天的收获完全可以满足自身的给养；太阳升起时就开始劳动，太阳下山了就休息，在天地之间逍遥地生活且心情悠然自得。

经典解析

这句话出自舜让天下的故事。舜首先把天下让给子州支伯，子州支伯说他患有病患，要治病，没有多余的时间治理天下。舜接着又让给善卷，善卷说他要过日出而作、日入而息的生活。舜再把天下让给石户地方的一位农夫，这位农夫认为舜的德行还未能达到最高的境界，于是逃到了海上的荒岛。天下贵重，却比不上生命、简单的生活和德行。

故事链接

一个富翁在海边游玩，看见一个渔夫正悠闲地坐在椅子上品茶，于是就对渔夫说："今天天色还早，你为什么不多打一点鱼回来？"渔夫说："今天打的鱼已经足够我生活了。"富翁说："如果你每天都多打一点鱼，久而久之，你就会有足够的钱来开一个鱼罐头厂，到那时你就可以雇别人来打鱼，这样你就可以赚更多的钱。"渔夫问："赚更多的钱以后干什么？"富翁说："赚更多的钱以后，你就可以像我一样来海边散步了。"渔夫说："我现在不就和你一样吗？"

古为今用

日出而作、日入而息原本是农耕时代最普通的生活，却成为很多现代人心目中渴望的生活。因为在现实生活中有太多无可奈何的东西，很多被大家认可的东西都成了生活的负担。例如，要住大房子，要开名车，孩子要上名校，为了这些不辞辛劳，心中渴望着过简单的生活，但又不得不接受现实。

安危相易，祸福相生。

安危相易，祸福相生，缓急相摩①，聚散以成。

——《则阳》

注释 ①相摩：相互摩擦。

译文 安与危相互变更，祸与福相依而存，缓与急相互摩擦，聚与散相对形成。

经典解析

庄子认为："通天下一气耳。"气是所有事物的基本元素。万物是通过气互相辉映、互相调治、互相更替、互相产生和互相衰减的。所以万事万物都是相生相克、互相转化的。庄子又说，大道却把天地、阴阳相贯通。所以在大道中，安全与危险、福与祸都是对立统一的。

故事链接

"非典"时期，人们更多地通过电话、手机短信、网络来传递相互之间的关怀与问候。这样的结果就是所有的通信业务都有明显的上涨，这使萎靡的经济爆发了生机。如果人们不明白福祸相生的道理，"非典"的危险与灾害就不会带来这么多的商机。所以我们遇到灾害不能怨天尤人，而要在灾害中寻找生机。

古为今用

人的一生不可能都是风平浪静的，即使自己足够小心、足够幸运，也不能完全避免天灾人祸。我们要以豁达的眼光来看待人世间的生与死、福与祸。塞翁失马，焉知非福，世间的事本就没有绝对的，所以在顺境中，不要太乐观，在逆境中也不要太悲观，而要达观。在顺境中，不要忘记隐藏的危险；在逆境中，要锻炼自己的逆商，使自己绝处逢生。

【一四六】穷则反，终则始。

随序之相理，桥运①之相使②，穷则反，终则始；此物之所有。

——《则阳》

注释 | ①桥运：如桔槔一样起伏运动。②相使：互相作用。
译文 | 事物随之变化的次序总是有着一定的规则，就如桔槔一样，连接的两个方面会相互制约，到了极点就会折返，到了终结又会再次开始；这是万物都具有的规律。

经典解析

所谓"极"或"穷"，是一种临界状态，就是量变化为质变的度。此前的刹那，不管其变化已有多大，都还在界内，是量变，其本质还没有变；而此后的刹那，便要进入反，过了度之后则就是质变了，新加的一根稻草，终于压垮了骆驼。因此，无论是要造成反或者是要避免反，关键都在于掌握好这个变化的度。而要抓住这个度，使自己永远都立于不败之地，是非常困难的，这就需要掌握矛盾的转化。由正而反，由反而反，是否定之否定，是完成了一个轮回之后的升华。因为"天地之间至相反者，本同处于一原"。反之后就是回归。这个回归之处就是"终"，好像回到了出发点，但实际上并不是如此，因为矛盾已经升级了，是否定之否定，所以回归之后就是一个新起点。矛盾升华之后，运动朝着更高级的方向运行。如果说，反强调了运动过程中矛盾的复杂，那么，回归则强调着运动后矛盾的升华。正如庄子所说："既雕既琢，复归于朴。""万物芸芸，各复其根。"天下万物起源于同一点，所以不可执着于外生之物，而要做到"穷则反，终则始"，回到原来的地方是我们最终的目的，所以我们不能流连万物而忘返，归于大道是终结之后的开始。

古为今用

"为道日损，损之又损"就是一个"穷则反，终则始"的过程。"损"的目的就是使万物各复其根。在前进的道路上，我们不能忘了"穷"的目的是"返"，为了一个旧的终结和一个新的开始。所以我们不能因前进途中的安适与美好而流连忘返，因为一旦忘了回归，就会忘记初心。因为我们所坚守的是根，是我们一切行为的最初理由，所以在前进的时候一定要多回头看一看。

---延展阅读---

琢玉图

琢玉的过程是极其烦琐的，而且需要很高超的技巧。琢玉不能使用蛮力，而应该用巧劲儿细细研磨，从中体现出"强极则辱"的道理。

做事要找好临界点

穷极则反，否极泰来，无论做什么事情都要把握好尺度，否则就很容易因为过于极端而陷入相反的方面。做事就应该找好事情的临界点，只有达到这个点，才能将事情做得最好，也才能使自己的目标在最大限度上得以实现。

[一四七]

寓言十九,重言十七,卮言日出,和以天倪。

寓言①十九,重言②十七,卮言③日出,和以天倪④。

——《寓言》

注释 | ①寓言:假托他人所说的话。十九:十分之九。②重言:借重先哲的言论。十七:十分之七。③卮(zhī)言:没有成见的言论,随心之言。④天倪(ní):自然的区分。

译文 | 假托他人所说的话占了十分之九,引用先哲的言论占了十分之七,随心并无成见的言论每天都会有新的出现,且都符合自然的区分。

经典解析

在庄子的文章中,出现了许多寓言。寓就是寄,即用一个浅显的故事说明一个深刻的道理。"亲父不为其子媒",自己不能夸耀自己,因为别人不会相信,所以要用寓言的形式来替自己说话。所谓"重言",就是借重圣贤说的话,俗话说"人微言轻",没有身份地位的人不足以取得他人的信任,只好假借往圣先贤替自己说话。卮是装酒的容器。卮言是"非执一守故",即没有逻辑,没有经过严密分析,自然而然就说出来的话。因此,卮言就是说出了事物最中性的一面,不带有任何的主观之见。在庄子的书中,寓言占了十分之九,重言占了十分之七,寓言和重言有很多是重叠的,所以寓言和重言的形式并不重要。这句话中"寓"是形式,"重"是方法,"卮"是性质,"日出"是频率,而所有的"言"都要统一在"以天倪和"之中。"天倪",就是"天均",即自然之陶钧,是宇宙间一切事物的存在模式。事物的发展就像一个不断运转的大圆盘,"始卒若环,莫得其伦"。圆盘之所以"始卒若环"是因为有一个被视为"环中"的枢机之点。而"卮言"就是立足于"道枢",从而超越了一切对立关系的言辩,是合道之言。

古为今用

卮言就是"无为"之言,就是顺应自然的言论,这样的言论比重言有用得多,因为它合于"道"。我们也可以这样认为:无声有时候比有声更有气势,无所为比有所为更能解决问题。著名经济学家凯恩斯非常信奉政府干预经济，因为经济的外部性及人为的垄断会使市场失灵。

延展阅读

庄子

《庄子》书中的一个显著特色就是大量地运用寓言故事来表达自己的思想和主张，从而使道理显得生动形象、明白易懂。

借他人之长，补己之短

个人的力量是有限的，所以就需要借助别人的力量来帮助自己获得成功。当自己人微言轻时，不妨引用他人的言论来为自己壮壮声势；当自己的力量过于弱小时，不妨借助别人的力量来排除困难。这也是顺其自然的一种表现，因为借他人之长是用来表达自己内心的意愿，而并非无目的的行为。当然，不借助别人的力量来达到自己的意愿，才是一种最理想的状态。

[一四八] 荃者所以在鱼，得鱼而忘荃。

荃①者所以在鱼，得鱼而忘荃；蹄②者所以在兔，得兔而忘蹄；言者所以在意，得意而忘言。

——《外物》

注释 | ①荃（quán）：通"筌"，捕鱼的竹笼。②蹄：兔网。

译文 | 竹笼的作用是捕鱼，捕到了鱼就忘了竹笼；兔网的作用是捉兔子，捉到了兔子就忘了兔网；言语的作用是传播思想，领会意思后就忘了言语。

经典解析

成语"得鱼忘荃"就出自此，庄子以鱼、兔喻意，以荃、蹄喻言。强调得鱼得兔是目的，而荃、蹄只是达到目的的手段，"得意忘言"是合理的、必要的，所以做事情不要拘泥于形式。东门口有个死了亲人的人，因为格外哀伤日渐消瘦而加官晋爵封为官师，他的同乡效仿他也消瘦毁容却死者过半。可见拘泥于形式的害处有多大。

故事链接

有一位非常虔诚的佛教信徒遇到了水灾，他爬到屋顶上避难，并祈求观世音菩萨相救。不一会儿，有个人驾着独木舟从旁边经过，要救这个信徒，信徒看他不是观世音菩萨就拒绝了。后来他又因此拒绝了两次被救。在信徒奄奄一息的时候，一位禅师驾船来救起了他。得救后，信徒抱怨说："我如此虔诚，观世音菩萨为什么不来救我？"禅师叹息道："你真是冤枉了观世音菩萨，菩萨几次化作舟船来救你，你却拒绝被救。看来你与佛无缘。"

古为今用

大家都记得在《倚天屠龙记》中张无忌学太极剑法的过程：张无忌看完一遍太极剑法后，说他只记得十之七八；过了一会儿又说，他已经忘记一半了；到了最后，张无忌说他已经全忘了。做任何事情都像练太极剑法一样，不要只看重表面的形式，而要看懂本质的内涵。过度拘泥于形式的人，是不会有真正的领悟的。

[一四九] 不知处阴以休影，处静以息迹，愚亦甚矣！

人有畏影恶迹而去之走者，举足愈数①而迹愈多，走愈疾而影不离身，自以为尚迟。疾走不休，绝力②而死。不知处阴以休③影，处静以息迹，愚亦甚矣！

——《渔父》

注释 ①数（shuò）：屡次，频繁地。②绝力：力竭。③休：使……停止。

译文 有人畏惧自己的身影，讨厌自己的足迹，想躲开因而逃跑，但是越频繁地举步就会使足迹越多，跑得越来越快但影子并不离开，于是他们便觉得自己跑得还是慢。接着又急奔不止，最后终于因力尽而死。但他们不知道在阴暗处停留影子自然就会消失，静止下来足迹便不会产生，这是过于愚蠢了！

经典解析

孔子说，他不容于诸国，不知道自己的过失。渔父说，人害怕自己的影子，又摆脱不了它，是因为他不懂得站在树荫下就没有影子了。渔父很清楚地为孔子解决了难题："谨修而身，谨守其真，还以物与人。"影子、脚印就像是功名利禄、喜怒哀乐之类的身外之物，要摆脱这些东西，最好的办法就是回归"道"，通过自身修养，韬光养晦来摆脱外物的困扰。

故事链接

英语 narcissus，是水仙花的意思，水仙花的花语是自恋自爱。水仙花是古希腊神话中一个叫纳西索斯的美少年的化身。因为他的美貌，他非常顾影自怜、孤芳自赏，每天都要欣赏自己在水中的影子。有一次他再也抑制不住对自己的爱慕，很想亲吻水中的自己，结果却淹死了，最后变成了一株水仙花。在现实生活中，又有多少人在忙碌地追求着各种各样的影子呢，当他们累了，想要停下来的时候，才发现自己再也无法摆脱影子了。

古为今用

一个人若没有了名利之心，则名利的影子就不会纠缠他。人最大的敌人其实是自己，只要思想上战胜了自己，就不会被这些"影子"纠缠了。

[一五〇] 逍遥，无为也；苟简，易养也；不贷，无出也。

古之至人，假①道于仁，托宿于义，以游逍遥之虚②，食于苟简之田③，立于不贷之圃。逍遥，无为也；苟简，易养④也；不贷，无出也。

——《天运》

注释 | ①假：借。②逍遥之虚：摆脱一切限制。③苟简之田：马虎地耕种就可以获得收成的田地。④易养：容易养活自己。

译文 | 古时道德极高的至人，只是借路于仁，暂宿于义，而游乐于无限自由的虚空境域，生活于简单而并不奢华的境地，立于没有施与的园圃之上。自由没有拘束，就是无为；简单而不奢华，就容易生存；没有施与，就不会使自己受损。

经典解析

"逍遥之虚"，指的是自由自在、随意而为的世界，用"无为"来修饰"逍遥"，更加说明了这一点。这个"无为"是针对儒家的有为而言的。"无为"最重要的一点在于因循自然，唯道是从。真正的"无为"是用"无"来修饰"为"，而不是限定"为"，所以"无为"实际上仍然是有为的，绝对的无为是不存在的。无为中的有为是以自然为基础的无为，是不违背自然的。无拘无束，不舍人为己，也不舍己为人，不对这个世界产生任何影响。这种"无为"并不是与世隔绝的生活，而更像生活在一个平行的世界里。平行世界可以说是同时存在的另一个时空，在时间的同一个点上，你可以自由地进入，但不能对你进入的这个世界产生任何影响，你所影响的只能是你所在的那个世界。庄子的逍遥无为就是无羁无绊，在各个不同的平行世界里任意穿行。因为在平行世界里不会产生任何影响，所以也就不会在自己的世界之外采取任何行动，因为任何行为都是没有结果的，这样就不会对本心之外的任何别的东西产生牵挂。其实这个平行世界就是心中的"大道"，即使身体是被束缚的，只要心中存有"大道"，还是能够逍遥无为。

古为今用

现在有很多成功人士,在事业的打拼中弄得身心疲惫时,就自己开着车去西藏,因为其他地方的名川大山早已经是人满为患了。只有在西藏,这个与天最接近的高原上,人才会少一点。那里给人一种壮阔、肃穆、辽远的感觉!自己的身心融入了大自然之中,但这是非常短暂的,之后又会被一些杂七杂八的事情所困扰,所以只要心中有困扰,无论逃到哪里,困扰都不能被摆脱。唯有心中真正的宁和才能彻底摆脱困扰,即使"乾坤一室须何怨",看似来来去去,其实哪里离开过啊!

延展阅读

老子李耳

老子崇尚自然、无为,而不喜欢被外物束缚,所以当他厌倦了俗世的生活以后,就骑着青牛,西出函谷关,去过自己想过的生活了。

不要被外物所羁绊

外物,包括自己的身体,都是不自由的,只有自己的精神才能享受充分的逍遥自在,但这一点又是很难做到的。要想在精神上达到逍遥自在,就要抛开外物的羁绊,舍弃一切能对自己的精神产生羁绊的因素,包括自己的身体。物质的享受能使自己的身体变得懒惰,精神也会由此而变得有所求,人虽然无法逃离世事,但是面对世事时能够用一种无拘无碍的态度来面对,就能达到精神上的自由。

【一五二】 苟得于道，无自而不可；失焉者，无自而可。

性不可易，命不可变，时不可止，道不可壅①。苟得于道，无自而不可；失焉②者，无自而可。

——《天运》

注释 | ①壅（yōng）：堵塞。②焉：于此。

译文 | 本性不可以更改，天命不可以变化，时光不可以停止，大道不可以滞塞。如果可以得道，那无论到哪里都会通畅；失去大道者，无论到哪里都走不通。

经典解析

这句话说明求"道"的方向要正确，求"道"的步伐不能停止，并通过《六经》的例子进行了证明。孔子和老子在一起讨论《六经》，老子说，《六经》都是社会生活与社会实践的总结，是先王遗留下来的陈迹，而历史则是不断向前发展的。所以，就现在而言，《六经》只不过是遗留下来的足迹罢了。足迹，是用鞋踏出来的，它永远都不能成为鞋。通过寻找过去的足迹来代替现在的前进是不可能的，只有踏出新的足迹才能推动人类社会前进。过去使用的方法放在现在不一定就好用，所以求"道"的方向一定要正确，方向不明就不能断章取义地确定"大道"。那如何在众多方向中辨明"大道"的方向呢？在时空的变化中要做到"性不可易，命不可变"，这样"道"就有了方向，才不会堵塞。"性命"是自然之根本，"性命"改变了，"大道"也就失去了方向。"道"的步伐不能停止，前进是发展的方向，在与时俱进中不易性，不变命，这就是"得道"，无论到哪里都没有阻碍，因为"道"是自然界的第一规律，没有了方向，没有了步伐的"失道"的人到哪里都没有出路。

古为今用

随着科学技术的发展，大自然在人类面前的秘密越来越少，人类似乎也能越来越好地利用大自然的规律，在"大道"上畅通无阻了，以致在大自然面前逐渐地忘却了自我，忘却了"性不可易,命不可变,时不可止"。物质逐渐消亡的规律是不可能阻挡的,有限资源瞬间消逝的那一刻,建立在有限资源之上的有形世界就会崩溃。所以我们要懂得将有限转化为无限,要坚持以"静"制动,在"静"中恢复世界之根,生命之本,这样才能实现无限。

延展阅读

泛舟清川

泛舟于清川之上,不是只有古代的隐逸之士才可以做到的。只要自己保持一颗闲适的心,那就随时都可以到大自然中去呼吸一下清新怡然的空气,感受一下鸟语花香。

静心面对世事

世事沧桑,没有一成不变的事物。所以每个人都要做好随时应对变化的准备,然而每一次变化好像都来得让人猝不及防。我们唯一能够做的就是静下心来,以不变应万变。如果世间的某些事情让自己无法适应,那就到大自然中去释怀。宁静清新的大自然,可以让自己的心沉淀下来。

[一五二] 朱泙漫学屠龙于支离益，单千金之家，三年技成而无所用其巧。

朱泙漫学屠龙于支离益，单①千金之家，三年技成而无所②用其巧。

——《列御寇》

注释 | ①单：同"殚"，竭尽，散尽。②无所：无地，无处。

译文 | 朱泙漫跟支离益学习屠龙的方法，花光了千金的家产，三年后他学成了这种方法，却发现没有什么地方可以施展这种才能。

经典解析

这是一个价值取向的问题。朱泙漫为什么会不惜散尽千金而要习得屠龙技术？那是因为他觉得龙是世间罕有的动物，所以能屠龙的人肯定是世间的英雄。但他不知道屠龙这种技术根本没有人需要，所以一点价值都没有。

故事链接

一个宋国人到越国去卖帽子，然而越国人的风俗是剪光头发，身刺花纹，根本用不着帽子。所以宋国人的帽子一顶也卖不出去。因为他选择了错误的价值取向，也就是说选错了价值主体。在越国人看来，帽子并没有效用，所以也就不会有价值。价值取向，用经济学语言来说就是偏好问题，货物只能卖给有偏好或有欲望的人。没有偏好就没有需求。"情人眼里出西施"，正是对"情人"有着特殊的偏好，所以"情人"才会成了西施。"对牛弹琴"也是把牛的偏好弄错了，还不如给它一把草呢。

古为今用

从朱泙漫的例子中可以看出，正确的价值取向来自社会和个人两个方面。社会首先要建立一个正确的价值导向，像日本的武士道精神和德国的纳粹精神都是不可取的，而社会的黑暗面也是不值得宣扬的。其次就是自身要立场坚定，而不能随波逐流，用庄子的话说就是"内不化"。正确的价值取向对人生的立志至关重要。没有人生目标，人就成了无缰之马。

【一五三】一尺之棰，日取其半，万世不竭。

一尺之棰①，日取其半，万世不竭。

——《天下》

注释 ①棰（chuí）：短木棒。

译文 一尺长的木棒，如果每天都截取它的二分之一，那么就算一万年以后，这根木棒也不会被截完。

经典解析

这句话的哲理是量变会引起质变。这是名家代表人物惠施的命题。这句话在辩论上是没有缺点的，但他没有意识到量变会引起质变，最终会改变以前的结果。黑格尔说过，一条马尾巴，把上边的毛一根根拔去，拔到最后就不是马尾巴了。所以木棍截到一定程度，就不能称之为木棍了，本质都改变了，又如何能以这个名称再存在下去？

故事链接

古时候有一个行路人，肚子饿了就买了一个烧饼吃，觉得没有吃饱，就又买了一个吃，但肚子仍然饿。于是他再买再吃，一连吃了六个。感觉还不是很饱，就又买了一个，当吃到一半时，肚子就饱了。这时他十分懊恼，狠狠地打了自己一个耳光，并自责道："我是多么傻啊！只要吃这半个烧饼就能吃饱，先前六个烧饼都白白地浪费了！我是多么的不知节俭啊！我为什么要吃刚才的那六个烧饼呢？"事实上，饥汉的饱是吃了六个半烧饼的结果，而不是最后半个烧饼的功劳。

古为今用

事物经历一次量变到质变的过程，是不是事物的变化发展就终结了？世界上任何事物的变化发展都是首先从量变开始的。当量的积累达到一定程度时，必然会引起质变。但是，一次量变到质变的过程，并不等于事物发展变化的终结，新的事物又会开始新的量变。新的事物量变到一定程度时，又会引起新的质变。所以在做任何事情的时候都要善于抓住事物的主要矛盾。

【一五四】 古之至人,先存诸己而后存诸人。

古之至人,先存①诸己而后存诸人。所存于己者未定,何暇至于暴人②之所行!

——《人间世》

注释 | ①存:保存,具备。②暴人:暴虐之人。

译文 | 古代那些圣人,都是先使自己具备了高尚的品德然后才去影响别人,使别人也具备高尚的品德。如果自己还没有具备高尚的品德,那么哪里还有工夫去纠正那些暴虐不仁的人的行为呢?

经典解析

这句话的意思是说只有自己先得道解脱了,才能去成就别人。在自己都性命不保的时候,又如何去救别人?但很多人总会犯一个毛病,自己还没学会走,就想帮助别人跑,以为这样能显出自己的高明。这样的人无法学习别人的长处,将永远停留在原地。儒家主张"立己而后立人",这个"立",就是"存诸己",用佛家的话说就是"先求自度,然后度他"。有句俗语说:"留得青山在,不怕没柴烧。"在战场上,只有先保存自己,然后才能消灭敌人。如果一个人求道,一定要先以道来成就自己,这样才会有足够的能力去"存诸人"。"所存于己者未定,何暇至于暴人之所行!"如果修为不到家,就没有资格去"暴人之所行",去了也只会是有去无回。在做任何事之前,一定要先"定"下自己,要有正确的人生价值观和人生的目标,这样我们才有了方向和动力,也才能够"存诸己"。很少有人能在一段很长的时间内坚持做同一件事,而是随着环境的变化而变化,这就犯了庄子所说的"所存于己者未定"的错误。那为什么总是不能坚持下来呢?这是因为人忘记了自己的本真,所追求的并不是自己真实想要的。所以要"存诸人"首先就要认清自己,"定"下自己之后,然后再"存诸己",最后"存诸人"。

古为今用

人生的很多事情之所以不能坚持下来,不是因为没有尽自己最大的努力去做,而是因为没有"定己",或者是"定"错了。这样就会导致碌碌无为或一事无成。因为"所存于己者未定",就没有一个确定的人生观,没有意识到自我存在的真实价值。人生价值观确定之后,即"定己"之后,才会为了实现自己的价值而奋斗,才不会有各种"存诸人"的想法,才不会在别人面前卖弄自己,而是虚心地学习,一步一个脚印地向着目标前进。

延展阅读

克复传颜

颜渊向孔子问仁,孔子回答说:"克制自己,使自己的言语行动都合于礼,就是仁。"颜渊又问仁的纲目,孔子说:"不合礼的事不看,不合礼的话不听,不合礼的话不说,不合礼的事不做。"

完善自己,不卖弄

世界上没有十全十美的人,所以无论何时都不要以为自己没有任何瑕疵了。完善自己,不是一时兴起所要做的事,而是要时刻记着,终其一生,真正有学问、有才华的人,从来不炫耀、不卖弄,适时地发表自己的意见,是让别人能够更为深入地了解自己。古往今来,只有那些谦逊的圣人君子,才能得到人们的尊重与爱戴。考察一个人的修为就是要看他的人生态度及处事方法。

[一五五] 其作始也简，其将毕也必巨。

凡事亦然：始乎谅①，常卒乎鄙②；其作始也简，其将毕也必巨。

——《人间世》

注释 ①谅：信任，诚实。②鄙（bǐ）：道德低劣。

译文 凡事都是一个道理：以互相信任开始交朋友，以道德败坏而绝交。一件事情开始做的时候可能很简单，但等到快要结束的时候才发现事情很复杂也很巨大。

经典解析

庄子用这句话揭示了事物发展的普遍真理，这个真理得从庄子的外交哲学说起。"凡交近则必相靡以信，远则必忠之以言，言必或传之。夫传两喜两怒之言，天下之难者也。夫两喜必多溢美之言，两怒必多溢恶之言。凡溢之类妄，妄则其信之也莫，莫则传言者殃。故法言曰：'传其常情，无传其溢言，则几乎全。'"邻近国家之间的交往要彼此互信忠实。"相靡以信"，指相处得非常融洽，彼此信任，在公事上能够做到比较坦白。如果两个国家相处得比较远呢？那就要做到"必忠之以言"，要把国君的意见传达到。但是"两喜必多溢美之言，两怒必多溢恶之言"，外交官就处于两难的境地了，说真话不是好方法，说假话就更不行了。距离使简单的事情变得难以处理，因为距离一远，中间就被加入了一些人为的巧智。庄子说，那些凭智巧相争胜的人，开始还是光明正大地交手，到最后快要结束的时候各种阴谋和手段就出现了。依礼饮酒的人，最初都是规规矩矩的，到快要结束的时候则会酒后乱性。办事情也是这样的，刚开始的时候还能互相信任，到快要有结果的时候就会互相欺诈。所以，庄子认为，事情刚开始的时候是微小的，到最后结束的时候就变成大祸了。所以说办事情要懂得防微杜渐，要防患于未然。

古为今用

庄子说，事情总是从简单开始，到后来就会变得复杂。我们也可以从反面来理解这句话：万丈高楼平地起，刚开始的简单也会成就以后的伟大，所以我们不能畏惧盖楼过程中的复杂与艰巨。事物在初始阶段都是很渺小的，发展到后来的顶点或成熟阶段，就是巨大的了。"鹏之徙于南冥也，水击三千里，抟扶摇而上者九万里。"在面对简单的开始的时候，我们要注意积累点滴的力量。只有积累了足够大的力量，才能有能力去应付复杂的将来。

延展阅读

戏举烽火

周幽王沉迷于女色，不理朝政。其宠妃褒姒不爱笑，周幽王为取悦褒姒，举烽火召集诸侯，诸侯赶到后，发现并不是寇匪侵犯，只好狼狈退走。后来发生战乱，周幽王再举烽火，诸侯以为又是骗局，便不再前往，从而致使周幽王被犬戎所杀。

诚信需要点滴积累

有很多君王虽然想尽各种办法，想在文武百官及百姓之中树立威信，但其效果都不理想。他们没有想到，自己已经在平日的生活中将诚信的资本挥霍一空。诚信是需要从生活中的点滴去积累的，不是做一件漂亮的事，大家就会为你冠之以诚信的美名。老百姓经常以是否守信用来评判一个人的道德品质。千万不要让自己因为没信守某个不经意间许下的承诺，而遭到道德品质不高的评价。

[一五六] 以瓦注者巧，以钩注者惮，以黄金注者殙。

以瓦注者巧，以钩注者惮①，以黄金注者殙②。其巧一也，而有所矜③，则重外也。

——《达生》

注释 ①惮（dàn）：畏惧，害怕。②殙（mèn）：精神错乱。③矜：矜持，拘谨。

译文 用瓦片当作赌注的人，技巧发挥自如，用金属的衣带钩当作赌注的人，内心存有疑惧，用黄金当作赌注的人则精神错乱、神志不清。赌博的技巧是一样的，但是因为赌注的不同才使自己产生了矜持之心，也就是过于看重外物。

经典解析

用瓦器作为赌注的人，内心能够坦然面对，技巧发挥自如；用金属带钩作为赌注的人，内心存有疑惧，技巧就会有所保留；用黄金作为赌注的人，内心非常迷乱，根本发挥不了技巧。赌博的技巧本是一样的，只是过于看重身外之物罢了。"凡外重者内拙"，得失之心加重了精神负担，以致使人乱了方寸。

故事链接

在经济学里，有一条阿莱悖论，彩票A，稳赢一百；彩票B，中五百的概率是10%，中一百的概率是89%，还有1%的概率是不中奖。调查发现，大多数人宁愿选择A，尽管B有10%的可能获五百，但它也可能一分钱都拿不到。因为人都有规避风险的趋向，虽然A的期望值小，但其风险也小。基于这样的想法，就会出现以下的矛盾：彩票C，中一百的可能是11%，不中奖的可能是89%；彩票D，中五百的可能是10%，不中奖的可能是90%。结果却是，选D的人多。这个试验说明：损失的痛苦要远远超过同等获益时的快乐。

古为今用

人都是贪心的，他们对损失的感受总要比获得更加强烈。庄子很早就看到了人的这种劣根性，但仍然有很多人因为贪婪而在股市中赔了钱。因为物欲过重，害怕失去，所以他们在博弈中就无法发挥正常的水平。所以物欲过重的人都成了"理性的傻瓜"。

[一五七] 天下有道，圣人成焉；天下无道，圣人生焉。

凤兮凤兮^①，何如^②德之衰也！来世不可待，往世不可追也。天下有道，圣人成^③焉；天下无道，圣人生焉。

——《人间世》

注释 | ①凤：暗指孔子。②何如：如何，怎么办。③成：有所成就。

译文 | 凤凰啊凤凰，你能对这道德败坏的社会怎么样呢！未来没有什么好期待的，过去的事情也无法挽回。天下政治能够正常运转，那么圣人就算是成就了事业；如果天下混乱腐朽，那么圣人也就只能苟全性命了。

经典解析

楚狂接舆用凤来比喻孔子，他说凤啊凤啊，你运气不好，飞到这个衰世来。你所希望的世界，一个已经过去，永远也看不见了，另一个还没有来。孔子所追求的大同世界等于是个"理想国"，很难实现，但孔子仍然义无反顾。在这个衰世，孔子虽然是只凤凰，却还不如野鸡。庄子在这里说明了孔子在人世间的无所逃。

故事链接

不为五斗米折腰的东晋大诗人陶渊明在归隐后写了一篇《归去来兮辞》，描写了他的田园生活和内心感受，表达了他不愿同流合污的信念。宋代欧阳修曾说："晋无文章，惟陶渊明《归去来兮辞》而已。"文中有这样的句子："归去来兮！田园将芜，胡不归？既自以心为形役，奚惆怅而独悲？悟已往之不谏，知来者之可追。实迷途其未远，觉今是而昨非。"

古为今用

孔子的命不可解，又何须再解：人间的义无所逃，所以也不必逃。社会上没有绝对的公正和平等，如果执着于此，那么人生就生无可言了。人生天生不平等的命可以认，那么就把社会上绝对的不公正的义当作天生不平等的命。当把义看作命时，这种对义的不平感就可以找到放下的地方了。总之，不要执着于不可改变的东西。

[一五八] 物之生也，若骤若驰，无动而不变，无时而不移。

物之生也，若骤若驰①，无动而不变，无时而不移②。何为乎？何不为乎？夫固将自化。

——《秋水》

注释 ①骤、驰：马车快速奔跑。②移：推移，运动。

译文 万物的生长有如骏马飞奔，又像车辆疾行，没有哪一个举动不变化，没有哪一个时刻不迁移。应当做什么，不应当做什么，万物会按其规律自行发展。

经典解析

这句话说明了变化是"道"的常态，但无论怎么变化都应遵循自然规律，也就是说，任何事物都要按着自然规律来发展，这样"道"才能始终保持"一"的状态。庄子说："万物一齐，孰短孰长？道无终始，物有死生，不恃其成；一虚一满，不位乎其形。年不可举，时不可止；消息盈虚，终则有始。是所以语大义之方，论万物之理也。"宇宙万物是以"一"的状态存在的，所以没有优劣之分。因为"一"，所以大道没有终始，所以万物有死生，所以不能依仗一时的成功。在这样的变化中，空虚反而充实，万物也不会有固定的形态。一切都在有规律的变化之中，这就是道的准则。在这样的准则中很容易理解"物之生也，若骤若驰。无动而不变，无时而不移"这句话了。这就是说，万物的变化并没有什么外力的推动，而是各物依据着自身的状态而运行发展的。明白了这一点，我们就能理解"天不得不高，地不得不广，日月不得不行，万物不得不昌，此其道与"的含义。因为"道"的存在，所以天必然高，地必然广大，日月必然运动，万物必然昌盛。这就是"道"的一般规律，一切事物的活动都应遵循"道"的一般规律。

明白了"道"的一般规律，我们就能明白运动、变化的原因在于事物对立双方的相互作用，"变化"是因为"不变化"，"不变化"是为了"变化"，则在这种变化中，"恶知不化哉？恶知已化哉"。化则为"一"，以一种"无为"的心态屹立于人世间。

古为今用

运动是绝对的,静止是相对的,所以运动是一种最佳的平衡状态,一旦这个平衡状态被打破,那么它将会以衰亡告终。大家都知道陀螺只有在不停地旋转中才能展现自己的美,一旦停止旋转,陀螺将不再成为陀螺。而要陀螺不停地旋转关键就在于外力的均衡,外力突然变大或突然变小都会导致陀螺失去其平衡状态。这个外力就是运动的"道"。人生就像是一个不停旋转的陀螺,只有掌握了人生的"道",保持自身状态的均衡,陀螺才不会突然停止。

延展阅读

白驹过隙

小白马在细小的缝隙前跑过,只不过是瞬间而已。时间往往就是这样迅速消逝得无影无踪的。

留不住时间,留住自己

时间是留不住的,它往往在人们感慨岁月如梭的时候已经消失殆尽。文人骚客常常叹息岁月匆匆、岁月无情,从而留下大量脍炙人口的文章。当我们渐渐清晰了时间流逝之快的时候,就要学会留住自己。把握身边的机会,活出一个精彩的自己。只有将有限的时间投入无限的生命中去,才能体现出自己的价值。以乐观的态度生活,是面对无情岁月的最好态度。

【一五九】本乎天,位乎得。

天在内,人在外,德在乎天①。知天人之行,本乎天,位乎得②;蹢躅③而屈伸,反要而语极。

——《秋水》

注释 | ①德在乎天:高尚的德行在于与天和一。②位乎得:处在其所应得的位置。③蹢躅(zhí zhú):徘徊。

译文 | 天然的本性是内在的,人为的影响是外在的,高尚的德行则顺应于天。懂得天性与人为的行止,依照天性,居处于应得之处,或进或退,屈伸变幻,也就能返归大道的重要之处而可讲出至极的大道。

经典解析

这句话的意思是说,要想通晓"道"就必须了解天性和人性。天性和人性归纳在一起就是具体事物之中的"理",当人们对于一个事物的"理"有所了解之后,就会明白为什么天然的本性是内在的,而人为的影响是外在的。因为"理"是人不可改变的特殊性质,可以理解为人或事物的"权",而"权"是不可以侵犯的,是要顺应天性的。明白了这一点就不会顺应人为,不会以他物害自己。这就是"反要而语极"的根本问题。明确这一点就不可随意去侵犯,去改变,而应当顺其自然。这就是"本乎天,位乎得",就是强调这种"循其本"的"权"是什么都不能改变的。它是物得以存在的根本原因,也是"天在内""人在外"的根本原因,因为它是与"天"合一,与"道"同在的。"德在乎天",即"德"是因"天"而生的,"德"是"道"在变化中的基本形态。所以庄子告诫说:"知天人之行,本乎天,位乎得。""道"从一开始就确定了人在天地之间应得的位置。你可以在这个位置上"蹢躅而屈伸",却不能改变这个位置。

古为今用

我们的父母、性别、出生,这些都是我们无法改变的,我们不能也没必要去抱怨,因为这是我们的天性,应当顺其自然。机遇、爱情、长寿,这些虽然也受制于天性,但是我们也可以顺应天命，不要过于强求，这样可以减少人为的烦恼，机遇、爱情、长寿降临到我们身上了，我们也浑然不觉。这就是"知天人之行，本乎天，位乎得"的境界。

延展阅读

秋 夜

秋天的夜，往往给人一种凄清的感觉。伴随着叶落簌簌的声音，身世之感往往会油然而生。万物皆有其轮回，树叶如此凋零，秋夜如此凄凉，人亦有其生死。

定位自己，安身立命

很多人都相信宿命，因此也有很多人找算命先生占卜吉凶。即使真的有因缘宿命、因果轮回，难道此生就不能安然度过吗？命运把握在自己的手中，定位好自己，再寻找自己奋斗的方向，就没有必要再找别人为自己占卜了。每个人都是自己的占卜师，安身立命之权也掌握在自己的手里。

[一六〇] 泛若不系之舟，虚而敖游者也。

巧者劳而知①者忧，无能②者无所求，饱食而敖游，泛③若不系之舟，虚而敖游者也。

——《列御寇》

注释 ｜ ①知（zhì）：通"智"。②无能：即无为。③泛：漂浮。
译文 ｜ 善使机巧者身心疲惫而聪慧者多有忧患，无为之人一无所求，能够吃饱之后四处遨游，就像没有系住缆绳的船一样，心境空旷而四处漂浮。

经典解析

物必以智巧困弊。惟圣人泛然无系，譬彼虚舟，任运逍遥。圣人之所以能够遨游是因为"无系"和"虚"。"系"和"虚"都是作用在舟上的。舟比喻自己，"不系"就是没有牵挂，任何的外物都不能影响自己；"虚"就是"虚己"。"虚己"有两个功能：虚而无，即虚可以把一些执着的东西化解掉；虚而大，即大就可以包容万物。所以不系的虚舟就能够逍遥而游。

故事链接

著名作家二月河说过这样的话："我曾经做过设想，什么情况是我感觉满意的程度呢？我走在大街看到有卖烧鸡的，不用盘算我能不能买得起，买了后果会怎样，而能不假思索地买下来，这就是我的富裕理想。我现在达到的程度，已一百倍地超过我的理想，我感激读者，感激上苍。我没有家财万贯，也不像报纸上说的那么富有，但是我不会为生计感到发愁、忧郁。巧者劳而知者忧，无能者无所求，饱食而敖游，泛若不系之舟，虚而敖游者也。"二月河凭借"虚游"二字成就了自己的"三部曲"。

古为今用

在生活中，无论我们有多高明的才智和远大的抱负都要做到心虚如镜，观照万物。心虚如镜才能使物不留于心，能够不执着于物，因为执着就是和自己过不去。观照万物，就是用心和眼去看世间万物，这样才能看清世界的真相和人间的真情，明白真相，理解真情，才能活得天真。

> 综述

第四章·死生篇

这是庄子生命本质修真的最高境界,参悟生死,不死不生。无论是在性情篇、问心篇还是在处世篇中,庄子都主张遵循自然本性,即使对人类的养生也不可强求。如此一来,在现实生活中,我们对人生的生老病死就不会有太多的苛求,对韶华的老去,就不会介怀;对疾病的折磨,就不会惧怕。

———————

"道"无所不在,所以人世间充满了各种必然,这种必然被称为命。"知"是无涯的,所以命是不可知的,也是不可变的。安时而处顺是顺应天地,自由发展,逍遥就是在这种顺应基础上的对内心世界的开拓,实现与"道"为一,所以生死观对能否逍遥至关重要。"齐生死"只是在生命修真的过程中,齐物论对生死的解释是生死观的较浅层次,庄子生命本质修真的最高层次是对生死的超越,进入"不生不死"的境界。在"游心""游世"之后达到逍遥游的真正境界,也就是超越生死,与道同一,飞升到生命之初的宇宙中,在那里无拘无束,无牵无挂,超越一切。这就是庄子生命修真的最终目的。我们不苛求能达到庄子这种不生不死的境界,但至少要能够做到笑谈生死。死亡不是生命的结束,而是生命的目的。

死生如昼夜。

生者，假借①也；假之而生生者，尘垢②也。死生如昼夜。

——《至乐》

注释 | ①假借：借用，寄托。假，借。②尘垢（gòu）：尘埃，比喻微小的事物。

译文 | 有生命的形体，不过是暂时寄寓外物之中而已；借助外物而生的，最终都会像尘土一样消散。生和死就像昼夜交替一样。

经典解析

生死就像昼夜一样是自然现象和客观规律。生是气的聚集，死是气的解散，生死就在这气的聚散中轮回，所以不必悦生，也无须恶死，生死是同质的。"人有悲欢离合，月有阴晴圆缺，此事古难全。"死生如昼夜，所以不必在乎人生是先有悲还是先有欢，是先枯还是先荣。

故事链接

支离叔与滑介叔在黄帝曾经休息的地方游览。忽然间滑介叔的左臂上长了一个瘤子，他感到惊恐。支离叔说："你厌恶它吗？"滑介叔说："不，我怎么会厌恶它呢？生命应该是大道的寄托，寄托了大道的生命又生了瘤子，对大道而言这不过是尘垢罢了。生死如昼夜交替一样。我和你观察万物的变化，而今变化发生在我身上，我又为什么要厌恶呢？"悲欢离合是"大道"赋予生命的"瘤子"，只是生命中的尘埃。

古为今用

死生如昼夜，把一切烦恼都看成生命的尘埃，这样就能超脱生死，像蝴蝶一样，在生死之间翩翩起舞。把事物对立起来是一切痛苦和不自由的根源，只有超越对立才能获得永恒的自由和幸福。也就是说，超越了一切对立，就什么都能看得开，就不会陷入相对立和相比较的痛苦之中。没有了对立，就没有生死和一切是非之心，生命之中也就没有了尘埃。

[一六二] 善养生者，若牧羊然。

善养生者，若牧羊然，视其后者而鞭之①。

——《达生》

注释 | ①视其后者而鞭之：鞭打落在后面的羊。

译文 | 善于养生的人，就像放羊一样，要鞭打落在最后面的羊，羊群才会向前走。

经典解析

庄子认为养生包括养身和养心，不能偏重任何一方，并举了一个例子：鲁国有个叫单豹的，在岩穴里过着世外桃源般的生活，不跟任何人争利，活了70岁还有婴儿一样的面容；后不幸遇上了饿虎，就被饿虎给吃掉了。另外还有一个叫张毅的，其家中非常富有，地位也很显赫，但活到40岁便患内热病而死去。单豹注重养心，可身体敌不过老虎；张毅注重养身，可疾病侵扰了他的内心世界。这两个人，都不是能够鞭策落后而取其适宜的人。这和管理学中的木桶原理是一样的。一个木桶由许多块木板组成，如果组成木桶的这些木板长短不一，那么这个木桶的最大容量取决于最短的那块木板。单豹和张毅只看到了养生中的长木板，而没有看到短木板，而正是短木板起到了关键作用。所以，从庄子的养生之道中也可以悟出处世之道。任何事物都是由部分构成的整体，所以水平最低的那个部分决定了整体的实力，这个组成部分的水平虽然低，但不能被抛弃，抛弃之后，整体将不再成为整体。所以，要提高整体的实力，就要提高其中水平最差的那个部分。这就是放羊要鞭其后者的道理。

古为今用

每个人都有优点和缺点，这些优点和缺点组成了一个个人的木桶。所以要想木桶的水装得多，首先就要克服那个最影响自己的缺点，也就是木桶上最短的那块木板。在这个缺点被克服之后，再去克服那块第二短的木板，然后是第三短的木板。这样一来，当所有的木板的长短都一样的时候，木桶所装的水就是最多的。在处理事情的时候，也应该是这样的，不要只看到有利条件，而要看到更多的不利条件，因为事情成败的关键就在于那些不利条件。

延展阅读

牧夫牛羊

牧夫在放养牛羊的时候，不会驱赶带头的牛羊，而是驱赶落后的。因为他们知道即使带头的牛羊走得再快，也不会带动落后的牛羊。而落后的如果提高了速度，那就会使整个牛群、羊群的速度提高。

改善自己的弱势

当自己的强势开始显现时，其弱势部分也就会悄然而生。一个人如果想全方位提升自己，就要从自己的弱势部分开始改善。头上的光环特别多的时候，阴影也不会少，努力挖掘那些躲在阴影里的缺陷，就会使自己的缺点渐渐明朗起来，用心去改善，必然会取得好的效果。如果改掉了自己的不良习惯，别人就会很快发现。但是要在自己的优势上有所提高，不仅很难，别人也很难发现。

直木先伐，甘井先竭。

直木先伐，甘井先竭。子其意者饰知以惊愚①，修身以明污②，昭昭乎若揭③日月而行，故不免也。

——《山木》

注释 | ①愚：愚蠢的人。②明污：显示他人的污浊。③揭：举起。

译文 | 长得较直的树木往往会先被砍伐，甘甜的水井往往会较早枯竭。你用心对自己进行的装扮是用来惊吓愚昧的人的，注重自身的修养用来显示别人的浊秽，大肆炫耀自己有如举着太阳和月亮行走，因此也就无法免除灾祸。

经典解析

庄子经常强调"有用"反而不如"无用"，最早被砍伐的总是那些栋梁之材，最先被喝光的总是最甘甜的泉水。庄子在《人间世》中用了三个寓言讲有用不如无用的道理，最后总结道："山木，自寇也；膏火，自煎也。桂可食，故伐之；漆可用，故割之。人皆知有用之用，而莫知无用之用也。"各种不同的树木，因为其不同的用处而被人们所砍伐，因为人们只知道有用的用处，而不知道无用的用处。世俗中所谓的"有用"不是从自身的角度出发，而是对别人来说是有用的，所以这种"有用"其实是对自我的戕害。旧时的统治阶级正是因为看到了这一点，才会标榜功名利禄，让世人都觉得功名利禄是最有用的。所以世间庸人也都以"学成文武艺，卖与帝王家"为荣，却不知丧失本性的可悲。但历史上仍然有不屑于功名利禄的人，视"有用"为"无用"，像陶潜就不为五斗米折腰，主动离开名利场。因为是否有用在于自己是如何评价的。一个真心向"道"的人，其外在所有的一切都是微不足道的。所以说要避免成为世人眼中的"直木"和"甘井"，就不能按照世俗的眼光修炼自己，而是使自己成为他们眼中的无用之才，而这一点对自己而言，却是最有用的。

古为今用

有一个来源于日本的词叫作"过劳死"，即因为过度劳累而结束了生命，这是能者多劳所带来的弊端。越直的树木越会先被砍掉，而且木秀于林，风必摧之。所以这就等于在提醒我们说，你在一个社会上，如果说你很有本事，那你就很辛苦了，并且还会招来别人的妒忌。那么应该怎么办呢？庄子说："周将处于才与不才之间。"而才与不才应该是以自己为标准的：对自己有用的，就成为一个人才；对自己无用的，当一个庸才也无妨。这样既能有效地发挥自己的才能，又能避免劳累过度和受人打击。

延展阅读

宋人伐木

孔子离开曹国到宋国，因批评宋国执政大夫司马桓魋而惹出麻烦。孔子常率弟子们在一棵大树下学礼。桓魋想害孔子，便派人砍伐树木，想让大树砸死孔子。弟子们劝孔子赶快离开，孔子说："上天赋予我推行道德的使命，桓魋又能把我怎么样？"

低调做人，高标处事

历史上有太多的有才之人遭到了陷害，或者是死于非命。这些人虽然才华横溢，但是不懂得保护自己，从而引来了他人的嫉妒与诬陷。在祸患将至的时候，他们自己都不知道自己错在哪里。虽然我们为他们的冤枉而叹息，但又不得不承认他们有时候过于高调。做人要时常提醒自己低调，但是标准不能放低。低调做人，高标处事，这样既能够获得他人的尊重，又能够避免祸患。

[一六四] 安时而处顺，哀乐不能入也。

适来①，夫子②时也；适去，夫子顺也。安时而处顺，哀乐不能入也，古者谓是帝之县解③。

——《养生主》

注释 | ①适来：偶然来到世上。②夫子：指老聃。③帝之县解：自然地解脱。县（xuán）：同"悬"。

译文 | 偶然来到世上，你们的老师老聃应时而生；偶然离开人世，你们的老师也顺时而死。安于天理和常分，顺从自然和变化，哀伤和欢乐便都不能进入心怀，古时候人们称这样做是自然的解脱，如同脱离了倒悬之苦。

经典解析

生命的过程是无法改变的，既无法预料它的来到，也无法阻止它的离去。在这种情况下，只能理解，然后心平气和地接受它的来去。我们不能因为出生带来的喜悦和死亡带来的哀愁而改变生命的进程，所以它们不应该在心底掀起惊涛骇浪，如果它们长驻心间，那么势必会对身体造成伤害。哀乐不入于心，是真正地对内心世界的呵护。

故事链接

"不要站在我的墓前为我哭泣。我不在那里，我不曾睡去。我存在于一切的美好。"这是游戏《魔兽世界》里的一个发布生死任务的 NPC 的自白，字里行间都充满了对生死的洒脱。在这里，生命和死亡都变得非常缥缈，仿佛与宇宙同化，这是一种超越了生死的大境界。我们可以把游戏中的生死看得非常平淡，因为生死的过程只是瞬间，死了还可以原地复活，但是在现实生活中，我们能否达到这种超越生死的大境界呢？在现实的人生中，我们有太多的羁绊，有太多的等待和希冀，所以面对死亡我们会有所不甘，会无法承受死亡的代价。

古为今用

庄子让我们明白生死之间有真道，它不是游戏里的生死瞬间的转化，而是对生死真正的超越。人，赤裸裸地诞生；走时，也不能带走任何东西。"质本洁来还洁去"，生命之间本就是一个"无"字，那么在心中又何必计较太多呢？

吾生也有涯，而知也无涯。
以有涯随无涯，殆已！

[一六五]

吾生也有涯，而知①也无涯。以有涯随②无涯，殆③已！已而为知者，殆而已矣！为善无④近名，为恶无近刑。缘督以为经，可以保身，可以全生，可以养亲，可以尽年。

——《养生主》

注释 | ①知：知识。②随：探求，探索。③殆（dài）：危险。④无（wù）：通"毋"，不要。

译文 | 我的生命是有限的，而世间的知识却是无限的。用有限的生命去探求无限的知识，就会使身心疲惫！明知会是这样的结果还要去探求，那就更危险了！做善事不能贪图名声，做了所谓的坏事却不至于遭受刑罚。顺应自然之道，可以保全自身，可以保全天性，可以让父母安乐，可以颐养天年。

经典解析

只有"保身"，才可以"全生"，进而"养亲""尽年"。过多地追求功名利禄，只会令人身心疲惫，而对于有涯的生命一点好处都没有。

故事链接

雍正是历史上非常勤奋的皇帝。他在奏折上的批字就达1000万字，并且写书达500多万字，短短13年就扭转了康熙王朝的颓势，但也早早地在58岁时结束了生命。

古为今用

"退休年龄"是大家比较关注的问题。随着人口老龄化时代的到来，很多人提议将退休年龄推迟。有些老年人或许会很高兴，因为还可以继续发挥余热，但这符合大部分老年人的意愿吗？作为劳碌了大半辈子的老年人，对"吾生也有涯"应该有很真切的体会。

> [一六六] 失道而后德，失德而后仁，
> 失仁而后义，失义而后礼。

失道而后德，失德而后仁，失仁而后义，失义而后礼。礼者，道之华①而乱之首也。故曰，为道者日损②，损之又损，以至于无为，无为而无不为也。

——《知北游》

注释 ①华：华丽的外在形式。②损：减损，指令人的机巧、经验、欲望等逐渐淡薄。

译文 失去了道然后才有德，失去了德然后才有仁，失去了仁然后才有义，失去了义然后才有礼。礼，是道华丽的表象和乱的根源。所以说，体察道的人每日都要减损，一再地减损以至达到无为，而达到无为也就可以无所不为了。

经典解析

"为道者日损"出自老子《道德经》："为学日益，为道日损，损之又损，以至于无为。"庄子在这里解释了"为道日损"的原因：失道之后获德，失德之后获仁，失仁之后获义，失义之后获礼。而礼是道的伪饰，为了返道，就必须减少这些伪饰，直到无为。所以修道的过程就是一个"损"和"返"的过程，"损"到没有可"损"的时候，就返回了"大道"。这个过程是漫长而艰辛的，需要"日损"还要"损之又损"。因为我们的思维和心灵在长期的世俗礼仪的束缚中已经变得非常污浊了，并且见惯了污浊且已经忘记了清水的样子。我们一来到这个世间，所看到的、所听到的都是欲望。欲望加上世俗对名利的标榜，使我们觉得这样的行为是天经地义的，从而把浊水当成了清水。正因为这样，所以要"为道日损"且要"损之又损"，"损之又损"其实是在修行的过程中实现了"有为"，只是"为"的是减少各种礼仪的伪饰，当"损"到所有的伪饰被抛弃殆尽之后，这种"有为"就变成了"无为"了，即"以至于无为"。达到"无为"的境界之后，任何世俗的诱惑也就都无法动摇和影响自己了，这就是"返道"了。

古为今用

社会道德的滑坡和良心的泯灭，最根本的原因就在于人们的心中已经没有"道"了。因此，要拯救人类和社会，最直接和最一劳永逸的办法就是重新得"道"。从追逐名利、钩心斗角的精神负担中解脱出来，重新认识自己，找回自己，不再为物欲所驱使，做一个真实的自己。然而要做回真实的自己又谈何容易，目前人们正面临着严峻的生存压力。但是即使有压力，我们也要保持平和的心态，"为道日损"，这样才能在找回自己的道路上走下去。

延展阅读

问礼老聃

孔子问礼于老子，老子说："一个了不起的商人，深藏财货，而外表看起来好像空无所有；一个有修养的君子，内藏道德，而外表看起来好像是愚蠢迟钝。你要去掉骄傲之气和贪欲之心，如此才能成为圣人。"

调整心态，不为外物所动

心态对于一个人的重要性，不仅是对于心而言。好的心态，能够引导我们人生的整个走向。现代社会，诱惑很大，只有能够保持自己的人，才能走出自己的一片天。调整好心态，不为外物所动，就会远离"灵魂出窍"的危险，也会远离背叛自己的痛苦。让心回归自己，才能够找回自己的初衷。这样追求才能成为名副其实的追求，理想才会开出绚烂的花朵。

[一六七] 见得而忘其形；见利而忘其真。

睹一蝉，方得美荫而忘其身，螳螂执翳①而搏②之，见得而忘其形；异鹊从而利之，见利而忘其真。

——《山木》

注释 ①翳（yì）：遮蔽，障蔽。②搏：捕捉。

译文 这时见到一只蝉正在浓密的树荫里休息而没有注意它自己的安危；一只螳螂在树叶的隐蔽下准备捕捉这只蝉，螳螂在即将成功时却忘掉了自身危险的存在；一只怪鹊在后紧紧跟随看到了有利的时机，它就要捕到螳螂的时候却又忘掉了自己的安危。

经典解析

庄子生动地描绘了一幅螳螂捕蝉，黄雀在后的连环画。庄子说，有一只蝉正躲在浓密的树荫下乘凉，但忘却了自己的危险，因为此时恰有一只螳螂在树叶后伺机偷袭它；正打算捕蝉的螳螂也忘记了自己的危险，因为有一只黄鹊正在盯着它，而黄鹊同样也忘记了自己的危险，因为此时，庄子正拿着弹弓瞄准它。然而，当庄子看到这一切的连锁情况后才恍然大悟，赶紧丢掉弹弓往家里跑。因为庄子也处于危险中：看管粟园的人看到了他，以为他是窃贼。这些环环相扣的危险都是出于一个"利"字。所以庄子在痛失弹弓之后总结道："螳螂执翳而搏之，见得而忘其形；异鹊从而利之，见利而忘其真。""螳螂捕蝉，黄雀在后"这一俗语，就是让人们时刻谨记不要趋利忘害。但仅仅做到这一点还是不够的，因为无论是处于安全或是危险之中，自己和外物始终都是有所不同的，所以没有绝对的安全和平安。因为存在就会有欲求，有心机，即使自己可以忘记一切，别人也未必就不记得你。所以身处利害之外，也要时刻保持警惕。

古为今用

人类社会虽繁华热闹，但时刻都充满着危险。人们贪婪的目光时刻准备吞没任何一个有利可图的目标。因为浊水看多了，就会忘记清水的感觉。庄子描绘的"一异鹊自南方来"中的鹊，其翅膀虽长但不能远飞，眼睛虽大但很迟钝，显然它不是来自世俗的人世间，所以不懂得趋利避害，从而遭到了灭顶之灾。不管是清水还是浊水，任何时候都不能忘记自己的形体。在文明社会中，既不能趋利也不能忘害，只有这样方能确保安然无恙。

延展阅读

螳螂捕蝉

螳螂正要捉蝉的时候，却不知道黄雀藏在它的后面正要吃它。目光短浅的螳螂往往意识不到潜在的危险。

时刻保持警惕

俗话说"害人之心不可有，防人之心不可无"，时刻保持警惕对自己有百利而无一害。人有时候不会注意那些潜在的危险，其实那些看不见的对手才是最为强大的对手。而看得见的对手只是虾兵蟹将，只要稍一用心，就可对付。而应该警惕的对象则是那些你从未留意过的，一旦他们发力，自己就很难应对的对手。所以要时刻保持警惕，经常看一看自己的周围，而不要将目光局限在眼前。

【一六八】 指穷于为薪，火传也，不知其尽也。

指①穷②于为薪③，火传也，不知其尽也。

——《养生主》

注释 | ①指：通"脂"。②穷：穷尽。③薪：烛薪，浸过油脂用于照明的柴薪。

译文 | 烛薪虽然会被烧尽，但火种会留传下来，永远也不会穷尽。

经典解析
庄子用这句话说明养"形"不如养"心"，因为人们太看重形体的重要性，所以很多时候形体便成了心灵自由飞翔的束缚，而且形体最终都是会毁灭的，而"心"却能够永远留存。这句话不仅在养生方面切中肯綮，在其他很多方面也都很实用。看任何事物的时候都不要被其外在的形式所迷惑，而要看重其内在本质。

故事链接
李鸿章是曾国藩的学生。曾国藩与李鸿章的父亲是同年，他对李鸿章也十分赏识。1858年，曾国藩让李鸿章进入自己的幕府，并安排他处理公文，后来又让他参与讨论军政要务。1872年，曾国藩因病去世，李鸿章为他的这位恩师和政治上的坚强后盾写了一副挽联："师事近三十年，薪尽火传，筑室忝为门生长；威名震九万里，内安外攘，旷世难逢天下才。"

古为今用
做人就要像水一样，不要在乎其外在的形式，因为只有本质和精神才会永存。正如伟大的音乐家贝多芬所说："伯爵过去有，现在有，将来还会有，而贝多芬只有我一个。"伯爵的称号只是一个形式而已，而生命的真谛能够永垂不朽。记得谁是伯爵的人不多，然而记得贝多芬的人很多。不要去追求那些过眼云烟的名号，而要去追求能够永恒的生命的真谛。

[一六九]

所爱其母者，非爱其形也，爱使其形者也。

所爱其母者，非爱其形^①也，爱使^②其形者也。

——《德充符》

① 形：形体。② 使：支配，主使。
它们爱母亲，不是爱它的形体，而是爱支配其形体的那个精神。

经典解析

孔子在楚国的时候，看见一群小猪正在吃奶，吃了一阵后，小猪才发现母猪已经死了，于是小猪就全部都跑开了。小猪为什么会跑呢？因为母猪死了，与平时活着的样子不同了，小猪就认为母猪不是它们的同类了。所以我们真正爱的不应该是外形，而是外形里面的那种精神。生命的内在美消失了，爱也就消失了。内在的道德不美，外形再美也是丑陋的；内在的道德是美的，外形的丑陋也不能掩饰其美。

故事链接

有一位演说家拿了一张崭新的钞票展现给观众，问有没有人要，大部分的观众都举手表示想要。他又把这张钞票用手揉成团，再问观众，还是有大部分的人举手。第三次，他把这张用手揉过的钞票放在地下踩，然后再问观众，仍然有大部分的人想要。为什么会这样呢？这是因为无论它的外形怎样变化，它仍然是钞票，其内在的价值并没有发生改变。

古为今用

有位化妆师说化妆的最高境界就是"自然"，因为自然的妆容才能体现出人的内在美。所以在化妆的时候我们要记住，最高明的化妆术是让人感觉没有化妆一样，并且妆要与自己的身份相匹配，能自然地表现自己的个性与气质。次一级的化妆是突出个人的优点，让她的优点引起众人的注意。拙劣的化妆是掩盖人的缺点，但这缺点并不是完全能掩盖住的，而且会让人更加明了她的缺点。

[一〇] 夫子步亦步，夫子趋亦趋，夫子驰亦驰；夫子奔逸绝尘，而回瞠若乎后矣！

夫子步①亦步，夫子趋②亦趋，夫子驰亦驰；夫子奔逸绝尘③，而回瞠若④乎后矣！

——《田子方》

注释 ①步：步行，漫步。②趋：快速行走。③绝尘：沾不上泥土，形容跑得很快。④瞠（chēng）若：瞪着眼睛的样子。

译文 先生慢走我也慢走，先生急走我也急走，先生奔跑我也奔跑，先生疾速地飞奔，学生只好干瞪着眼在后面看了！

经典解析

成语"亦步亦趋"就源于此。颜渊向孔子问道："先生走我也走，先生加快速度我也加快速度，先生奔跑我也奔跑，先生的脚能够不沾地飞奔，而我则只有在后面干瞪眼的份儿了。"孔子说："颜回，你这些话是什么意思呢？"颜回说："先生到哪里，我也到哪里；先生说什么，我也跟着说什么；先生辩论，我也跟着辩论；先生奔跑，我也跟着奔跑；先生谈论大道，我也跟着谈论大道；等到先生健步如飞、脚不沾地的时候，我就只能眼巴巴地落在后面。先生不说什么就能够取得大家的信任，先生没有任何作为，周围的人就能感受到先生的情意，能让人们自觉地聚在你的身边，我不明白先生是如何做到的。"这个故事表面上是说，做任何事都要有自己的主张，不能人云亦云，也不能为了讨别人而一味地顺从。但在更深的层次上，这个故事说明了做事的最高境界是"无为"。"无为"之事就像轻风细雨一样能悄悄地进入人们的心里，深深地打上烙印。颜回的"夫子步亦步"只是"有为"地去做事情。在有目的地去追求一个结果的时候，这个结果恐怕就不是自己想要的了；有所求地亲近一个人的时候反而得不到这个人的亲近，而应该将这份情义悄无声息地散发出去，这种"无为"将会收到最好的效果。

古为今用

在我们的生活中，很容易就会发现另外一个自己的影子，这不是因为科学技术已经发展到多么高的水平,而是因为在社会化的标准下,很多人都在用相同的标准来要求自己。社会就像是一个流水线的大工厂,有不同的产品链,不同的产品链上也会有很多差异化的产品,但工厂的宗旨注定了这些产品都是批量生产的。人虽有所不同,但仍然是标准化下的批量产品。如此一来,人在社会中就难免会亦步亦趋了,因为这些就是标准。在这些标准下,人逐渐失去了自己原有的主张。要像夫子那样健步如飞就要摆脱这些标准的束缚,以"无为"化"有为",这样才能从根本上避免亦步亦趋。

延展阅读

颜 回

颜回,春秋末鲁国人。他是孔子最得意的弟子之一,被列为七十二贤之首。颜回为人谦逊好学,"不迁怒,不贰过"。他非常尊重自己的老师,对孔子无事不从,无言不悦。

坚持自己的正确主张

坚持己见,但不故步自封,这是圣人的修为。常人若想成就一番事业,也需要坚守自己的立场。颜回听从孔子的话,是因为孔子为圣贤,其道德品行都无可挑剔。如果遇到了与自己意见不同且不正确的主张,就应该做回自己。

[一七一] 夫大块载我以形，劳我以生，佚我以老，息我以死。

夫大块①载我以形，劳我以生，佚②我以老，息我以死。故善吾生者，乃所以善吾死也。

——《大宗师》

注释 | ①大块：大地，引申为自然。②佚（yì）：通"逸"。

译文 | 自然承载着我的形体，让我通过劳动来生存，让我安逸地度过晚年，最后让我死亡以得到安息。所以让我生得快乐的道理，也会让我死得很快乐。

经典解析

天地赋予我形体让我的生命有所寄托，赋予我疲劳让我的生命有所承担，赋予我暮年让我来享受清闲，赋予我死亡让我最终能够得到安息，所以对我来说，生和死是同等快乐的事。生死、形体、安息这些都是天地赋予我们的，是我们所不能抗拒的，所以善生乐死是我们的职责，是我们应该欣然接受的，因为人的产生只是顺应自然的结果。庄子说："不以生生死，不以死死生，死生有待邪，皆有所一体。有先天地生者物邪？物物者，非物，物出不得先物也，犹其有物也。犹其有物也，无已！"也就是说，不要因为生，就必须看到死；不要因为死就要拒绝生。生死之间不是有生就不能有死，有死就不能有生的，即它们之间不是以对立和孤立的形式存在的，而是有着共同之处的。在天地之前是没有任何事物产生的，所以"道"生成了万物，并且"道"生成的万物是无穷无尽的。这就是"道生一，一生二，二生三，三生万物"。为什么"道"能生成万物呢，那是因为"道"是无处不在、不生不死的，"杀生者不死，生生者不生"。"道"是超越生死，永恒存在的。形体的形成、疲劳的承担、暮年的享受、死亡的安息都是在"道"中生成的，所以这一过程是永恒的，我们应该为这一永恒而感到快乐。

古为今用

"一受其成形，不亡以待尽"，这就是"吾生有涯"。有命就是有限，命定之后就有命限。享受生命就不要去追求注定之外的东西，不要逃脱命运的限制，这并不是妥协和逃避，而是以一种博大的胸怀来"安之若命"。因为形体是有限的，而只有心是无限的，所以"安之若命"不仅是养生，更是养心。只有自己的内心得到超越，才能够超越生死。

延展阅读

善生乐死

生的时候若是快乐的，便不会轻易害怕死亡。若生时便唯唯诺诺，那死时也会顾虑重重，不得安宁。

敞开胸怀，笑看生死

人的胸襟是不能度量的，想要它有多大它就会有多大。往昔的圣贤之所以能过着让人羡慕的闲云野鹤般的生活，就是因为他们拥有博大的胸襟，可以容纳一切。无论生活中有多少困境，有多少逆境，都要保持一份好心情，笑看人间百态，这样生活中的快乐就会无处不在。生与死是每个人都要面对的，不要将生看得过于神圣，也不要将死看得过于恐怖。敞开胸怀，笑看生死，才能让自己的人生异彩纷呈。

[一七二] 独有之人,是谓至贵。

出入六合①,游乎九州,独往独来,是谓独有②。独有之人,是谓至贵。

——《在宥》

注释 | ①六合:天地四方,泛指天下。②独有:拥有万物,指不为外物所累。

译文 | 往来于天地四方,遨游于天下各地,独来独往,这样就不会为外物所累。不为外物所累的人,才是最为尊贵的人。

经典解析

这句话告诉我们应如何放下物欲。"物而不物,故能物物",只有放下物欲,才能更好地用物。"又况万物之所系,而一化之所待乎!"任何事物都是有寄托的,万物的寄托就是"道"。"一化之所待","化"掉了万物就能在大道中运行,可以领略到大道之美,这就是虚而待物,无待而逍遥。

故事链接

有个人无意中在一座古墓里发现了一些宝藏,在墓穴的门就要关闭的时候,这个人尽自己最大的努力带走了他所能拿的最多的珍宝。可是刚一出门就踩到了悬崖边上,他在慌忙之中抓住了一棵小树的树枝,而悬崖下面有一只饿虎正虎视眈眈地看着他。小树枝不能承受过重的重量,马上就要断了,于是他不得不断地抛弃身上的珍宝,直到他把所有的珍宝都丢掉之后,他才能沿着小树枝往上爬。

古为今用

小的时候,总觉得自己不懂事;年轻的时候,总觉得自己的远大理想难以实现;中年的时候,往往又觉得自己怀才不遇,老天不公;老年的时候呢,就哀叹"甚矣,吾衰也久矣,吾不复梦见周公"。人生就是不断地捡到宝藏,又不得不扔掉。如果耿耿于怀于得而复失的宝藏,那日子就没法过了。所以我们要懂得欣赏人生的平淡,因为平淡是弥足珍贵的。

[一七三] 视丧其足犹遗土也。

夫若然者，且不知耳目之所宜①，而游心②乎德之和；物视其所一而不见其所丧③，视丧其足犹遗土④也。

——《德充符》

注释 ①耳目之所宜：能够满足听觉、视觉的声色。②游心：纵心遨游。③所丧：失去而引起差异的一面。④遗土：失落土块。

译文 明白这一点的人，对身边的悦耳娱目的声色就会视而不见，而是在大道的包容中纵心驰骋；认识到万物没有差别而不觉得会丧失什么，即使看到自己失去双足，也和丢失了土块没什么区别。

经典解析

"而游心乎德之和"，如果忘记了这一切声色，那你的心境将永远都会是平静、安详、快乐的。如果万物都齐一了，那么你的心中就没有优点和缺点，没有长处与短处，没有善恶美丑是非之分了。世界上的一切东西都是一体的，心灵已经不再依附于肉体了，这就是"得其常心"，即得到了自己真正的心。心无处不在，永不改变，生命中的缺陷就像丢失的泥土一样。

故事链接

美国人安迪，右手只有四个手指，但他成了一名优秀的节目主持人。在最初求职时，他屡遭拒绝，但他并没有气馁和抱怨，经过一年半的努力，安迪终于被一家电视台录用。在试镜的时候安迪接受电视台的意见戴着仿指手套，以最自然的态度去面对观众和其自身的缺陷。正是其真诚、自信及充满魅力的主持，使安迪受到了观众的热烈欢迎。

古为今用

用齐物的观点来看，缺陷也不完全是缺陷。如果不在意缺陷，那缺陷也能成为美。史湘云口中的"爱哥哥"反而增加了人们对她的喜爱。我们不能否认生命中的缺陷，因为没有任何事物是十全十美的。我们不必因为缺陷而自怨自艾，甚至自暴自弃，而要在缺陷中展现生命的美。生命不仅因为完美而完美，也因为缺陷而完美。

【一七四】 臭腐复化为神奇,神奇复化为臭腐。

故万物一①也。是其所美②者为神奇,其所恶者为臭腐;臭腐复化为神奇,神奇复化为臭腐。

——《知北游》

注释 | ①万物一:这里指万物统一于气。②所美:认为美的。

译文 | 因此万物是同一的。于是人们将自己认为美好的东西当作神奇,将自己讨厌的东西当作臭腐;而臭腐又可以再化为神奇,神奇也可以再化为臭腐。

经典解析

"臭腐复化为神奇,神奇复化为臭腐",是指好的可以变为坏的,坏的也可以变成好的。用辩证唯物主义观点解释就是矛盾是相互转化、对立统一的,事物的发展是经过肯定—否定—否定之否定的。庄子的哲学观点具有朴实的唯物主义,他的解释是"通天下一气耳"。"气"论是庄子宇宙论的根本,也是齐物论的重要前提。"物之生也,若骤若驰,无动而不变,无时而不移。"在气化的世界中,一切都处在不同的量变之中。"万物皆种也,以不同形相禅。始卒若环,莫得其伦,是谓天均,天均者,天倪也。"整体是由部分组成的,各部分之间形态不同,且相互转化,没有开始和结束,这就是万物齐一的原理。所以,"生也死之徒,死也生之始,孰知其纪。人之生,气之聚也。聚则为生,散则为死。若死生为徒,吾又何患?故万物一也。是其所美者为神奇,其所恶者为臭腐;臭腐复化为神奇,神奇复化为臭腐。故曰:'通天下一气耳!'圣人故贵一"。"气"处于永恒的聚散之中,所以好的可以变成坏的,坏的也可以重新变为好的。所有生命形态也都在永恒的转换之中,因此没有必要执着于是神奇还是腐朽,只要明白组成形态的"气"就是最可贵的。"圣人故贵一",圣人的可贵之处就在于视万物为同一,能够做到抱元守一。

古为今用

我们认识世界的起点就在于这个"气","气"是质变与量变的互变;"气"是对立的统一;"气"是否定之否定。在遇到危险和困难的时候,我们不能悲观,而要去找出转化矛盾的方法。在成功得意时,我们不能让危险有机可乘,而要将有可能引起质变的量变消灭于无形之中。但我们也不能违反事物发展的客观规律,而要在不停地对立之中寻找统一,只有统一才是永恒不变的。所以,在面对成功和失败时,固然要发挥自己的力量,使矛盾的伤害减少到最小,但没有必要执着于一时的成功与失败,因为无论成功或失败最后都将归于统一,大喜或大悲只是对自己的伤害。

延展阅读

卫懿公好鹤亡国

卫懿公,春秋时期卫国的君主。卫懿公在位9年间,依靠着霸主齐桓公才勉强维持了国家的生存。但是,由于他在内忧外患之时,专好养鹤,不理国政,最终还是以国破身亡收场。

勿因喜好误人生

无论是君王还是普通百姓,都有他自己的爱好,但是爱好只能是业余爱好,不能因为贪恋于自己的爱好而耽误了自己的人生。当人们谈论成功与失败时,往往是指向自己的事业,而并非业余爱好,所以我们一定要认清什么才是对自己的人生最有意义的。

[一七五] 睹有者，昔之君子；睹无者，天地之友。

无己，恶①乎得有有！睹有者，昔之君子；睹无者，天地之友。

——《在宥》

注释 | ①恶（wū）：表反问，哪里。

译文 | 不显示自己，哪里能占有天下之所有？看到有的，是之前的君子；看见无的，是与天地交游之人。

经典解析

这句话的意思是说要修养品德，就要"睹无"。庄子在谈论修养德行的《在宥》中说："闻在宥天下，不闻治天下也。"修养道德就是要回归本真。在修行的过程中要以道德之心安身立命，这样才能实现"孔德之容，唯道是从"，因为"为天下浑心"，则"徒处无为而物自化"。心是一身之主，心中"睹无"则能够与天地融为一体。古人说"朝闻道，夕死可矣"，早上闻道了，晚上身体就没有用了，因为身体的形再也不会束缚心灵的自由了。"睹有"就是身体的束缚，"睹无"就是心灵的自由。要入道，与天地融为一体，是心入，而不是身入。心之入道，就能在没有痕迹的境界，独来独往，与日月同在，享受与"道"合于大同的乐趣。这样就不会因自我的渺小而在意。不在意小我，就不会执着于形体。所以入心道就要"睹无"，视"有"为"无"。古人云：是过水为净，还是闭眼为净？过水，可以洗涤有形的污垢，那些无形的污垢又怎么洗涤呢？所以只有在闭眼之后才能将所有的污垢不容于心，把所有的伤害都拒绝在心门之外，所以，在伤害面前，要做到"睹无"以保全心灵，修身养性。

古为今用

在日常生活中经常会有这样的情况：在前一秒钟我们还清楚地知道自己要干什么事，可是在下一秒就突然忘了自己为什么而来，来干什么事。当我们拼命地想要记起来的时候，反而会因为自己的健忘而陷入深深的怒火之中。这是为什么呢？因为我们心中有太多的事情，事情一多就容易忘记自己的目的。所以在这个时候千万不能强迫自己，放下自己之后自然就会想起来了。因为"天下万物生于有,有生于无",所以当把心思放在"无"中时,生命的负担就轻了,所有的感觉也就都会回来了,生命也就会更精彩了。

延展阅读

慧能

慧能,中国佛教禅宗第六代祖师。慧能自幼家境贫寒,三岁时其父亲即去世,后迁居到南海。长大后,他卖柴养母。因听人诵读《金刚经》有悟,于是决心出家学佛。

放下既得

"无"是一种很难说明白的状态,求道之人虽然一直都在追求这种状态,但是很难达到。圣人之所以对"无"有深刻的了解,是因为他们能够体悟"放下"。"放下"是一种超然物外的状态,它能够让人远离那些世俗纷扰,获得一份安然的心境。所以说,放下即得到。得到某些东西往往是因为自己放下了另一种东西。适当地松开一下我们的双手,有时要比紧握拳头得到的更多。

[一七六] 吾与日月参光,吾与天地为常。

今夫百昌皆生于土而反①于土,故余将去女②,入无穷之门,以游无极之野。吾与日月参③光,吾与天地为常。当我,缗④乎!远我,昏⑤乎!人其尽死,而我独存乎!

——《在宥》

注释 | ①反:通"返"。②女(rǔ):通"汝"。③参(cān):同一。④缗(mín):不放在心上。⑤昏:昏暗,引申为不在意。

译文 | 当今的世间万物都生于土地又返归于土地,因此我将离你而去,进入无穷之门中,遨游于广袤的天地间。我与日月同辉,与天地共存。迎面而来的,我毫不留意;离我而去的,我无所察觉。人们都要死去,而只有我存留下来吗?

经典解析
天下是"通天下一气耳",所以人生的最大快乐就是"游乎天地之一气"。人们之所以不能"游乎天地之一气",是因为人心在礼教的束缚下变得傲慢、虚伪和冷漠了。人心被各种痴心、贪心和野心堵塞了,于是生命之气自然无法散发。只有将这些"心"放下,才能无心而游,才能使生命之气散发出来,形成一体,与天地常在。

故事链接
九方歅给子綦的儿子梱算命说他最有福气。子綦问,怎么最有福气呢?九方歅说,梱将会跟国君一道饮食而终了一生。子綦听后却泪流满面。他认为的福气只是在苍天里寻乐,在大地上求食;如今儿子竟会跟国君一道饮食而终了一生,这实在是罪过。梱后来没有了脚,成为齐国的富人渠公的守门人,仍能够一辈子吃肉而终了一生。这样的福气怕是人们所不想拥有的。

古为今用
人世间的福祸很难以"命"来解释。因为人世间有太多的束缚,使自身与命很难成为一体,而只有将一切束缚都放下时,命才是自己的。所以爱自己,就要放下自己,游于天,食于地,才是最大的福气。

[一七七] 其动、止也，其死、生也，其废、起也，此又非其所以也。

凡有首有趾①无心无耳②者众，有形者③与无形无状④而皆存者尽无。其动、止也，其死、生也，其废、起也，此又非其所以也。

——《天地》

注释 | ①有首有趾：头脚俱全的人。②无心无耳：指不明大道。③有形者：指人。④无形无状：指大道。

译文 | 凡是头脚俱全的人，不明大道的居多，所以人是没有与大道共存的。动与静、生与死、成与败，这些又是不能知其所以然的。

经典解析

庄子说："天地与我并生，而万物与我齐一。"这就叫作天人合一。所以不要人为地去改变自然，不要用巧智去破解命定，不要为贪得而不知满足，这样才能回归真实，才能化解时间和空间的局限，做到真正的天人合一，从而绽放生命的美丽。

故事链接

一只青蛙看到一只蜈蚣爬过来，而且它的所有的脚都在运动，于是就问蜈蚣："我用四条腿走路，前后各有不同的分工，你的那么多的脚都派上了用场，你到底是先迈的哪一只脚？"蜈蚣听完后停下来开始思索它最先迈的到底是哪一只脚。可是当它正在思索的时候却突然发现自己不会走路了。于是它对青蛙说："我不知道我最先迈的是哪一只脚，因为当我想要知道的时候我就不会走路了，希望你以后不要再问我这个问题，也不要问任何别的蜈蚣这个问题。"

古为今用

很多时候动物的本能比一些科学的仪器都要精密，所以人们就训练动物的本能为人类服务。但是人们为什么发现不了自己的本能而加以训练呢？因为人的很多本能在人为和物化的情况下退化或丧失了。

【一七八】纯粹而不杂，静一而不变，惔而无为，动而以天行，此养神之道也。

形劳而不休则弊①，精用而不已则劳，劳则竭。水之性，不杂②则清，莫动则平，郁闭③而不流，亦不能清，天德之象也。故曰，纯粹而不杂，静一而不变，惔④而无为，动而以天行，此养神之道也。

——《刻意》

注释 ①弊：疲弊。②杂：混杂。③郁闭：阻塞。④惔（dàn）：淡泊。

译文 身体劳碌而不休息就会疲惫不堪，使用精力而不停止就会损伤元气，元气损伤精力就会枯竭。水的特点是不混杂就清澈，不搅动就平静，阻塞就不流动，也不会清澈，这是自然之理。所以，内心纯粹而无外物，宁静专一而没有变化，淡泊而无为，顺应自然而行事，这就是养神之道。

经典解析

庄子认为，人的生命可分为"形"和"神"，其中，神是本，形是末。因为"形得仁义，神之本也""神全者，圣人之道也"。那么要如何养神呢？像水一样纯而不杂，静而不变，惔而无为，纯粹而没有杂质，静止而没有波澜，无为而顺应天然，这样就能保持心性的淳朴。做到了这几点，就能始终保持体内阴阳之气的调和，能"忧患不能入，邪气不能袭，故其德全而神不亏"。养神其实就是修身养性，在于德行的修养。"夫恬惔寂漠，虚无无为，此天地之平，而道德之质也。"虚而无为是养神的关键，这样才能"其寝不梦，其觉无忧，其神纯粹，其魂不罢"。因为"悲乐者德之邪，喜怒者道之过，好恶者德之失"。这就是说，养神要做到清静无为，不以物喜，不以己悲，抛弃一切欲望，去除一切杂质，否则就会迷失在物质世界中，变得麻木不仁，从而丢失了纯真的本性。养神之道在于保持心灵的纯粹不杂，无欲无念，从而进入虚空的境界。在修养身心的时候要做到"形若槁骸，心若死灰"，进入忘我的境界，这样才能把自我融化在宇宙之中，与道为一，达到养神的最高境界。

古为今用

现在很多人都在谈养生,只是谈养身的多,而谈养神的少,殊不知忽略了神的养身只是一个空中楼阁,根本起不到养生的作用。其实人的神本是不需要给养的,但是随着物欲的加重,神越来越弱了。所以人是不应该被物欲所支配的,因为被物欲所支配的人,就会"终身物役"。要养神就要追求绝对的精神自由,就要"无己、无功、无名"。"无己",就是忘己,不为物所累;"无功""无名",就是反对人们追求功名利禄,不"以物为事"。这样精神就会轻松自由,再配合养身,就能达到养生的效果。

延展阅读

伐那婆斯尊者

位列十八罗汉的第十四位。苏东坡曾经用"心如死灰,形同槁木。神妙万物,苍岩骨肉"形容他。只有摒弃一切杂念,淡泊无为,才能达到心灵的虚空境界。

精神自由,神清气爽

人们羡慕神仙的生活,知道神仙不受任何人的管制,可以来去自由,无拘无束。其实人们心目中所谓的神仙,比常人多的就是精神上的自由。他们心中有自己的信仰,不受外物的干扰,所以说他们看起来比自己自由。常人通过努力也可以达到"神仙"的状态,只要是自己有所追求,不因外物的影响而动摇,就能够神清气爽,像"神仙"一样逍遥度日。

[一七九] 万物皆出于机，皆入于机。

羊奚比乎不箰①，久竹生青宁②；青宁生程③，程生马，马生人，人又反入于机④。万物皆出于机，皆入于机。

——《至乐》

注释 | ①箰（sǔn）：通"笋"。②青宁：竹根虫，一种以竹为食的虫子。③程：豹子。④机：自然造化。

译文 | 羊奚草与不生笋的老竹结合，使老竹生出竹根虫，竹根虫生出豹子，豹子生出马，马生出人，人最后又返归自然造化之中。万物皆因造化而生，最后又都归于造化。

经典解析

这句话说明了生物之间的各种循环与变化。生物的进化首先要有微生物，然后是植物，再由植物演化为动物，动物又慢慢地进化为人。生物之间的循环就是生产者、消费者、分解者之间的物质循环。这些物质都是生物，通过"机"形成循环，所以说："万物皆出于机，皆入于机。"这里的"机"就是自然机理。老子说："天下有始，以为天下母。既得其母，以知其子；既知其子，复守其母；没身不殆。"自然机理就是生物之间得以自然循环的"道"，而且"道"是先于天地而存在的，是独立于生物之外的。"机"又被称为"天均""天倪""道枢""圆机"。"道"的存在方式使言论也得以同样的方式存在，即人们的言论是非也是旋转无定的："物无非彼，物无非是；自彼则不见，自知则知之。故曰：彼出于是，是亦因彼，彼是方生之说也。虽然，方生方死，方死方生；方可方不可，方不可方可。"因为物质的循环功能不同，所以循环之间就分了彼此，分了彼此就产生了是非，是非不同就有了不同的仁义标准。然而所有这些不同都是出于"机"的，循环往复变化不停，不同的角度就会产生不同的认识。虽有彼此、是非，但最终都是要"入机"的。所以没有必要追根溯源，身处于这个循环之中就要齐生死、齐是非。

古为今用

无论人在生前如何显耀，死后都只会成为一抔黄土，这就是尘归尘、土归土，落叶就要归根。死亡的方式有很多种，然而对待死亡的态度只有两种：接受与害怕。但不管怎样，其结果都是一样的。为什么有人会害怕呢？因为人们不知道死后会是什么感觉。人们总是对自己不知道的东西缺乏安全感，所以不愿直面死亡。其实死亡就如出生一样为我们所熟知，人在出生的时候也什么都不知道，以一种自然的本性认识了这个世界。而死亡是我们进入了另一个循环，以另一种方式认识另一个世界，这种生死循环永远没有结束。

延展阅读

超越生死

有生就有死，这是无法阻止的自然规律。庄子认为人之生死犹如四时变化、昼夜交替，故生不足喜，死不足悲。所以庄子妻子去世时，他却鼓盆而歌，表现出智者的豁达。

参透生死，笑看人生

死亡并不可怕，它只是人们必然经历的一个阶段。然而一旦经历了这个阶段，就意味着生命的终结。其实，人生的意义并不只是在于活着的这一段时间，有的人即使生命终结了，还能够被后人顶礼膜拜。所以不要对死亡充满恐惧，在生的时候将自己该做的、能做的都做完就不枉此生。

【一八〇】知道者必达于理，达于理者必明于权，明于权者不以物害己。

知道者必达于理，达于理者必明于权①，明于权者不以物害己。

——《秋水》

①权：权变。

通晓大道的人必定明于事理，明于事理的人必定善于权变，善于权变的人就不会因外物而使自己受到伤害。

经典解析

要明"道"首先就要知道万物之"理"，当对这个"理"有所了解之后，就会明确万事万物都有其各自不可改变的"殊理"，这就是人或事物的"权"。明确了"权"就不会以他物害自己。道家重视养生，也是对人自身之"权"的重视。明确这一点，不可随意去改变事物的"权"，而应当顺其自然。"富贵"和"贫穷"都不能有害于"养生"的原则。

故事链接

有个人非常喜欢狗和猫，把它们放在一起养，本以为它们会和睦相处，结果却出人意料。当狗看到猫"摆尾"时以为要交朋友，结果受到猫爪的攻击。狗白天要工作，想在晚上睡个好觉，却总是受到猫的打扰，因为猫习惯昼伏夜出。总之，要想让它们和睦相处并不是一件容易的事，但猫狗同养的做法一直存在。

古为今用

猫狗不能同养，但世俗的做法却也不得不接受，在伤害面前不能只知道要物我齐同，而不去逃避。懂得逃避，避免受到伤害，这就是得道。人们都知道处世的原则是"顺应秉性，随遇而安"，但是很多人都只是做到了"随遇"，而没有做到"安"下来。这是因为明白了万物之"理"，即做事情的特殊规律。但是在"随遇"之后，做事情还要符合特殊规律，这样才能真的"安"下来。

达生之情者，不务生之所无以为。

达生之情者，不务①生之所无以为；达命之情者，不务知②之所无奈何。

——《达生》

注释 ①务：致力。②知（zhì）：通"智"。

译文 通晓生命本真的人，不会去追求对生命没有好处的东西；通晓命运真谛的人，不会去追求智力所无可奈何的事情。

经典解析

我们生活在现实的社会中，需要明白生命的实情，不追求生命的极限；明达生命实情的人，不会给自己设定一个上限。也就是说，不会用有限的时间去做没有办法实现的事。万物皆有度，我们要时刻告诫自己不要过度。顺应自然的变化，保持生命之气的纯正和天性的健全，这样才能没有疏漏，无欲而刚。

故事链接

贞观初年，唐太宗对侍臣说："明珠是很贵重的东西，如果用它来打鸟雀岂不可惜了？更何况人的生命比明珠还要珍贵。但是有的人见到财物就忘记了刑法，就接受了别人的贿赂，而不珍惜自己的生命。像明珠这种身外之物尚不能用来打鸟雀，我们又怎么能以宝贵的生命来博取财物呢？……隋炀帝奢侈无度，却自以为贤德，最后死于匹夫之手，也被天下人所笑。"

古为今用

人们将大部分的时间都花在了莫名其妙的事情上，从而造成了生命的重大浪费。我们应把有限的时间和精力都放在有意义的事情上，这样才能算是明白了生命的实情。要做到这一点，首先要清除自己思维中的垃圾。人的生命中精神起着很大的作用，如果不能及时清除思维中的垃圾，对精神进行保养，那么就没有办法对有意义的事情竭尽全力。只有精神上清洁了，才能够"达生之情"。

【一八二】世之人以为养形足以存生；而养形果不足以存生，则世奚足为哉！

生之来不能却①，其去不能止②。悲夫！世之人以为养形足以存生；而养形果不足以存生，则世奚③足为哉！虽不足为而不可不为者，其为不免矣。

——《达生》

注释：①却：推辞，拒绝。②止：阻止。③奚（xī）：哪里。

译文：生命来的时候不能拒绝，结束的时候不能阻止。这真是悲哀！世人以为保养身体就可以养生；但是保养身体并不足以保全生命，还哪里值得去做呢！虽然不值得却又不得不做，那么因此而引发的苦恼也就不可避免了。

经典解析

庄子的养生论主张以养神为主："唯神是守，守而勿失，与神为一，形神兼备。"因为有生必先无离形，"养形必先之以物"，但有物也未必能养形，"物有余而形不养者有之矣"；有形也未必生，"形不离而生亡者有之矣"。在庄子看来，物养过度，虽然能使形体很好地保全，但是作为形体根本的神早已经消散了，活着如行尸走肉，与死亡没有什么区别，所以养形是不足以存生的。真正的养形只能把物作为基础，而不能依赖于物。真正的养生应该是以养形为基础的养神。神就像是水，养神就是要使水成为有源头的活水："纯粹而不杂，静一而不变，惔而无为，动而以天行，此养神之道也。"养神的关键是虚静无为和因循自然。因为"虚静恬淡寂寞无为者，万物之本也"，静则无为，无为则俞俞，俞俞者忧患不能入，这样就能长寿。除此之外，养神还要注重因循自然。庄子在庖丁解牛中所展现的近乎道的技就可以看作一种近乎道的养神之术。依乎天理，因其固然，可以保身，可以全生，可以养亲，可以尽年。那么养神之术怎样才能近乎道呢？这就是早就为我们所熟知的"心斋"和"坐忘"。可见，养生之道重视心、物、形、神的俱养。由及物到外物，就是由物养进到心养；由保养身形到"心斋""坐忘"，就是由养形进到养神。物养和形养是心养和神养的基础，养神是养形的深入与提高。只有心、物、形、神俱养，才能够存生。

古为今用

养形不足以存生,所以精神的乐观是长寿的法宝。精神治疗法也成了有效的治疗手段。所以在日常的生活中,我们要注意保养情绪,防患于未然。保养情绪,就是要保持情绪的乐观和意志的乐观,情绪上的乐观主要表现在气色、言语、行动等方面。喜形于色就会心情舒畅;言由心声就会心旷神怡;行为神动就会四肢顺畅,跃跃欲试。意志的乐观,就是要信念坚定,方向明确,有百折不挠的精神,即使在痛苦中,也能苦中作乐。

延展阅读

运砖习劳

陶侃,东晋大司马。他在做官期间,不喜饮酒、赌博,被人们广为赞叹。他曾在官场受挫之时,心平气静,还通过运砖锻炼身体。

意志坚定,百折不挠

无论是君王还是贤臣,都会遇到逆境。因为他们时刻持有一份好的心态,所以常常会在逆境之中求得生存,有的还能在逆境之中奋起。每个人都会遇到这样或那样的困难,人的一生不会每一件事都一帆风顺,其实遇到挫折并不可怕,可怕的是一蹶不振。面对挫折,不要轻易动气,而要心平气静,意志坚定,这样一来,很快就会拨开乌云见到阳光。

无受天损易,无受人益难。

无受天损①易,无受人益难。无始而非卒②也,人与天一也。

——《山木》

注释 | ①天损:自然的损害。②卒:结束。
译文 | 不受到自然的损害容易,但是不接受别人的好处就很难。世上没有什么事不是在开始的时候又同时是结束的,人与自然原本也是同一的。

经典解析

什么是"无受天损易",曰:"饥渴寒暑,穷桎不行,天地之行也,运物之泄也,言与之偕逝之谓也。"天损就是自然现象和灾害的束缚使人们做事情不通达,是不能改变的,所以要顺应天地的运行和自然的变化而不能违反,这是容易做到的。

什么是"无受人益难",曰:"始用四达,爵禄并至而不穷,物之所利,乃非己也,吾命其在外者也。君子不为盗,贤人不为窃。吾若取之,何哉!故曰,鸟莫知于鹬鹋,目之所不宜处,不给视,虽落其实,弃之而走。其畏人也,而袭诸人间,社稷存焉尔。"在刚开始办事情的时候,一切都很顺利,很容易就拥有了爵位和俸禄。但这些外物所带来的好处,本就不属于自己,而只不过是命运的安排,让我遇到并拥有这些。这就是"受人益难"。所以面对"无受天损易"就要顺应,因为"为天使难以伪";而"无受人益难",是由人的存在所决定的,人在社会之中,就要接受社会的行为。

什么是"无始而非卒",曰:"化其万物而不知其禅之者,焉知其所终?焉知其所始?正而待之而已耳。"变化无穷的万物不知道相互之间的代替是怎样进行的,所以不知道什么时候开始,什么时候结束。一切都谨守着正道,顺应着变化而已。所以无论是天损还是人益,都是无法控制和改变的,我们永远都处在一个无限的循环中。

古为今用

在现代社会中,环境的污染越来越严重,这是"天损";经济发展越来越快,人们的生活虽然好了,但是工作与生活的节奏却越来越快,越来越紧张,这是"人益"。在这

"天损"和"人益"中,我们只能接受,但如何才能达到最大的效益、最小的损失呢?那就要做到"人与天一",就是构建一个顺应自然发展的自然环境和符合心理卫生的社会环境,并且使自己和这个自然环境、社会环境相互融合。

延展阅读

巢 父

巢父,唐尧时的隐士。隐居于山中,不营世利,在树上筑巢而居,当时人称其为"巢父"。传说尧帝以天下让给巢父,巢父没有接受。

不随便接受别人的恩惠

古语说得好:"无功不受禄。"巢父、许由之所以都能够在众人艳羡的利益面前岿然不动,那是因为他们知道,自己不足以管理天下,天下也不是他们自己的。虽然有些恩惠看似是自己应得的,也是众望所归,但适当的拒绝更能够显示出自己的风度与修养,所以说不要随便接受别人的恩惠,有得必有失,得到一些东西,就会失去一些东西,而你所失去的可能会比得到的更为宝贵。

【一八四】古之得道者，穷亦乐，通亦乐。

古之得道者，穷①亦乐，通②亦乐。所乐非穷通也，道德于此，则穷通为寒暑风雨之序③矣。

——《让王》

注释 | ①穷：境遇窘迫。②通：境遇顺畅、通达。③序：规律。

译文 | 古时的得道之人，境遇窘迫也快乐，境遇通达也快乐。其快乐的原因并不在于境遇的穷通，而是因为他通晓道德，明白穷通之变就像寒暑风雨等自然现象的交替变换一样。

经典解析

这句话非常符合庄子对孔子的评价："孔子明帝王之道，应时君之聘，伐树于宋、削迹于卫、穷于商周、围于陈蔡、受屈于季氏、见辱于阳虎，戚戚然以至于死。"孔子为了推行自己的"儒家之道"，率领所有的弟子周游列国，却四处碰壁，处境非常悲惨。但孔子的内心并不"悲惨"，并非"戚戚然以至于死"的。只要做到了心中"戚戚然"，就能够做到"穷亦乐，通亦乐"。

故事链接

庞统听说司马徽在颍川，特地从两千里外的南郡赶来看他，见到司马徽在采桑叶，就在车里对他说："我听说为大丈夫者当带金印佩紫绶，怎能行此妇人之事？"司马徽说："你先从车上下来，你只知道走小路能快些，却不知道迷路的危险。"并举了伯成、桑枢等人的例子与吕不韦、齐景公等一时显贵最终败亡来进行对比。庞统听后说："我出生在边远之地，如果不是亲叩洪钟、击雷鼓，我就不能知道它们的声音。"

古为今用

生活的快乐更多地来源于精神上的富足，而并不是物质上的富有，所以穷或通只是一种形式而已。我们要学会在比较中找到满足和幸福，因为优势只会在比较中显示出来。"穷"时，我们就更接近了生活中的朴素美；"通"时，则有利于实现自己的抱负。所以，幸福是一种心态，来自比较的满足，很多生存的压力其实都是庸人自扰。

[一八五] 偃鼠饮河,不过满腹。

名者实之宾①也。吾将为宾乎?鹪鹩②巢于深林,不过一枝;偃鼠③饮河,不过满腹。休乎君,予无所用天下为!

——《逍遥游》

注释 ①宾：宾客，这里指附属。②鹪鹩（jiāo liáo）：鸟名，比喻弱小者或易于知足者。③偃（yǎn）鼠：田鼠。

译文 名是附属于实的，没有实我去追求名又有什么用呢？鹪鹩在森林中筑巢，不过占用一根树枝的地方；田鼠到大河边饮水，不过是喝饱肚子。你还是打消这个念头，赶紧回去吧，天下对我来说根本没有任何用处。

经典解析
一个人吃不了两个人的饭，人生在世，一箪食、一瓢饮足矣。功名即使能让人崇拜，那也是虚的，没有半点实用价值，反而会束缚住自己。先贤哲人总能以一颗豁达的心来面对人世沧桑，正是这样的豁达，使他们拥有了人世间的美好。俗人汲汲功名，在永无止境的欲望的驱使下，蝇营狗苟，却丧失了生活的真谛，如行尸走肉一般。

故事链接
传说，上古时，尧打算把帝位让给许由。许由不想为名利所累，在拒绝尧的请求后，连夜逃入箕山，打算隐居。尧认为许由是谦虚，于是更敬重他，而且又派人去请他，说："如果不接受帝位，至少应该出来当个九州长。"许由听了这些话后，更加厌恶，觉得此话污染了自己的耳朵，便立刻跑到山下的颍水边，掬水洗耳。

古为今用
现代社会中的人们不能做到对功名丝毫不在意，因此我们仍需要从"偃鼠饮河，不过满腹"中得到警示。追求功名利禄是无可厚非的，但一定要懂得分辨虚实和控制欲望。我们要追求的是"实"，而不是一个虚名；我们要有成功的欲望，但也要懂得节制和控制，欲望太多反而会使我们无法承受。山珍海馐，也只能是一日三餐；置地千亩，躺下来的时候也只不过是一张床。懂得节制欲望，能使你享受到更美好的人生。

[一八六] 养志者忘形，养形者忘利。

养志者忘形①，养形者忘利，致道者忘心②矣。

——《让王》

注释 ①忘形：忘却自己的形骸。②忘心：舍弃心机与才智。

译文 修养心志的人能够忘却自己的形骸，调养身体的人能够抛却利禄，得道之人能够忘却心机与才智。

经典解析

《达生》说："用志不分，乃凝于神。"志就是意念，集中意念，就能达到凝神的境界。而要做到这一点，必须经过严格的训练。训练的方法就是"心斋"和"坐忘"。"若一志，无听之以耳而听之以心，无听之以心而听之以气！听止于耳，心止于符。气也者，虚而待物者也。唯道集虚。虚者，心斋也。""听止于耳"，我们感觉外物已经不是用耳朵了，因为已经和外物脱离了联系，已经实现了"忘其肝胆，遗其耳目"。"心止于符"，心中空明，自然就能和"道"符合了。与道合一了，自然就不会再在意形体，所以说"养志者忘形"。何谓坐忘？曰："堕肢体，黜聪明，离形去知，同于大通，此谓坐忘。""同于大通"就是进入了道的境界。所以"心斋"是心中明道，"坐忘"是心已入道。《天地》中称："有治在人。忘乎物，忘乎天，其名为忘己。忘己之人，是之谓入于天。"能够做到忘物、忘天、忘己的人，也就是做到了"坐忘"，也就能够"入于天"了。在"志"与"道"的面前，形、利、心都可以忘记，都能够忘记，所以"养志者忘形，养形者忘利，致道者忘心"，"忘"才是养生之道。

古为今用

东晋大诗人陶渊明在《五柳先生传》中说："常著文章自娱，颇示己志，忘怀得失，以此自终。"寿终正寝也是人生的乐事之一，然而要寿终正寝首先要忘得失。那怎样才能做到忘得失呢？那就要"忘情任荣辱"。忘情，也就忘掉了一切喜怒哀乐，心中就不会有得失。忘记了怨与恨，忘记了名和利，忘记了得与失，就忘记了一切的不如意，这样才能心无所挂，悠然自得。善于忘记，是一种养生的智慧和态度。

---延展阅读---

陶渊明

陶渊明，东晋末期南朝宋初期诗人、散文家、辞赋家。主要作品有《饮酒》《桃花源记》《五柳先生传》等。

忘记是一种智慧

古代的圣贤之人，都不会将那些杂乱之事放在心上。因为他们懂得，不可把劳心之事记在心上。正因为他们懂得忘记的意义，所以才能终生不被荣辱、利害关系所累。常人若能忘掉那些得失，也就能像圣人一样在世间逍遥。但愚蠢的人不会忘记，他们目光狭隘，不知道"拿得起，放得下"，所以他们总是在抱怨。忘记是智慧的体现，能够帮助人远离烦恼，远离是非。

[一八七]

> 下之质执饱而止，是狸德也；
> 中之质若视日，上之质若亡其一。

徐无鬼曰："尝语君，吾相①狗也。下之质②执饱而止，是狸德③也；中之质若视日④，上之质若亡其一⑤。"

——《徐无鬼》

注释 | ①相（xiàng）：观察。②质：禀赋，资质。③狸：山猫。德：德行。④视日：看得高远。⑤亡其一：指忘记自己的存在。

译文 | 徐无鬼说："请让我告诉你，我善于观察狗的体态以确定它们的优劣。下等的狗所追求的只是吃饱肚子就行了，这是和野猫差不多的德行；中等的狗似乎总是凝望上方，上等的狗则仿佛忘掉了其自身的存在。"

经典解析

这是徐无鬼的相狗之术。徐无鬼相狗能使魏武侯开怀大笑。国君通常都是不快乐的。因为权力会给他们带来痛苦，既使自己腐化，也使自己被别人腐化，从而听不到真话。久而久之就忘记自己原本纯真的一面，这就是权力带来的痛苦。女商不明白徐无鬼为什么能使魏武侯开怀，问："先生是如何使国君高兴的？我的办法是向他谈论太公兵法。很多有功绩的人都没有做到，你是怎么做到的？"徐无鬼说："我只不过是告诉他我怎么相狗、相马罢了。"相狗只是一种最普通的消遣，却能让魏武侯开怀大笑。徐无鬼解释了其中的原因：被流放的人，在离开国家几天之后，见到认识的人就会很高兴；离开国家一年后，碰到同乡就会很高兴。因为离开故乡越久，思恋就越深。一个总是居住在旷野中的人，听到脚步声就会很高兴了。已经很久没有人在魏武帝身边出自真心地谈笑了。远离的故乡其实就是被忘记的那个自己，魏武侯离开自己的故乡已经很久了，所以当有人使他想起自己的时候，他就很容易开心了。那么怎样才能记住和保存真我呢？就是要做到像上等资质的狗一样"空虚自我"。只有去除了俗世浮华的享受，才有可能觉悟真我的意义。

古为今用

从徐无鬼的相狗之术中可以看出人的需要层次。马斯洛总结出人的五个需要层次：生理上的需要、安全的需要、社交的需要、尊重的需要、自我实现的需要。这些需要层次是由低到高的，只有低层次的需要满足了，才会有高层次的需要，当然也有跨越需要层次的，但自我实现一直是最高等级的需要，即实现自己的抱负。

延展阅读

去乡离家

"去乡离家兮徕远客"出自《楚辞》中的《九辩》篇，意思是说"远离家乡，异地为客，漂泊不定，如今要去哪里"。表达出作者离家去追求理想但又觉渺茫的忧伤。

时刻保持真我

拥有理想是幸福的，因为有目标可循；拥有理想，又是不幸的，因为注定要在人生的路上受颠簸。然而人一生中不可能一个理想也没有。在实现理想的路上，首先要端正自己的态度，理想再高，抱负再远大，都只不过是为了实现自己的价值而已，如果在追求的过程中，迷失了自己，那倒不如不去追求。

〔一八八〕 夫哀莫大于心死，而人死亦次之。

夫哀莫大于心死①，而人死亦次之。日出东方而入于西极②，万物莫不比方③，有目有趾者，待是④而后成功，是出则存，是入则亡。

——《田子方》

注释 | ①心死：心灰意冷。②西极：西方的尽头，指太阳落下的地方。③比方：顺着太阳的方向。④是：指代太阳。

译文 | 最大的悲哀莫过于心灰意冷，就连人身体的死亡也比不过它。太阳东出西落，万物没有不跟着它而运动的。凡是有眼有脚的人，都是见到太阳之后才有所作为，日出而作，日没而息。

经典解析

为什么说心死比身死更令人悲哀呢？庄子在《在宥》中说："人心排下而进上，上下囚杀，淖约柔乎刚强，廉刿雕琢，其热焦火，其寒凝冰，其疾俯仰之间，而再抚四海之外。其居也，渊而静；其动也，县而天。偾骄而不可系者，其唯人心乎！"也就是说，只有人心能够真正实现无拘无束，而人心一旦受到束缚就会如坠火海，如履薄冰。

故事链接

禅宗公案里有这样一个故事：六祖慧能来到广州法性寺，正遇上方丈印宗法师在讲《涅槃经》。这时一阵风吹来，把挂在门口和堂内的佛幡吹得飘舞起来，一个和尚说是风在吹动而幡没有动，一个和尚说是幡在动而风没有动，两人争论不休。慧能听见了，走进讲经堂说："既不是风在动，也不是幡在动，而是你们的内心认为它是在动。"意思是说，只有心动了才会在外物上反映出来。

古为今用

七分人事三分天意，只有心中有了动念，才会表现在行为上。如果心中没有了念想，那也就没有理由去做任何一件事情了，甚至还会认为生存也没有了意义，所以心是应该有所寄托的。人的伟大和渺小，也取决于这颗心，因为心念有大有小，有高尚也有卑微。心念高尚就会如巍巍昆仑一样立于天地；心念卑微就会如野草朽木一样匍匐于地。

【一八九】人生天地之间，若白驹之过郤。

人生天地之间，若白驹之过郤①，忽然而已。注然勃然②，莫不出焉；油然漻然③，莫之入焉。

——《知北游》

注释 ①郤（xì）：通"隙"，裂缝。②注然勃然：茂盛生长的样子。③油然漻（liú）然：静寂消亡的样子。

译文 人生于天地之间，就像骏马穿过狭窄的通道一样，瞬间就过去了。万物蓬蓬勃勃竞相生长，之后就悄无声息地化为乌有。

经典解析

庄子将生命的短暂性感受得入木三分："人生天地之间，若白驹之过郤，忽然而已。"生命的死亡也是必然的："死生为昼夜，生之来不能却，其去不能止。"个体的人作为自然万物的一分子，永远处于这个无穷尽的循环之中。生命的开始和结束是"道"所决定的，被称为"命"，所以就要"知其不可奈何而安之若命"。这是"德之至也"的表现。

故事链接

《东坡志林·异事》记载，苏轼曾见到三位老人，第一个说："我的年纪记不得了，只记得小时候和盘古是好朋友。"第二个说："海水变成桑田时，我放下了一个筹码，现在我的筹码已经装满了十间屋子。"第三个说："我吃了一个蟠桃，将桃核扔在昆仑山下，现在那个桃核已经和昆仑山一样高了。"苏轼说，他觉得这三个人和蜉蝣朝菌这样生存时间很短的东西差不多。人的生命长短不一，但皆如白驹过隙，重要的是活得要有意义。

古为今用

"安命"不是否定"命"这种必然性所带给人生的困境，而是表现为对这种必然性的顺从，是一种对生命的和谐而不是妥协。在面对人生的困境和无可奈何的时候，应该接受它，而不是惧怕它。生命因为和谐而自然，在这种自然的态度下，实现对生死的超越，这样就不会感叹于"人生天地之间，若白驹之过郤"的短暂了。

[一九〇] 祸福淳淳,至有所拂者而有所宜。

时有终始,世有变化。祸福淳淳①,至有所拂②者而有所宜③;自殉④殊面,有所正者有所差。

——《则阳》

注释 | ①淳淳(chún):流转。②拂:拂逆,违背。③宜:适合。④殉:遵循。

译文 | 时序有结束和开始,世事在不停地变化。祸福的流转没有休止,既有违逆的时候也有相宜的时候;各自追逐其相异的方面,有正确之时也就有错误之时。

经典解析

庄子说:"方生方死,方死方生;方可方不可,方不可方可;因是因非,因非因是。"生与死、是与非、福与祸都是你中有我,我中有你,互相转化的。万事万物都是从寂灭中来,又回到寂灭中,永远都处于"方生方死,方死方生"的往复循环中,所以是与非、福与祸永远都不是固定不变的,而是在不停地变化转化中。从不同的角度看事情,就会有不同的结论。从这一面看是正确的,从另一面看就可能是错误的。"祸兮福之所倚,福兮祸之所伏"就是因为"祸福淳淳,至有所拂者而有所宜"。我们在认识事物的时候,永远是相对和偶然,而没有绝对和必然。《论语》中说:"子绝四:毋意,毋必,毋固,毋我。"任何事物都是在不停地变化之中,有时候是"是",有时候是"非",此一时是"可",彼一时又"不可"了。按照"是"去做就是"可",但从"非"的那一面看,这种做法就是"不可"。优点可以成为缺点,缺点也可以成为优点,做任何事都是"至有所拂者而有所宜"。那么我们究竟应该如何看待事物呢?庄子说:"道无失,故无名。"以无名的眼光来看事物就是一种"中观"。要"中观",就一定要出于自己的真实性情,不要加上任何外在的标准,这样认识事物就是它本身的真实面目。一旦有了"名",就会伴随是非与祸福,成为"见"障。

古为今用

世间之物都有一个"名",要避免"见"障就应该本着自己的真性情,超然于是非、祸福之外。不因得失而去计较,不因福祸而徘徊,如此一来,自然就能以"中观"之见看待世间万物。这样我们认识事物就是凭借我们的真知,而不是那些是与非的辩论,更不是一系列严密推理的结果。而这个真知是不需要我们去强求的,因为我们本来就拥有这个东西,而且它也从来没有离开我们,关键就在于我们是否善于发现和利用罢了。

延展阅读

汉文帝拒收千里马

汉文帝时,有人进献一匹千里马。汉文帝说道:"天子行幸,有鸾旗导引在前,有属车护拥于后。或巡狩而吉行,一日不过五十里而止。或征伐而师行,一日不过三十里而止。我乘着千里马,要独自往哪里去呢?"于是下诏拒而不受。

珍惜拥有,拒绝贪欲

无论是君王还是平民百姓,都会经常犯一种错误,觉得他人拥有的东西都是好的,唯独自己拥有的都是没用的,或者说总觉得自己需要的东西都没有。其实不是这社会对自己不公平,而是自己没有发现,原来自己拥有的已经足够。那些对自己诱惑很大的东西不见得就对自己很有作用,所以说不能盲目地追求他人拥有的东西。珍惜自己手中的吧,那将是自己发光发热的源泉。

[一九一] 道之真以治身，其绪余以为国家，其土苴以治天下。

道之真以治身，其绪余①以为国家，其土苴②以治天下。由此观之，帝王之功，圣人之余事也，非所以完身养生也。

——《让王》

注释 ①绪余：剩下的部分，残余。②土苴（jū）：粪土，比喻糟粕。

译文 "道"的精髓是用来养身的，其剩余的部分也可以用来建国立家，最后的糟粕则可以用来统御天下。由此看来，帝王所建立的功绩，在圣人看来不过是些微小之事，并不是可以全身养生的。

经典解析

从"道"的这些功用中让人想起了"真人"和"圣人"之分。道家是重生的，"道之真以治身"，所以"真人"是一个与道合一的形象。圣人是真人的形象落实在古代君王的身上，圣人是以真人为基础的。"圣人"和"真人"的不同之处就在于，圣人在治身之余还要治国，是"存诸己"之后的"存诸人"。所以，真人独来独往，彷徨于无有之乡，逍遥于广漠之野。而圣人则要领导整个人世间。圣人符合真人的要求，与天合德，但同时圣人又能以其淡漠无为使世间有为，成为群生、万民以至万物的主宰。真人是"以天下为沉浊，不可与庄语"（《天下》）的人，而圣人则是"智者不得说，美人不得滥，盗人不得劫，伏戏黄帝不得友"（《田子方》）的人。同是入道，真人和圣人为什么会有这么大的差别呢？因为圣人入道的最初目的不是要治理好国家，道家的治国是修真中无为的一种。道家主张"舍诸人而求诸己"（《庚桑楚》），"先存诸己而后存诸人"（《人间世》）。在道家的使命中，"道"不是用来治国和普度众生的，这就是为什么"道之真以治身，其绪余以为国家，其土苴以治天下"。在养生上，圣人是不及真人的，因为"真人"更倾向于"存诸己"，"圣人"则更倾向于"存诸人"。"圣人"要以"真人"为基础，否则一切将成为空谈。所以"帝王之功，圣人之余事也，非所以完身养生也"。

古为今用

社会上有一个通病：在年轻的时候拼命工作，一点也不顾忌身体的健康，可以说是在用健康换金钱；到了晚年的时候，身体已经拖垮了，于是再用金钱买健康。虽然很多人都明白金钱是买不到健康的，但还是有很多人在干着用消耗健康来换取成功的傻事。因为很多人根本不懂得什么是真正的养生。"身体是革命的本钱"这句话经常被挂在嘴边，但真正理解的人不多，因为人们总是在身体的疲劳与保养之间循环，因为眼前的事很多，而身体只是一个前提。为了避免这样的恶性循环，我们应该记住"帝王之功，圣人之余事也，非所以完身养生也"，要"完身养生"就不能执着于"帝王之功"。

延展阅读

太山老父

传说汉武帝东巡时，见有老父在田里锄地，该人红光满面，不像年老之人，汉武帝便问其有何道术。老父回答说："臣年八十五时，衰老垂死，头白齿落，有道士教臣绝谷服术饮水，并作神枕，枕中有三十二物……臣行之，转老为少，黑发更生，齿堕复出，日行三百里。臣今年百八十矣。"

自然养生贵身体

古代的帝王将相都很注重养生之道，现代人也越来越重视保养自己的身体，然而怎样做才是真正地对身体好，很多人还没有弄明白。自然养生是养生中最为客观、最有效果的，摒弃那些昂贵的滋补品，回归到自然中，定能得到健康的体魄。

[一九二] 夫天下至重也，而不以害其生，又况他物乎！

夫天下至重也，而不以害其生①，又况他物乎！唯无以天下为②者，可以托天下也。

——《让王》

注释 ①害其生：损害自己的生命。②无以天下为：不关心天下，无所作为。

译文 没有什么能比治理天下还重的了，但不能够因此而损害自己的生命，又何况是其他的事物呢！只有不把治理天下看得过重而且一无所求的人，才可以把统治天下的重任托付给他。

经典解析

在世人的眼中，金钱、权力、名誉、地位，都被看得很重要，但是如果让人用生命去换取，是没有人愿意的。因为，生命对每一个人来说只有一次，失去了就不会再拥有。有了生命，才有可能做自己喜欢的事；有了生命，才意味着有成功的机会。珍惜生命就要用一种平和的心态，漠视一切苦与悲，但是永远不能漠视生命。

故事链接

韩国和魏国相互争夺边界上的土地。华子对昭僖侯说："如果用左手抓东西，就要砍掉右手，用右手抓东西，就要砍掉左手，但是只要抓取东西就一定会拥有天下，君侯会抓吗？"昭僖侯说："我是不会去抓取的。"华子说："很好！这就是说，两只手臂比天下更重要，而人的生命又比两只手臂重要。韩国与整个天下相比是微不足道的，如今两国所争夺的土地，与韩国相比更是微不足道，我们没有必要为此而损害生命。"

古为今用

我们要懂得从生命之重中活出生命的轻。生命之重是什么？是付出的爱与承担的责任。每个人的生命中都付出和收获了很多的爱。爱多了，反倒会使生命变得沉重。有福的人说，太多的爱让我无法承担；没福的人说，当爱已成枉然的时候才懂得珍惜。其实，生命很轻，很脆弱，一个小的碰撞就能结束生命，但这不是我们所要的轻，我们所说的轻是以一颗逍遥的心去淡然生命中的福，那么贵重的生命就会显得轻盈。

【一九三】以随侯之珠弹千仞之雀，世必笑之。

以随侯之珠①弹②千仞之雀，世必笑之，是何也？则其所用者重而所要者轻也。夫生者，岂特③随侯之重哉！

——《让王》

注释 ①随侯之珠：宝珠，又称"隋珠"，古时与和氏璧并称的珍宝。②弹（tán）：用弹弓射。③特：仅仅。

译文 用随珠来打高处的飞雀，一定会被世人所嘲笑，为什么呢？因为他所使用的东西珍贵而其想要取得的东西的价值很小。而生命难道只具有随珠那样的价值吗？

经典解析

随侯曾救治过一条受了伤的大蛇，后来大蛇衔了一颗直径约一寸的夜明珠来报答他。这颗宝珠因此被叫作"随侯之珠"。用"随侯之珠"作弹丸打飞雀，这是极不合算的，比喻所用代价太大而收获太微。鲁哀公听说颜阖非常贤明，就派人给他送礼物请他出山。贫穷的颜阖不受。庄子就此事发表感慨，颜阖无意于富贵，富资送上门，他却不欢迎，这样的人很难得。而那些不惜牺牲生命去追求富贵的人就如同"以随侯之珠弹千仞之雀"的人一样。

故事链接

在阿尔及利亚的首都阿尔及尔地区有一种捕猴子的方法：用一种独特的瓶子，当猴子的爪子在张着的时候可以伸进去，而攥上拳头后就出不来了。猴子们夜里来偷米的时候，把它细细的爪子顺着瓶颈塞进去，而当它抓住一把米的时候就出不来了。其实只要它们把爪子松开也就可以出来了，但是没有一只猴子愿意这么做。

古为今用

生命的重要性在一些具体的物质和利益面前很容易被忽略，所以在暴富之后很容易做出荒淫无度的事，从而损害生命的健康。所以为了避免做出这种随珠弹雀的傻事，我们应该时刻打开心眼，多看到自己，而不是身外之物。

[一九四] 去小知而大知明，去善而自善矣。

去小知而大知明，去善而自善矣。婴儿生无石师①而能言，与能言者处也。

——《外物》

注释 ①石（shuò）师：大师。石，通"硕"。

译文 去掉小知才能显示大知，去掉矫饰的善才能具有自然的善。婴儿出生后即使没有大师指教他也能学会说话，这是由于他同会说话的人在一起的缘故。

经典解析

庄子说："大知闲闲，小知间间；大言炎炎，小言詹詹。"才智超群的人广博豁达，只有点小聪明的人则斤斤计较；符合大道的言论猛如烈焰，拘于智巧的言论琐细无方。大智者之所以广博豁达，是因为他们"去小知"。小聪明的人利用这些"小知"来谋取世间的功利，在功利面前逐渐丧失了本性，丧失了大自然赋予他的原始的智慧，而这最原始的智慧才是最大的人生智慧。婴儿生下来后没有高明的老师指教也能学会说话，这是因为他跟会说话的人自然相处。这种自然相处就是人生的大智慧。小聪明的人整日想的是钩心斗角的事，早就忘了如何自然相处。

有为的善良不是真正的善良，因为出自内心的善良是不带有任何功利色彩的。"至善之发见，是而是焉，非而非焉。轻重厚薄、随感随应、变动不居、而亦莫不自有天然之中。"出自内心深处的善良，随性自然，是就是是，非就是非，不会厚此薄彼。但是如果是为了在世人面前展现自己的善良，善良就带有了功利色彩，成为伪的了。因为"有为"的善良是人们利用自己的"小知"做着自认为的"善事"，是用"善事"掩盖自己的目的。这种并非出自内心的"善良"其实就是私心过重的表现。如果这种善良被世间公认，那么私欲就会被认为是公正的。所以庄子主张去小知，主张去伪善，这样才会有人生的大智慧，才会出内心地去行善。

古为今用

人的才智是有穷尽的，但是世间的危险是无穷的。小聪明只能摆脱一时的风险，那么怎样在无尽的风险中保全身形呢？这需要一种看透生死的大智慧，因为风险就是利害的代名词，连生死都看破了，利害又怎么能影响自己？在利害面前的淡定自若就是一种人生的大智慧，这种大智慧出于本性的自然，世间的各种聪明手段都只是一种累赘，因为这些聪明手段为世人所熟知，所以守护自身的盾难免会成为别人进攻自己的矛，唯有放下利害，摆脱世间的一切巧智，才能以一种大智慧面对人生。

延展阅读

鹈

鹈，水鸟，喜群居，捕食鱼类。鱼不知道网的可怕，但知道鹈能吃掉自己，所以掉以轻心，结果被网捉住。鱼到死也不知道是自己的一叶障目害自己丢了性命。

大智慧成就人生

每个人都想拥有聪明才智，但是有了聪明才智之后，如何运用也是一个问题。并不是所有的聪明都能起到积极的作用，只有运用恰当，才能对自己的人生或者自己的事业起到辅助作用。小聪明只能误人生，真正的大智慧不会局限于眼前的蝇头小利。人生所有的成就都是得益于一种态度豁达的大智慧，所以切莫因为要小聪明而丧失了大智慧。

[一九五] 蘧伯玉行年六十而六十化。

蘧伯玉行年六十而六十化①，未尝不始于是②之而卒诎③之以非也，未知今之所谓是之非五十九非也。

——《则阳》

注释 | ①行年六十而六十化：六十年当中每一年都在变化。②是：加以肯定。③诎（chù）：否定。

译文 | 蘧伯玉在所活的六十年中每一年都向着好的方向变化，何尝不是年初时加以肯定而年终时又将其否定呢，不知道如今所肯定的是不是五十九年以来所否定的。

经典解析

蘧伯玉非常谦虚谨慎，且经常自我反思，"年五十而知四十九年之非"。他也经常鞭策自己，只是不知道在六十岁的时候认为是对的东西是不是在五十九岁的时候认为是错的。这是因为量变引起质变，而量变和质变又是同时进行的，所以从量变转化为质变的那个"度"就很难确定。而"度"的把握是非常关键的，因为"度"是质和量统一的中介，是质的飞跃的关键点。所以蘧伯玉因不知道度是否发生在五十九岁而非常苦恼。世界上的事物是无限的，对于个人来说，认识世界的能力是有限的，人在生活中难免会犯这样或那样的过错。"欲寡其过"的愿望是可贵的，知道"未能"的现实而坦然承认它，就更为难能了。因为"人皆尊其知之所知，而莫知恃其知之所不知而后知"。人人都尊崇自己的才智所了解的知识，却不懂得凭借自己的才智挖掘先前所不知道而后来知道的知识，这意味着人不敢面对错误，更不知道如何改正错误。而人的正确认识正是源于对错误的纠正，即"未尝不始于是之而卒诎之以非也"。若能及时发现错误并对其加以改正，这才是真正的进步。所以要不断地寻找"度"，把握"度"的关键，这样认识才会有飞跃。

古为今用

庄子认为知与不知是一个大迷惑，且无所逃。我们应该坦然面对人生的未知面。对知道的东西善加利用，对不知道的东西勇于探索。不拒绝犯错误，也勇于改正错误。在探索的道路中分清楚哪些是质变，哪些是量变，并准确地估计出"度"的范畴。就像蘧伯玉的五十九岁，掌握"适度"的原则，不认为五十九岁之前的就都错了，因为有些错并不是坏事；也不认为六十岁之后的就都是对的，因为任何事物的发展都有其契机和相关性。所以要重视人生发展的契机，当质变来临时不要畏首畏尾，错失良机，而要抓住契机，敢作敢为，跃上新的台阶。

延展阅读

蘧使谈心

蘧伯玉是一个求进甚急并善于改过的贤大夫。孔子周游列国，在走投无路之时，曾数次投奔蘧伯玉。他曾称赞蘧伯玉是真正的君子。

把握人生中的每一个机会

机会对于每个人来说都是平等的，只是有的人善于抓住机会，从而获得了成功；有的人眼看着机会在自己的手中溜走，却没有发觉。有些挫折是在考验一个人的意志，有些错误是在考验一个人的判断力，所以不要轻视那些逆境，机会就在其中。

[一九六] 知足者不以利自累也。

知足者不以利自累①也，审②自得者失之而不惧，行修于内者无位而不怍③。

——《让王》

注释 | ①累（léi）：牵累。②审：明察。③怍（zuò）：羞愧。
译文 | 懂得知足的人不会因为贪图利益而使自身受到牵累，清楚自身得失的人不会因为失去而畏惧，注重内心修养的人不会因为没有官位而羞愧。

经典解析

颜回是孔子比较得意的弟子，孔子问颜回，你家境贫寒居处卑微，为什么不外出做官呢？颜回回答说他无心做官，能自食其力、自得其乐就行了。所以孔子曾称赞颜回："贤哉回也！一箪食，一瓢饮，在陋巷。人不堪其忧，回也不改其乐。贤哉回也！"所以说知道满足才不会为物所累。

故事链接

古希腊的大哲学家苏格拉底单身时曾和几个朋友一起住在一间很小的屋子里，但他总是每天都很开心的样子。有人问，这么多人挤着，为什么还那么高兴呢？他说：同朋友们一起住，可以随时进行思想上的交流和感情上的沟通，为什么不高兴呢？

后来，朋友们都成家而相继搬走了，只剩下苏格拉底一个人。那人又问：现在你很孤单了，还那么高兴吗？他说：我并不孤单啊，我有很多书，每本书都是一位老师，同这么多老师在一起，有什么不开心的呢？

古为今用

一个经常患得患失、喜怒无常的人，是不会长寿的。要长寿就要做到"行修于内"，有了内在的修行，就不需要为控制自己的情绪而烦恼了，因为一切外在的情绪变化都化在了"无为"中。化为"无为"就是对任何重大的变故和日常生活中的一些复杂关系，都要保持稳定的心理状态和达观的处世态度，不计较、不执着，顺应事物的发展自在而为。这样才能外身于物，知足常乐。

[一九七] 不能自胜而强不从者，此之谓重伤。

不能自胜则从①，神②无恶③乎？不能自胜而强不从者，此之谓重伤④。重伤之人，无寿类矣。

——《让王》

注释 ①从：顺从。②神：精神。③恶：厌恶。④重（chóng）伤：双重伤害。

译文 无法战胜自己就顺其自然，精神难道不会厌倦吗？不能战胜自己却还要强迫自己不顺从的，这就是双重的伤害。受到双重伤害的人，是不会长寿的。

经典解析
中山公子想隐居，却又放不下荣华富贵，他的左右为难其实就是一种双重伤害。为什么是双重伤害呢？因为人已经在迷失本性之后适应了另一种生活，想要恢复本性却又找不到途径，如果要强制恢复，则是一种虚伪，是人性在扭曲之后的再次扭曲，所以说想要强制改变已经适应了的生活就是一种双重伤害。

故事链接
中山公子魏牟对詹何说："虽然我过着江湖隐居的生活，但还是时常挂念着朝政，怎么办才好呢？"詹何说："那就要看重生命，看重生命才能够轻视利欲。"可是魏牟说："虽然我懂得重生轻利的重要性，但是心中总是无法淡忘对名利的追求。"詹何于是说："如果你实在是做不到对利欲的控制，就不要勉强自己，顺其自然吧，那样会轻松一点。因为勉强的控制会使人受到双重的损伤，难以长寿。"

古为今用
人在抉择的时候，总是有些挣扎，选了这个，又害怕失去那个，当左右为难到某种程度的时候，就可能两个都失去了，从而形成双重伤害。人生很多时候都是在选与不选、为与不为之间徘徊不定，殊不知这样正是在伤害自己，这比单纯地选一个或做一件事更让人痛苦，因为要逼迫自己放弃另一个。所以在这个时候顺其自然，伤害就能少一点。

【一九八】万物一府，死生同状。

藏金于山，藏①珠于渊；不利货财②，不近贵富；不乐寿③，不哀夭④；不荣通，不丑穷⑤；不拘⑥一世之利以为己私分⑦，不以王⑧天下为己处显，显则明。万物一府，死生同状。

——《天地》

注释 ｜ ①藏：沉。②不利货财：不以货财为利。③不乐寿：不以长寿为乐。④哀夭：因短命而悲哀。⑤丑穷：不以处境窘迫为耻。⑥拘（gōu）：通"钩"，取。⑦私分（fēn）：个人分内之事。⑧王（wàng）：称王。

译文 ｜ 将金子埋在山中，将珠宝沉入深渊；不把财物看成利益，不汲汲于富贵；不因长寿而高兴，不因夭折而悲哀；不以通达为荣，不以穷困为耻；不将为天下谋利当作自己的职责，不以称王天下就认为自己显耀，地位显赫就会炫耀，但是万物最后的归宿却是相同的，生死并没有什么差别。

经典解析

庄子在即将离开人世时，他的弟子打算厚葬他，庄子却拒绝了，庄子对他的弟子说："吾以天地为棺椁，以日月为连璧，星辰为珠玑，万物为赍送，吾葬具岂不备邪？"他还说："在上为乌鸢食，在下为蝼蚁食，夺彼与此，何其偏也！"这显示出了庄子对生死的豁达和豪迈。这种豁达而豪迈的生死观来源于齐物论，齐物者齐一，认为生死是同一的。"死生存亡之一体。"（《大宗师》）齐物论的来源是宇宙观的气论，庄子认为万事万物的形成与消失都是"气"的聚与散，所以"人之生，气之聚也；聚则为生，散则为死"。"生也死之徒，死也生之始"，生和死没有本质上的变化，只是形态上的转变而已。生和死的转变就像白天和黑夜的交替一样。气论的源泉是"道"，"道"是不生不死、无始无终的："杀生者不死，生生者不生。"道是"生生者"，也是"杀生者"，所以"道"是不生不死的，是超越生死之外的。庄子说："未始有物者，至矣尽矣，弗可以加矣"（《齐物论》），"其次以为有物矣，将以生为丧也，以死为返也"（《庚桑楚》）。"道"生万物，

"道"生之前未始有物,入"道"就要物我皆空,万物一府,这样才能视生死如一,达于空灵之境,随缘而行,旷世无累。

古为今用

生死没有本质的区别,我们是互为一体的。我们要乘缘而来,随缘而去,不能"悦生而恶死"。这种超脱生死的态度,并不是对人与人之间真挚情感的否定,而是以一种超然的态度"以理化情"而并非"无情",是以一种理性的态度把握和控制情绪,以一种平静、超然的态度看待生命,看待生死。生离死别的大悲大恸,世俗的情感羁绊是以"有情"伤身,所以养护生命一定要做到"无情",提高对于生死、成败、祸福等事件的承受能力,乐观豁达地直面人生。

延展阅读

遣使求仙

秦始皇在公元前219年东巡到琅玡,方士徐福上书,请求到渤海中求仙,于是始皇派徐福入海。后来徐福率领一支大船队,带着三千童男童女,还携带五谷的种子和百工,并有善射弓弩的精良武装保护,从海上航行到日本后,在那里定居下来。

笑看生死得解脱

古代的君王有很多都致力于研制长生不老药,但是没有一位获得成功。他们不但没有参透生死,而且坚持封建迷信,相信冥冥之中的神仙。现代人相信科学,多数人都能够客观地看待生死。只有以一种乐观的态度面对生死,才能得到解脱。

[一九九] 正获之问于监市履狶也，每下愈况。

正获①之问于监市履狶②也，每下愈况③。

——《知北游》

注释 ①正获：司正、司获，两种官职名。②履狶（xī）：用脚踩猪的小腿，以辨别猪的肥瘦。③况：甚，明显。

译文 司正、司获向市场管事的人询问辨别猪肥瘦的方法，那就是踩踏猪的小腿部位，越是往下就越能探知其肥瘦的真实情况。

经典解析

成语"每况愈下"就源于此，但其意思却已经有了很大的改变。"每况愈下"现在指事情越来越糟，而"每下愈况"则是指越从低微的事物去推想，越能看出"道"的本质。东郭子请教庄子"道"在哪里呢？庄子说无所不在。东郭子说，一定要说个地方才可以。庄子说，在蚂蚁身上。东郭子说，太卑微了吧？庄子说在杂草中。东郭子说，怎么越来越卑微了？庄子说，在瓦块中。东郭子说，为什么越说越过分呢？庄子说，在屎尿中。东郭子不敢再出声了。在往下指不定庄子会说出什么来。这时庄子正经地回答他，踩踏猪腿的部位越是往下就越能探知猪肥瘦的真实情况。"道"是无所不在的，越低微的地方越能显示出"道"。"道"可以在蝼蚁中，在杂草中，在瓦块中，在屎尿中，"道"可以无处不在，但不是无所不是，"道"存在于万物，但"道"并不是万物，物总有消失的一天，但"道"永远不会消失。如果万物毁灭消失了，那么道完全不会受到影响。道是一个整体，在道里面没有贵贱之分。因为"道"的意旨是归于同一的。宇宙万物的变化是没有穷尽的，"道"就是这种无穷变化的根据，所以我们应该顺应变化无为而处。

古为今用

庄子在论"道"的时候首先说道在蝼蚁中，比较卑微了；后来说在杂草中，很卑微了；再后来说是在瓦块中，连生命都不存在了；最后说是在屎尿中，已经令人羞愧了。既然无所不在的"道"都可以在屎尿中，那么人生又有什么值得羞愧的呢？而且越是卑微的生命，越有着坚强的生命力。人生遭遇的变化只是一种形式而已，人生的真谛是永远不会变的，所以人生在世应以不变应万变。而在生活的细微之处就更能体现出以不变应万变的人生智慧。

延展阅读

练 剑

古代的文人墨客经常练剑，他们在强身健体的同时，也在练自己的心。只有深刻领悟以不变应万变，且道德修养到达一定程度的人才能练好剑。练剑之人懂得剑术难成，只有心剑合一才能达到剑术的最高境界。

以不变应万变

世间之事，变幻莫测。我们所能做的只有以不变应万变，这也是应对变化的最高境界。个人讲究修身养性，现代人依然追求高尚的道德情操，在追求这些的同时，一定要培养自己的定力。处事不惊、胸有成竹才是一个拥有智慧的人应有的态度。计划虽然没有变化快，但是只要做到心中有数，就能够应对这些变化。

[二〇〇]

> 达生之情者傀，达于知者肖；
> 达大命者随，达小命者遭。

知、慧外通①，勇、动多怨，仁、义多责②。达生之情者傀③，达于知者肖；达大命者随④，达小命者遭⑤。

——《列御寇》

注释 | ①外通：流露于外。②责：非难。③傀（guī）：广大，此处形容心胸开阔。④随：顺应自然。⑤遭：随遇而安。

译文 | 将才智暴露在外而好勇冲动的，必定会招致怨怒；好施仁义，必定会招致责难。对生命抱有通达态度的人心胸开阔，掌握真正智慧的人内心豁达，通晓生命真理的人善于顺应自然，了解生命短暂的人能够随遇而安。

经典解析

要理解这句话首先就要了解"八极"和"三必"。"八极"是说"穷困有八种极端"，就是貌美、须长、身高、魁梧、强壮、华丽、勇猛、果敢。"三必"是说依赖外物、卑屈从人、懦弱畏惧不如别人。做到了这些，就会遇事通达。"三必"就是应付"八极"的良方。而要做到"三必"就要达观、达智、达情、达命，这样才能达生。

故事链接

曾经有许多人问著名学者季羡林先生是否有什么长寿的秘诀，他说："我的秘诀就是没有秘诀，或者不要秘诀。"季老说，他见到一些相信所谓秘诀的人都有很多禁忌，但他认为："心里没负担，胃口自然就好，吃进去的东西就能很好地消化。再辅之以腿勤、手勤、脑勤，自然就百病不生了。脑勤，我认为尤其重要。"总之，不必刻意有什么禁忌，顺其自然就好。

古为今用

人生只有通达了才能了解生命的实情，才能看透生命的本质，才能享受生命的过程，才能无悔于生命的结束。